기독교문서선교회(Christian Literature Center: 약칭 CLC)는 1941년 영국 콜체스터에서 켄 아담스에 의해 시작되었으며 국제 본부는 미국 필라델피아에 있습니다.
국제 CLC는 59개 나라에서 180개의 본부를 두고, 약 650여 명의 선교사들이 이동 도서차량 40대를 이용하여 문서 보급에 힘쓰고 있으며 이메일 주문을 통해 130여 국으로 책을 공급하고 있습니다. 한국 CLC는 청교도적 복음주의 신학과 신앙 서적을 출판하는 문서선교기관으로서, 한 영혼이라도 구원되길 소망하면서 주님이 오시는 그날까지 최선을 다할 것입니다.

추천사

노 세 영 박사
서울신학대학교 총장, 구약학 교수

홍성혁 박사가 질 미들마스(Jill Middlemas)의 『이스라엘의 무성전 시대: 포로기의 역사, 문헌, 그리고 신학에 대한 개요』(*The Templess Age: An Introduction to the History, Literature, and Theology of the "Exile"*)를 번역하여 학계에 소개한 것을 기쁘게 생각한다. 저자는 본서를 통해 '포로기 시대'라는 단어의 문제를 제기하면서 '무성전 시대'가 더 적절함을 증명한다. 이 시대의 문헌에 드러난 이스라엘의 파멸·고난과 희망으로의 사상 변화를 짚으면서 그 기록 시기와 편집사 문제들, 또한 최근 연구도 잘 소개하고 있어 학자들과 학생들에게 유익할 것이다. 간결한 번역과 독자의 이해를 돕는 역자 주도 유용하다.

. . .

배 정 훈 박사
한국구약학회 회장, 장로회신학대학교 구약학 교수

『이스라엘의 무성전 시대: 포로기의 역사, 문헌, 그리고 신학에 대한 개요』(*The Templess Age: An Introduction to the History, Literature, and Theology of the "Exile"*)는 유다 멸망부터 회복까지의 역사, 문헌들, 그리고 그 문헌들에 담긴 신학을 '무성전 시대'라는 용어로 입체적으로 제시한다. 이 시대의 문헌 속으로 들어가 이스라엘과 함께 탄식하고, 울고, 절망하며, 밑바닥에서 다시 희망을 건져 새 시대의 시작을 여는 회복의 여정을 통해 성서 읽기의 깊이에 잇닿게 해주는 책이다. 버클리 GTU에서 함께 수학한 홍성혁 박사가 깔끔하게 번역한 본서의 일독을 권한다.

이스라엘의 무성전 시대

포로기의 역사, 문헌, 그리고 신학에 대한 개요

The Templeless Age
An Introduction to the History, Literature, and Theology of the "Exile"
Written by Jill Middlemas
Translated by SungHyuk Hong

Copyright © 2007 by Jill Middlemas
Originally published in English under the title
The Templeless Age: An Introduction to the History, Literature, and Theology of the "Exile"
by Westminster John Knox Press
Translated and printed by the permission of Westminster John Knox Press,
100 Witherspoon Street, Louisville, Kentucky 40202-1396, U.S.A.
All rights reserved.
Korean Edition Copyright ⓒ 2018 by Christian Literature Center, Seoul, Korea

이스라엘의 무성전 시대: 포로기의 역사, 문헌, 그리고 신학에 대한 개요

2018년 12월 30일 초판 발행

지은이	|	질 미들마스
옮긴이	|	홍성혁
편집	|	변길용, 곽진수
디자인	|	서민정, 박인미
펴낸곳	|	(사)기독교문서선교회
등록	|	제16-25호(1980.1.18)
주소	|	서울특별시 서초구 방배로 68
전화	|	02-586-8761~3(본사) 031-942-8761(영업부)
팩스	|	02-523-0131(본사) 031-942-8763(영업부)
이메일	|	clckor@gmail.com
홈페이지	|	www.clcbook.com

ISBN 978-89-341-1910-4 (93230)

이 도서의 국립중앙도서관 출판시 도서목록(CIP)은
서지정보유통지원시스템 홈페이지(http://seoji.nl.go.kr)와 국가자료공동목록시스템
(http://www.nl.go.kr/kolisnet)에서 이용하실 수 있습니다. (CIP제어번호: CIP2018039022)
이 책의 저작권은 저자와 (사)기독교문서선교회가 소유합니다.
신저작권법에 의하여 한국 내에서 보호받는 저작물이므로 무단 전재와 무단 복제를 금합니다.

The Templess Age:
An Introduction to the History, Literature, and Theology of the "Exile"

이스라엘의 무성전 시대

질 미들마스 지음
홍성혁 옮김

포로기의 역사, 문헌, 그리고 신학에 대한 개요

CLC

목차

추천사1　노세영 박사 | 서울신학대학교 총장, 구약학 교수　　　1
추천사2　배정훈 박사 | 한국구약학회 회장, 장로회신학대학교 구약학 교수　1
저자 서문　　　8
역자 서문　　　11
약어표(ABBREVIATIONS)　　　16

서론　　　20
제1장　역사 기록　　　31
제2장　재앙 결과 (I)　　　58
제3장　재앙 결과 (II)　　　93
제4장　심판과 희망 사이에서　　　111
제5장　희망으로의 전환 (I)　　　152
제6장　희망으로의 전환 (II)　　　183
결론　　　215

참고 문헌　　　225
주제 색인　　　245

저자 서문

질 미들마스(Jill Middlemas) 박사
스위스 취리히대학교 신학부 연구 교수

본서의 목적은 두 가지이다.

첫째, 고대 이스라엘 역사에 있어서 주요 시대에 대한 역사, 문학, 신학적 통찰력에 관한 최근의 내용을 담아 소개하고자 한다.

둘째, 기원전 587년의 예루살렘 붕괴 사건 이후의 시대를 '포로기'로 지칭하는 것과 연관된 문제를 진지하게 다루고자 한다.

'무성전'(Templeless)이란 용어를 선택했다. 말이 술술 잘 나오기 때문이 아니다. 포로기 시대 자체와 유다의 몰락을 경험한 공동체와 이전 시대의 문학 사상 및 표현과 기원전 6세기 말에 등장한 문헌이 공통으로 지니고 있는 의미를 잘 잡아내 주기 때문이다. 더구나, '무성전'이란 용어는 두 성전 사이에 놓인 시대, 즉 명확한 시간적 틀(기원전 587-515년)을 지칭한다.

무성전 시대는 이 시대의 사상에 관한 서론과 명칭의 변화가 이 시대를 어떻게 다르게 이해하게 하는지를 알려 주는 결론을 포함한다. 중간에 놓인 장들은 먼저 기원전 6세기에 발생한 유다의 붕괴와 그 같은 재앙 속에서도 살아 남은 유다와 이집트와 바빌로니아에 있던 공동체에 관한 역사적 논의에서 출발한다. 그 다음에 전개되는 다섯 장은 당시 시대 사상을 소개한다. 이 새로운 문학적 연구에서는 반응 유형에 따라 내용을 주제별로 엮는다.

무성전 시대의 문헌에는 즉각적인 반응과 합리화와 하나님의 헌신과 보살핌의 회복에 대한 인식이 포함된다. 본문들 사이에 존재하는 공통점을 다르게 구분하여, 본 개관은 고통과 위기에 대한 인간의 반응에 대한 새로운 통찰력을 제공한다. 그뿐 아니라, 기원전 6세기에 유래한 문학 유형들, 즉 애가, 역사 문헌, 예언, 율법에 대한 간략한 서론도 포함한다.

본서의 의도는 본문 해석에 영향을 주는 다수의 핵심 이슈들을 강조하는 동시에 문학이 당시에 어떤 역할을 했는지를 알려주려는데 있다. 각 장은 해당 장에서 인용되거나 특정 문제에 관하여 추후 독서를 위해 필요한 독서 목록을 포함한다. 본서는 학생과 학자 모두를 위한 책이다. 포로기와 그 시대의 문헌에 대해 다른 해석을 제시하고 있는 책들과 함께 사용하면 이상적일 것이다.

독서 목록은 다른 책의 주요 논점을 파악하게 해주지만 완전하지는 않다. 왜냐하면 본서의 전체적인 목적이 사고를 더욱 발전시킬 수 있도록 통찰력을 불어넣고 심화 학습을 위한 다리를 놓아주려는 데 있기 때문이다.

본서는 최종적으로 옥스퍼드대학교의 신학부에서 '포로기 시대'에 관하여 연속으로 가르쳤던 강의안에서 나왔다. 강의는 무성전 시대의 유다에 관한 필자의 박사학위 논문에 근거한 것이다. 3년 동안 진행된 연속 강의를 통해 필자는 다양한 유형의 성서 문헌들 사이에 존재하는 접촉점에 대해 주목하였을 뿐만 아니라 이 문헌들 자체가 재앙에 대한 다양한 반응들을 어떻게 반영하고 있는지를 알게 되었다.

   본서가 기원전 6세기의 창조적 사상의 분출 시대에 대한 연구에 기여한다면, 그것은 명예 교수이신 뉴섬(James D. Newsome) 박사께 헌정되어야 한다. 왜냐하면, 10년 전에 필자가 포로기와 그 문학에 대해 관심을 가지도록 영감을 주신 분이기 때문이다. 스승으로서 그의 탁월함에 어울리는 헌정이 되기를 바랄 뿐이다. 영국 학술계에서 가장 높은 찬사를 받아야 할 분은 다름 아닌 짐(Jim)이다. 다시 말하면, "그분은 신사이자 학자이다." 필자는 본서를 짐 뉴섬(Jim Newsome) 박사께 헌정하여, 바통을 새로운 성서학도에게 넘기며 다음 세대에서 도전적이며 영감 넘치는 사상의 불꽃이 튀어 오르기를 희망한다.

옥스퍼드대학교
2007년 1월

역자 서문

홍성혁 박사
서울신학대학교 구약학 교수

질 미들마스(Jill Middlemas)의 『이스라엘의 무성전 시대: 포로기의 역사, 문헌, 신학에 대한 개요』(*The Templess Age: An Introduction to the History, Literature, and Theology of the "Exile"*)는 기존에 통용되어 온 '포로기'라는 용어에 대한 문제 제기로 시작한다. '포로기'라는 용어는 기원전 587년에 유다 백성이 바벨론으로 포로로 사로잡혀 간 사건에 한정하여 규정한 용어이기 때문이다.

그러나 바벨론으로 끌려 간 사건은 기원전 598년, 587년, 582년 등 세 차례에 걸쳐 발생하였다. 그러므로 유다에서 포로로 끌려 간 사건을 단 한 번 발생한 것으로 간주하는 것은 타당하지 않다고 문제를 제기한다. 또한 '포로'라는 말은 바벨론으로 포로로 끌려 간 사람 외에 유다에서 자발적으로 도망간 사람들을 지칭하는 용어로는 적절치 않다고 본다. 기원전 587년 이후에 암몬, 모압, 에돔으로 도망가거나 이집트로 도망간 사람들도 있었기 때문이다.

또한 '포로'라는 말은 자발적으로 피신한 사람들뿐만 아니라 바벨론으로 끌려가지 않고 유다에 남은 사람들을 반영하지 못한다. 포로로 끌려 간 사람들도 있었지만, 자의적인 뜻에 반하여 남을 수밖에 없었거나 부상 혹은 기근과 질병에 노출되어 죽은 사람들도 있었기 때문이다.

이런 이유로 저자인 미들마스는 바벨론 포로로 사로잡혀 간 시기를 가리키는 '포로기'라는 말 대신, '무성전 시대'란 용어를 사용하라고 제안한다. '무성전 시대'는 기원전 587년의 예루살렘 멸망부터 기원전 515년의 제2성전 건립 사이의 기간을 가리킨다. 성전이 존재하지 않았던 시기이다. 물론, '무성전 시대'는 솔로몬 성전이 세워지기 이전 시대를 가리킬 수 있다. 그리고 기원전 5세기에 이집트의 엘레판틴에도 유대인들이 세운 성전이 존재했기 때문에 문자적 의미에서 '무성전 시대'를 기원전 587년부터 515년까지로 제한하는 데는 약점이 있다.

그럼에도 불구하고, '포로기'라는 말보다는 '무성전 시대'라는 용어가 예루살렘 멸망 이후에 바벨론과 이집트는 물론 유다 주변에서 이스라엘 백성이 직면했던 매우 다양한 공동체의 실상을 입체적으로 반영할 수 있는 장점을 지니고 있음을 보여 주고자 한다.

저자는 옥스퍼드대학교 신학부에서 강의했으며 현재는 스위스 취리히 대학교에서 연구 교수로 있다. 저자는 미국 컬럼비아신학교 신학대학원을 거쳐 옥스퍼드대학교에서 석사와 박사 과정을 마쳤다. 『무성전 시대: 포로기의 역사, 문헌, 신학에 대한 개요』는 부분적으로 자신의 박사학위 논문인 "무성전 시대 유다인의 문제"(The Troubles of Templeless Judah, Oxford Theological Monographs; Oxford: Oxford University Press, 2005)를 토대로 하여 저작하였다. 논문으로는 2006년에 발표한 "제2이사야가 예레미야애가 3장을 기록했는가?"(Did Second Isaiah Write Lamentations 3?, Vetus Testamentum LVI: 505-25) 외에 다수가 있다.

책 내용을 들여다 보면, 서론에서 '무성전 시대'란 용어를 사용하는 이유와 한 나라의 정치·사회·종교적 재앙 속에서 나타나는 네 가지 종교 현상이 무성전 시대와 그 이후의 문헌 속에 어떻게 변화되는지를 개관한다. 이어서 최근 주석 및 고고학적 주장을 적절히 활용하여 예레미야애가와 일부 시편 및 이사야 63:7-64:11에서 재앙의 결과로 나타나는 예레미야애가에 관해 분석한다. 예레미야애가의 범주에 해당하는 문헌을 분석한 후에 이스라엘 고통에 대한 반응을 세 가지 수준에서 언급한다. 즉, 슬픔의 표현, 고통에 대한 설명, 미래 가능성의 측면에서 다룬다.

다음으로 신명기역사서(DH)를 과거 상실감에 대한 기억의 관점에서 학자들의 다양한 견해에 토대를 두고 분석한다. 노트, 크로스, 스멘트를 비롯한 괴팅겐 학파, 그리고 최근의 오브리엔에 이르기까지 DH에 대한 다양한 견해를 종합적으로 검토한다. 그런 후에 심판과 희망이 혼재한 문헌인 예레미야와 에스겔을 다룬다. 각각의 문헌의 특징을 다룬 후에, 두 문헌을 비교하며 '하나님의 임재'처럼 중요한 차이가 있는 개념을 언급한다.

그러면서도 양자 사이의 공통점에 대해서도 언급한다. 심판과 구원에 관한 언급뿐만 아니라 새 출애굽의 관점에서 포로민의 귀환을 언급하고 옛 언약을 대체하는 새 언약에 대한 언급과 다윗계 왕의 복귀를 예고한다. 또한 예루살렘 멸망 사건 속에서 하나님의 가능성에 대한 체험을 통해 어떻게 새 시대를 열 수 있는지를 말하고자 한다.

그런 후에 재앙에서 희망으로의 전환, 곧 신적인 반전에 대한 희망을 제시하는 제2이사야와 에스겔 40-48장을 취급한다. 둘 다 이상주의로 채

색되어 있지만, 제2이사야는 귀향과 위로의 메시지를 통해 믿음을 북돋우는 반면에, 에스겔은 여호와의 백성으로서의 이스라엘이 체계적인 조직이 되기 위해 성전을 중심으로 어떤 삶을 살아야 하는지를 언급한다.

마지막으로 신적인 구원에 대하여 인간이 신실한 반응을 보여줌으로써 착상(着床)되는 희망을 말하기 위해 학개와 스가랴 1-8장 및 성결법전을 분석한다. 학개와 스가랴는 새 시대를 열기 위해 성전 재건의 필요성을 역설하였음을 말한다. 성결법전은 에스겔 40-48장처럼 이상주의 관점에서 예루살렘 제의를 회복시키기 위한 지침을 제시하고자 하였다는 견해를 밝힌다.

끝으로, 예루살렘 멸망이란 재앙을 이겨내기 위하여 무성전 시대의 문헌에 대한 분석에 근거하여 그 시대의 사람들이 선택한 여섯 가지 전략, 즉 소통, 창조성, 기억, 적응, 상속, 포용의 관점을 압축적으로 제시하고 결론을 맺는다.

본서가 바벨론 무성전 시대와 연관된 예언서, 시편, 역사서, 율법서를 다루기에, 이 시기의 성경 문헌에 담긴 의미와 이슈에 관심을 가진 구약학 연구자들과 신학도들에게 유익할 것이다. 비록 모든 본문을 포괄적이며 세밀하게 다루지 못한 한계가 있지만, 바벨론에 제한된 포로의 관점이 아닌 이집트와 유다 본국까지 포괄하는 다양한 상황에 초점을 맞춘 분석은 이 시대에 대한 연구자들에게 새로운 시야를 갖게 해줄 것이다. '포로'라는 용어가 포로 귀환 공동체를 주도한 사람들을 위주로 한 포로 귀환 공동체 구성원들의 특별 의식과 다름을 유발시킨다면, '무성전'은 특정 지역과 계층의 시각에서 벗어나 보다 더 포괄적 시각에서 다양한 공동체를 염두에 두게 한다.

이와 같은 시각은 오늘날 다문화 속에서 통합적 안목을 배양해야 하는 신앙 공동체에게 좋은 시사점을 제공해 줄 것이다. 주류 계층의 시각만이 아니라 다양한 공동체의 시각에서 구약성경을 이해하도록 돕기 때문에 오늘날 다양한 사회적 상황 속에서 구약성경의 해석 결과를 접목하고자 할 때 유익한 관점을 제공할 것이다. 특히, 신학적인 의미 도출의 차원에서 기원전 587년 예루살렘 멸망 후를 배경으로 한 성경 본문을 해석할 때 유용할 것이다. 본서의 자료 인용은 대부분 괄호 안에 담아 각주를 최소화함으로써 가독성을 높여주기도 한다.

아울러 본서를 읽을 때 번역이 어색한 부분은 우리말에 대한 번역자의 부족한 이해와 언어와 언어 사이의 간극을 극복하지 못한 한계에 기인함으로 독자의 너그러운 이해를 당부한다. 또한 성경 인용은 우리말 개역개정판을 사용하였고, 원서의 성구와 주제 색인을 첨부하여 자세한 성경 내용 파악과 주제 연구를 돕고자 하였다.

마지막으로, 소중한 시간을 할애하여 꼼꼼히 교정을 도와준 정지혜 양에게 고마움을 전하며, 기꺼이 본서의 번역·출간을 허락함과 아울러 출간 과정에서 세세한 부분까지 정성을 다해 챙기고 살펴 준 기독교문서선교회(CLC) 박영호 목사님과 직원분들께도 깊이 감사를 드린다.

약어표(ABBREVIATIONS)

AB	Anchor Bible
ANE	the Ancient Near East
ANET	*Ancient Near Eastern Texts Relating to the Old Testament.* Edited by J. B. Pritchard. 3rd ed. Princeton, 1969.
BA	*Biblical Archaeologist*
BAR	*Biblical Archaeology Review*
BDB	Brown, F., S. R. Driver, and C. A. Briggs. *A Hebrew and English Lexicon of the Old Testament.* Oxford, 1907.
BIS	Biblical Interpretation Series
BJS	Biblical and Judaic Studies
BibOr	Biblica et orientalia
BRev	*Bible Review*
BS	Biblical Seminar
BZAW	Beihefte zur Zeitschrift für die alttestamentliche Wissenschaft
ConBOT	Coniectanea biblica: Old Testament Series
CBQ	*Catholic Biblical Quarterly*
COP	Cambridge Oriental Publications
COS	*The Context of Scipture.* Edited by W.W. Hallo (3 vols; Leiden: Brill, 1997 – 2002).

약어표(ABBREVIATIONS) 17

DMOA   Documenta et monumenta orientis antiqua
DtrH   the Deuteronomistic History
ErIsr   *Eretz-Israel*
ESHM   European Seminar in Historical Methodology
ET   English Translation
FAT   Forschungen zum Alten Testament
FIOTL   Formation and Interpretation of Old Testament Literature
FRLANT   Forschungen zur Religion und Literatur des Alten und Neuen Testaments
HeyJ   *Heythrop Journal*
HSM   Harvard Semitic Monographs
HTR   *Harvard Theological Review*
HUCA   Hebrew Union College Annual
IEJ   *Israel Exploration Journal*
Int   *Interpretation*
ISK   Instituttet for Sammenlignende kulturforskning
JBL   *Journal of Biblical Literature*
JJS   *Journal of Jewish Studies*
JNES   *Journal of Near Eastern Studies*

JSJSup	Journal for the Study of Judaism Supplements
JSOT	*Journal for the Study of the Old Testament*
JSOTSup	Journal for the Study of the Old Testament: Supplement Series
JSSM	Journal of Semitic Studies Monograph
JTS	*Journal of Theological Studies*
NCB	New Century Biblical Commentary
OBO	Orbis biblicus et orientalis
OBT	Overtures to Biblical Theology
OTG	Old Testament Guides
OTL	Old Testament Library
OtSt	*Oudtestamentische Studiën*
SBLDS	Society of Biblical Literature Dissertation Series
SBLMS	Society of Biblical Literature Monograph Series
SBLSymS	Society of Biblical Literature Symposium Series
SBTS	Sources for Biblical and Theological Study
SO	Symbolae osloenses
SSN	Studia semitica neerlandica
VTSup	Supplements to Vetus Testamentum

TCS   Texts from Cuneiform Sources
UF   Ugarit-Forschungen
VT   Vetus Testamentum
WBC   Word Biblical Commentary
WMANT Wissenschaftliche Monographien zum Alten und Neuen Testament
ZAW   Zeitschrift für die alttestamentliche Wissenschaft

서론

 기원전 600년과 500년 사이의 이스라엘 역사의 특징은 극적 변화로 점철되어 있다는 점이다. 일반적으로, 이런 변화는 재앙과 포로와 귀환으로 간주될 수 있다. 전통적으로는 이 시대를 가리켜 '포로기'(the exile)라고 부른다. 성서학자들은 이 시대를 창조적 시대라고 본다. 왜냐하면, 전통을 상황에 맞춰 바꾸고 틀을 새로 짜서 정치, 종교, 사회의 붕괴로 발생한 도전을 해소하려 했기 때문이다. 의미심장하게도, 많은 해석과 성경의 정경화가 이 시대를 배경으로 일어났다.

 서론 첫 부분에서는 성경과 비평 학자들 사이에서 다루어지는 '포로기'의 중요성을 설명한다. 특히, 이 용어의 적합성에 관한 질문이 다루어질 것이다. 이 시대를 '포로기'라고 규정할 때 일부 문제점이 나타나기에, 그다음 단락에서는 전통적인 용어 문제를 거론한 후, 이 용어를 '무성전 시대'(the templeless age)로 재분류하고 거기에 맞춰 날짜들을 정해야 함을 주장할 것이다. 끝으로 고대 세계에서 전형적으로 나타나는 신학적 반응들을 개괄적으로 다룰 것이다.

1. '포로기'

포로 혹은 포로기는 전통적으로 두 대도시, 즉 기원전 587년의 예루살렘과 기원전 539년의 바벨론의 멸망 사이의 기간으로 정의된다. 기원전 6세기 초에 유다는 바빌로니아 사람들이 예루살렘을 약탈하면서 그나마 유지되던 독립 상태를 상실하고 말았다. 예루살렘의 몰락은 기원전 7세기 말엽부터 남유다 왕국을 뒤흔들어 왔던 오랜 불안정한 세월의 마지막을 장식한 사건이다. 바빌로니아 사람들은 예루살렘과 그 성전을 파괴했고, 유다의 정치·종교·사회 지도층을 바빌로니아로 포로로 끌고 갔다.

기원전 539년에 페르시아 왕 고레스(Cyrus)는 바빌로니아 수도를 함락시킨 후, 바빌로니아 제국의 통치권을 차지하였다. 그때 이후 어느 시점에 다수의 포로민 후손들이 예루살렘과 그 주변 지역에 재정착하였다. 포로민의 귀환은 소위 포로기 이후 시대인 회복의 시대에 시작된 것으로 보인다. 본국으로의 귀환은 예루살렘 성전을 재건하고 고대 이스라엘의 신 여호와를 기념하는 정기적 제의를 다시 드릴 수 있게 해 주었다.

포로기 이후에 유다가 페르시아(Persia) 제국 성인인 예후드(Yehud)라 불리는 지역이 되었음을 감안할 때, 유다의 정치, 종교, 사회 제도는 역사가와 성서학자들이 포로기를 결정적 단절 혹은 분수령으로 간주할 정도로 큰 변화를 겪었다.

정치 측면에서 유다는 다시는 다윗계 왕의 다스림을 받지 못했다. 다시는 외세 지배에서 자유로운 독립 국가가 되지 못했다(기원전 2세기에 마카비[Maccabees] 지배하의 짧은 시기를 제외하고는). 포로 귀환 후에 제사장과 페르시아가 임명한 총독에게 예후드 통치권이 넘겨졌다. 종교 측면에서 포로기 이후의 성전 제의(temple cult)는 지도부, 운영, 법규 측면에서 매우 달랐다.

예루살렘 멸망 이전에 유다 종교의 특징은 여호와주의(Yahwistic)라고 말할 수 있다. 비록 다양한 형태의 여호와 예배가 있었지만, 당시의 지배적인 형태는 유일신적이며 우상을 배제한 중앙 성소 지향적 특성을 지녔다. 포로기 이후의 여호와주의적 종교의 특징은 개별 종교적 표현을 더 강조하는 배타적 유일신 사상이었다. 기원전 4세기 중엽부터 초기이지만 식별 가능한 유대교 형태가 등장했다. 예언은 이사야, 예레미야, 에스겔과 같은 대규모 모음집으로부터 학개와 스가랴처럼 보다 더 실용적인 예언 활동으로 변화되었다.

포로기를 특별히 연구해야 하는 이유는 종교 발전과 연관되기 때문이다. 이 시기에 고대 이스라엘의 종교에 네 가지 주요 사상 변화, 즉 두 가지는 신의 기원에 관하여, 두 가지는 인간의 반응에 관하여 변화가 발생하였다.

첫째, 신의 기원에 관한 첫 번째 주요 변화는 유일신 사상(monotheism)의 발전이다.

포로기 이전에는 다른 신들보다 여호와를 먼저 예배하는 경향이 있었다. 이것은 유일신 사상이라기보다는 일신 숭배 사상이다(Lang 1983)(유일신 사상[monotheism]은 오직 하나의 신만이 존재하며 오직 하나의 신만이 숭배의 대상이 될 수 있다는 입장이다. 일신 숭배 사상[monolatry]은 다수의 신의 존재를 인정하지만 그중에서 오직 하나의 신만이 숭배를 받을 수 있다는 입장이다. 이에 반해, 선택적 일신 숭배 사상[henotheism]은 다수의 신 존재를 인정하면서, 다른 신들 가운데 하나도 숭배 대상이 될 수 있다는 입장이다. 숭배 대상은 여러 신 가운데 선택된 한 신이 될 수 있으나 나머지 신들 중 하나도 선택된 숭배 대상이 될 수 있다는 입장이다-역주).

예언 문학은 여호와 유일신 숭배에 있어 강조점의 변화 양상을 보여 준다. 이 사상은 때때로 '여호와 유일신' 운동으로 간주된다(M. Smith 1987). 포로기 이후 시대에는 다른 신들의 존재를 부인하는 유일신 형태의 여호와 예배가 이루어졌다.

둘째, 다음의 주요 신학적 변화는 여호와의 통치를 우주적인 것으로 이해하게 되었다는 점이다.

이는 언약 백성인 고대 이스라엘만을 의식하기보다는 열방을 염두에 두고 여호와를 온 땅의 주권자로 이해하게 되었다는 점에서 잘 드러난다. 당시 문학에서 여호와의 통치권에는 유다 땅 출신이 아닌 백성들을 위한 목적이 포함되어 있었다. 따라서 예후드 공동체는 인류를 위한 신적 목적 속에 열방과 이방 백성들을 포함해야 하는가 하는 물음과 씨름하였다.

이처럼 여호와와 그의 주권에 대한 인식 변화에 대한 응답으로 인간 역할에 더욱더 큰 의미가 부여되었다.

첫째, 개인 경건과 고백 행위로의 두드러진 변화가 있었다.

유다의 몰락 이전에는 예루살렘 성전에서 제의 중앙화가 실시된 이후에도 여러 장소에서 여러 방식으로 여호와를 예배하였다. 이후에 종교적 믿음은 예배를 드리기 위한 지침과 규정 제정에 온 힘을 기울였다. 이런 지침과 규정이 초기 유대교 형태를 말해 준다. 율리우스 벨하우젠(Julius Wellhausen)이란 이름은 통상적으로 포로기에 발생한 여호와주의로부터 유대교로의 변화와 연관 있다(Wellhausen 1885, ET 1957; Knight 1983; Barton 1995).

둘째, 인간 반응에 보다 더 큰 의미를 부여하면서 포로기 시대는 종종 개인 책임에 대한 믿음이 태동한 시기로 간주된다.

죄에 대한 책임이 더 이상 세대와 세대로 유전된다고 여기지 않게 되었다. 각자의 행위가 각자의 운명을 결정짓는다고 여기게 되었다.

2. 용어와 연대: 왜 무성전 시대인가?

비록 기원전 587년과 기원전 539년 사이의 기간을 의미하는 '포로' 혹은 '포로 시대'라는 용어가 가리키는 의미는 거의 의문시 되지 않지만, 이 용어를 사용할 때 몇 가지 중요한 문제가 제기된다. 포로기 시대를 가리키기 위해 현재 사용하는 전통적인 용어에는 다섯 가지 문제가 드러난다.

첫째, 가장 큰 어려운 점은 '포로'라는 용어를 단수로 사용한다는 데 있다.
성서 기록에 의하면, 바빌로니아인들은 유다 본토에서 기원전 598년, 587년, 582년 세 차례 유다 백성을 포로로 끌고 갔다. '포로기'라는 용어는 백성들을 본토에서 단 한 차례 포로로 끌고 간 사건을 의미한다. 사실 강제로 끌고 가 재배치한 사례는 여러 차례 발생하였다.

둘째, '포로'라는 말은 일부 백성이 유다로부터 도망친 사건을 나타내는 데는 적절치 않다.
기원전 587년 이후에 일부 백성들은 이웃 나라인 암몬, 모압, 에돔에 정착한 것으로 전해진다. 그달리야의 암살 사건 이후에 또 다른 일부 백성들은 이집트로 도망쳤다. 이들과 같은 자발적 피난민들에게는 이 시대를 '국외 이주자' 혹은 '피난민' 시대로 불러야 더 적절하다.

셋째, 더 중요한 점은 '포로'라는 용어의 사용은 현대 비평 학자들의 관점에 관하여 더 큰 의혹을 자아낸다는 데 있다.
설명과 개념의 측면에서 판단할 때, '포로' 혹은 '포로의'라는 말은 잘못된 명칭이다. 강제로 유다 땅 밖으로 재배치된 공동체 관점에서만 이 시대를 '포로기'라 말할 수 있다(Carroll 1992; Grabbe 1998). '포로'는 오로지 다른 나라로 끌려 갔거나 이송된 사람의 입장에서만 가능하다. 유다에 남은 사람들은 일부 시민의 강제적 재배치를 특별하다고 여기지 않았다. 그들의 시각에서 '포로'는 단지 보다 더 광범위한 재앙에 대한 하나의 결과에 지나지 않는다. 그렇기에 그들은 자신의 상황 설명을 위해 결코 이 용어를 사용하지 않았다.

그러나 바벨론에 포로로 끌려 간 사람들은 자신들을 '골라'(golah), 즉 포로로 끌려 간 공동체로 간주하였다. 이런 점에서 '포로'라는 용어는 기원전 6세기 초에 발생한 유다의 비극적 몰락을 경험한, 즉 유다에 남은 사람들과 이웃 도시 국가로 도망친 사람들을 포함한 다양한 공동체의 실상을 제대로 설명하지 못한다. 더구나, 유다를 강타했던 매우 다양한 종류의 재앙을 제대로 포착하지 못한다. 백성들은 포로로 사로잡혀 갔을 뿐만 아니라 부상, 죽음, 기근, 질병, 강간을 초래한 긴 포위 공격과 군사적 충돌에 노출되어 있었다.

넷째, 포로기에 대한 대다수 학자의 견해는 바벨론으로 끌려 간 공동체의 관점을 무비판적으로 채택한다.

이는 포로 공동체의 귀환을 회복 예언의 성취로 보고 포로 귀환 공동체를 의로운 남은 자로 보게 한다. 이런 관념에 둘러싸여 있는 가운데 때때로 '텅 빈 땅의 신화'(myth of the empty land)라 불리는 가짜 그림이 나타났다. 이 '텅 빈 땅의 신화'는 기원전 587년 이후에 유다 땅에 남아 있었던 사람들의 경험을 매우 효과적으로 지워버렸다(Carroll 1992; Barstad 1996; Grabbe 1998).

가령, 후대 문서인 역대기서에서 유다 땅은 주민이 살지 않는 텅 빈 땅으로 언급된다. 역대기 기자에게는 우상 숭배를 정화시키기 위해 그 땅이 안식일의 쉼을 누리는 것이 필요했다(대하 36:21; cf. 레 26:34, 35, 43). 예루살렘 멸망 이후의 시대를 포로기라고 언급하는 것은 후대 사상을 채택하고 있음을 시사한다. 강제로 끌려 간 사람들의 귀환을 통해 성취될 갱신과 회복을 기다리며 땅을 휴경한 채 놓아두었다는 사상은 결코 정확한 성경적 주장이 아니다.

비록 당시 기록이 빈 유다를 상정하더라도("이와 같이 유다가 사로잡혀 본 토에서 떠났더라"[왕하 25:21]), 그 땅을 돌보려고 남겨진 가난한 사람들의 계속된 거주를 인정하고 있음도 분명하다(왕하 25:8-12; 렘 52:12-16). 이 시대 자체를 잘못 표현하거나 후대의 사상적 그림을 무비판적으로 채택하는 잘못을 피하려면 '포로'와 '포로의'라는 용어 사용에 주의하는 것이 현명하다.

다섯째, 마지막으로, 포로기가 일정 기간을 암시한다는 주장은 이 역사적 사건의 개념에 관하여 또 다른 질문을 불러일으킨다.

포로기를 논의할 때 자동적인 전제는 분명한 시작과 끝이 있는 일정한 시간적 틀을 나타낸다고 보는 것이다. 사실, 어떤 점에서 포로기는 결코 중단되지 않았다. 비록 포로로 끌려 간 백성의 자손들이 고향으로 돌아갔다고 하더라도, 끌려 간 모든 유다 사람들이 귀환을 선택한 것이 아니었다.

사실, 포로의 상황은 절대 중단되지 않았다. 여러 공동체는 기원전 539년을 훌쩍 넘어가서도 이집트와 바벨론에서 계속 살면서 번영하였으며 이스라엘 종교의 계속성에 근원적이며 중대한 기여를 한 사람들로 대변되기조차 한다. 이집트에 있던 공동체는 히브리 성서를 헬라어로 번역한 칠십인 역을 내놓았다. 반면, 바벨론에 있던 그들의 동포는 랍비 시대에 바빌로니아 탈무드의 제작을 맡았다. 더구나 시초부터 유대 역사는 포로와 회복이라는 일련의 연속 과정이라 말할 수 있다.

포로라는 용어 사용에 대한 이런 반대를 감안할 때, 이 상황을 표현하는 데 보다 더 적합한 용어가 있는데, 그것은 바로 '무성전'(templeless)이다. 지금까지 알려진 포로기를 본국에 있었든지 자발적 혹은 비자발적 디아스포라(diaspora)로 있었든지 간에, 각 공동체가 예루살렘 성전의 상실

을 어떻게 생각해야 하는가 하던 때의 관점에서 보아야 한다.¹

'디아스포라'(diaspora)는 '흩어짐'을 뜻하는 헬라어(διασπορα)에서 유래한 말로 자의적이든지 타의적이든지 기존에 살던 땅을 떠나 다른 지역으로 이주·분산된 사람이나 그들이 거주한 땅을 말한다. 성경과 연관하여 사용될 때는 팔레스타인을 벗어나 바벨론을 비롯한 여러 지역으로 분산된 유대인과 그들의 거주지를 가리킨다.

우리가 아무리 성전 의미를 잘 이해한다 해도, 성전이 포로기 이전 시대에 유다 왕국의 중앙 성소(또는 제1성전)를 대변했다는 사실과 포로기 이후 시대에는 예후드 행정 구역의 중앙 성소(또는 제2성전)를 대변했다는 사실을 부인해서는 안 될 것이다.

성전 상실은 기원전 6세기 동안에 뼈아프게 느껴졌다. 성전 회복은 예루살렘의 미래 회복에 관한 예언의 주요 내용이었다. 만약 이 시대를 이렇게 이해한다면, 무성전 시대는 기원전 587년(성전 파괴)로부터 기원전 515년(성서의 설명에 따르면, 예루살렘에 성전 재건이 이루어진 때)까지가 될 것이다. 만약 이 시대를 이렇게 규정한다면, 우리는 예루살렘 도시와 중앙 성소의 파괴를 둘러싸고 있는 여러 사건은 한계가 분명한 연대, 즉 두 성전 사이의 기간을 확립하게 된다. 그뿐 아니라, 여호와의 현존의 상징으로서 성소의 사라짐이 중대한 모티프가 되었다는 신학적 고찰과 일관성을 유지할 수 있게 된다.

이처럼 무성전 시대(templeless age, 기원전 587-515년)는 우리에게 명확하게 한정된 시간 틀을 제공한다. 이와 같은 시간 한계 속에서 성전의 부재는 고대 이스라엘의 역사와 종교에 독창적으로 기여하는 배경 역할을 하였다.

우리가 사용하는 용어와 개념을 이처럼 재조정하면 실제로 이 시대의 역사와 문학에 대해 좀 더 유익한 평가를 하게 해 준다. 포로는 한 사건을

---

1 디아스포라~유대인과 그들의 거주지를 가리킨다(역주).

뜻하며 포로 시대에 관해서나 어떤 유형의 문학 작품이 쓰였는지를 더 이상 시사하지 않는다. 포로 시대를 보다 정확히 정의하려고 '무성전'이란 용어를 사용하여 이 시대가 초래한 다양성을 역사적으로는 서로 다른 지역에 있던 세 공동체, 즉 '골라'(*golah*), 본국의 거주민, 피난민의 관점에서 이해하게 해 준다. 뿐만 아니라 문학적으로는 상실과 회복의 관점에서 이해하게 해 준다.

이 외에도 '무성전' 용어의 사용은 포로 시대와 포로기 이후 시대 초기, 즉 예언자 학개와 스가랴와 관련된 성전 재건 무렵의 물질문화와 문학 사상 사이의 밀접한 관계에 주목한 최근 학설을 잘 설명해 준다.

3. 재앙과 패배에 대한 신학적 반응

예루살렘 멸망은 유다 왕국의 상징 세계가 심각하게 의심받는 전례 없는 상황을 유발하였다. 바빌로니아인들은 여호와의 임재와 보호의 두 기초적 상징인 왕과 성전을 파괴하였다. 이 위대한 것들의 상징적 붕괴로 인해 모종의 반응이 필연적으로 요구되었다. 포로 시대의 문학 속에서 재앙은 신과 종교적 관념에 영향을 미쳤다.

고대 세계의 사람들은 하루하루 살아가는 일상은 물론 엄청난 사건도 신적 영역과 연관된다고 생각했기에, 재난은 그것이 자연적이든 혹은 그렇지 않든 간에 철저한 신학적 성찰을 불러일으켰다. 고대 세계에서 도시의 파괴, 전쟁 패배, 성전 붕괴는 신적 의지와 의도 또는 무관심조차 바꾸어놓았다. (다음에 보겠지만, 이 당시의 성서 저자들은 예루살렘 멸망을 여호와의 진노와 심판의 결과가 아니면 지지를 철회한 결과로 이해했다.)

이와 같은 정치, 종교, 사회적 재난에 대한 반응으로, 고대 세계 사람들은 자신들의 신 관념을 바꾸었을 뿐만 아니라 자신들의 종교적 정체성과 표현에 대한 이해도 바꾸어 버렸다. 베킹(Bob Becking)은 패배에 대한 고대 사회의 반응에서 통상적으로 나타나는 네 가지 종교 사상의 변화를 다음과 같이 제시한다(1999; cf. Ackroyd 1994: 39-49):

① 정복자의 종교를 선호하여 전통 종교를 포기함.
② 종교의 토착적 요소를 계속 유지하거나 더욱 강화함. (이는 여호와 종교의 시각에서 가나안적 기원을 지니거나 이방에서 기원한다고 여겼던 예배 관행을 소생시키는 것에 해당한다.)
③ 정통성을 지니면서 유일신을 강조하는 종교에 집중함.
④ 종교를 새로운 정치, 사회적 맥락에 맞추어 변화시킴.

오늘날 히브리 성경은 살아남아 종교적 정체성의 근간이 되는 문서가 된다. 그 이유는 창의적이고 혁신적인 사상가들이 전통을 재평가하고 설명하는 신학 틀 내에서 기원전 587년과 그 이후에 발생한 비극적 사건들을 평가할 수 있었기 때문이다. 역사가, 제사장, 예언자들은 가혹한 현실과 고통에도 불구하고 새로운 사상을 생각해 냈다. 이 새로운 사상은 자기 나라를 상실한 백성의 종교와 사회를 계속 유지하는 데 이바지하였다. 무성전 시대와 그 이후의 문헌 속에서 위에서 열거한 네 가지 종교 반응을 모두 입증하는 증거가 있다.

4. 개관

본서는 창의적이며 생산적이던 무성전 시대의 역사와 문학에 대한 개론서이다. 제1장은 기원전 587년 예루살렘의 최종 멸망을 둘러싸고 벌어진 역사 사건을 서술한다. 뿐만 아니라, 이 시대에 세 개의 매우 다른 사회적 배경, 즉 유다 본국에서, 바벨론의 디아스포라 속에서, 그리고 이집트의 디아스포라 속에서 존재한 공동체의 체험을 현재 어떻게 평가하고 있는지를 개관한다. 그 다음 장들은 이 시대와 연관된 종교 문학에 대한 개론적 설명을 제시한다. 이 종교 문학은 성경책 순서를 따르기보다는 주제별로 범주화된다. 세 개의 주요 범주는 다음과 같이 구분된다:

① 제2장과 제3장은 다음 두 장르에 서술되어 있듯이 미래 비전이 빠진 문헌을 다룬다. 두 장르는 애가(일부 시편; 사 63:7-64:11; 예레미야애가)와 역사적 서술(신명기역사서)이다.
② 제4장은 심판과 희망이 혼재된 문헌을 검토한다(예레미야; 에스겔).
③ 제5장과 제6장은 희망으로의 전환을 예시하는 문헌을 다룬다. 즉 신적인 반전에 대한 희망(제2이사야; 겔 40-48장)과 신적 구원에 대한 인간의 신실한 반응에 대한 희망(학개; 슥 1-8장; 성결법전)을 다룬다.

제1장

역사 기록

　제1장은 바빌로니아 지배 시대의 역사 서술을 평가할 때 제기되는 일부 문제를 간략히 언급하며 시작한다. 그러나 결론은 히브리 성경이 정보의 출처로 유익하다고 말하면서 끝난다. 이와 같은 설명에 이어 이 시대를 재구성한다. 재구성은 유다가 멸망할 때 살아남은 공동체 상황에 대한 개괄적 검토뿐 아니라 역사와 고고학 자료 및 제국의 여러 자료에 근거를 둔다.

　역사에 관한 정보의 출처로서 히브리 성경의 사용 문제는 최근 들어 점점 더 세밀한 검토 대상이 된다. 몇몇 주요 연구는 성경의 시각을 사실보다 이념에 기초한다고 보는 견해에 도전을 주고 있다(Edelman 1991; Davies 1995; Grabbe 1998; Long 1999). 그뿐 아니라, 성경의 역사 이야기를 제시하는 데서도 빈틈이 있다. 열왕기하 2장 이야기는 멸망 시점에서 끝난다(왕하 25장). 에스라 1-6장의 내용인 기원전 6세기 말경의 성전 재건을 둘러싸고 벌어지는 사건에서 이야기는 다시 시작된다. 역사 재구성을 위해 성경을 사용하는 문제에 관한 관심이 더 커지면서 고고학적 증거와 제국의 지배 전략에 매력을 느끼고 있다.

　그러나 고고학적 증거와 제국의 지배 정책은 기원전 6세기의 유다 사회에 대한 개괄적 묘사에 그치게 한다. 더구나 둘 중 그 어느 것도 문제의 시대에 대해 완전하면서도 부정할 수 없는 구체적인 내용을 제시하지 못한다. 고고학적 발굴을 통한 물질문화는 고고학적 발굴을 통해 파괴층을 가진 도시 위치와 계속된 거주 지역처럼 일반적인 특성만을 드러낼 뿐이다.

신-바빌로니아인들(Neo-Babylonians)의 지배 전략에 관한 연구는 이와 같은 모습에 단지 최소한만 보탬이 될 뿐이다. 왜냐하면, 유다에 대한 신-바빌로니아의 통치를 다루는 쐐기 문자 자료가 없기 때문이다. 학자들은 성경 이야기(Lipschits 1998; 2005)에 나타난 암시와 바빌로니아 정책에 관한 그 밖의 다른 비교 자료들(Middlemas 2005: 48-70)을 근거로 유다가 바빌로니아 제국의 한 성(province)이 되었다고 주장한다. 비록 유다의 이런 위상을 명백히 확인할 수 있더라도, 신-바빌로니아의 지배가 서쪽 변방에 어떤 영향을 미쳤는지는 여전히 불분명하다.

고고학적 증거와 제국의 자료에만 의존한 나머지, 역사가는 다음과 같은 핵심 질문에 대한 답변에 미흡하다.

기원전 6세기에 공격으로 초토화된 백성은 누구였는가?

광범위한 파괴에 대한 그들의 시각은 무엇이었는가?

고대 이스라엘에 대한 조사는 성경적 증거를 사용하지 않고는 이루어질 수 없다. 다음에 서술되는 이야기는 이런 질문에 대해 성경과 고대 근동(ANE)의 참고 자료를 활용하여 가능한 답변을 시도하고자 한다.

그런데도 성경을 사용할 때는 주의를 기울여야 한다. 왜냐하면 히브리 성경의 목적은 역사 기록이 아니라, 한 백성과 그들의 하나님 사이에 이루어진 상호 작용의 시각에서 발생한 여러 사건을 해석하고 그 해석을 보존하는 데 있었기 때문이다.

성경에 관한 세부 이야기는 기원전 6세기 이후 시대를 묘사할 때 다룰 것이다. 왜냐하면 성경 이야기는 기원전 6세기 유다에서 일어난 사건들을 정확히 그대로 묘사하지 않기 때문이다. 즉, 성경 본문은 역사를 들여다 보는 창이 아니기 때문이다(Barstad 1998). 성경 본문을 자세히 서술하는 이유는 성경 본문만이 한 백성과 우리의 관심 장소에 관해 상세히 말해 주기 때문이다(Miller 1991). 성경 자료 속의 역사는 성경 저자들이 자신들의 과거에 대한 생각과 이해 방식에 관한 정보를 제공한다.

1. 무성전 시대 개관(기원전 587-515년)

기원전 7세기 말경, 자그로스산맥의 구릉 지대로부터 이집트 국경에 이르는 아시리아 제국에 대한 아시리아인의 장악력이 쇠퇴하기 시작하였다. 나보폴라사르(Nabopolassar)의 통솔 아래 신-바빌로니아인들은 기원전 612년에 수도 니느웨를 장악하여 아시리아 제국을 손아귀에 넣었다(이 사건은 현재 대영박물관에 소장되어 있는 갓 연대기[Gadd Chronicle]에 기록되어 있다) (갓 연대기는 니느웨 멸망에 관한 바빌로니아 연대기[Babylonian Chronicles]의 번역자이면서 편집자인 갓[C. J. Gadd]이 1923년에 발간한 연대기를 가리킨다-역주).

니느웨의 멸망과 관련하여 아시리아 제국은 (일반적으로 신-바빌로니아 왕국으로 지칭되는 기원전 7세기에 수립된 신[新] 왕국) 바벨론과 이집트가 트랜스요르단 지역을 포함한 레반트(Levant) 지역의 장악을 놓고 경쟁하던 불안정한 상태에 놓여 있었다. 나보폴라사르의 아들인 느부갓네살(Nebuchadnezzar)은 기원전 605년에 갈그미스에서 이집트 군대에 결정적으로 승리하여, 이전의 아시리아 제국을 완전히 장악하게 되었다.

이집트와 바벨론 사이에 전개된 힘 대결의 소용돌이 속에서 여호야김 왕이 통치하던 유다는 이집트와 동맹 관계를 맺었다. 그러나 유다는 기원전 601년에 바빌로니아와의 예속 관계를 거역함으로 자신에게 불리한 결과를 초래하였다.

조약은 위반에 대해 단계적인 가중 처벌을 약술하고 있으므로, 느부갓네살은 조약 위반에 대한 대응으로 기원전 598년에 예루살렘을 침공하였다. 그 와중에 여호야김은 죽었고 그의 어린 아들 여호야긴이 왕위에 올랐다(왕하 24:8). 통치자가 바뀌었음에도, 기원전 598년에 신-바빌로니아 군대는 예루살렘을 포위해, 포로와 약탈을 감행하였다. 또한 왕과 왕의 친인척과 주요 시민과 기술자를 바벨론으로 끌고 갔다(왕하 24:10-17). 신-바빌로니아인들은 폐위된 왕 여호야긴 대신에 그의 삼촌 맛다니야-시드기야(Mattaniah-Zedekiah)를 왕위에 내세웠다. 바빌로니아 연대기라고 지칭되는 바빌로니아 왕들의 활동을 기록한 왕의 연대기에 나타난 다음 이야기는 이와 같은 성경 이야기의 세부 내용을 확인해 주고 있다.

> 제7년 기슬르월에 아카드 왕(king of Akkad)은 자신의 군대를 소집했다. 그리고 하티로 행진하여 예후드 도시를 향해 자신의 병영을 세웠다. 아달월 제2일에 그 도시를 점령하고 왕을 생포하였다. 거기서 자신이 선택한 왕을 세웠다. 대규모의 조공을 징수한 후에 바벨론으로 돌아왔다.[1]

시드기야는 유다의 마지막 왕이었다. 강력하게 외친 예레미야의 충고를 거스르고, 독립을 쟁취하려는 마지막 시도의 목적으로 기원전 588년에 바벨론에 대해 반란을 일으켰다. 신-바빌로니아인들은 조약 위반에 신속히 대응했다. 예루살렘과 그 주변 지역을 공격하여 유다의 주요 정치적, 사회적, 종교적 상징을 뿌리째 뽑았다.

느부갓네살 통치 18년(렘 52:29) 혹은 19년(왕하 25:8)에 예루살렘은 포위되어 노략질과 약탈을 당한 후 붕괴되었다. 전투에서 죽지 않는 주민들은 바벨론으로 사로잡혀 가고, "그 땅의 비천한 자를 남겨 두어 포도원을 다스리는 자와 농부가 되게" 하였다(왕하 25:8-12; 렘 39:8-10; 52:12-16). "이처럼 유다가 사로잡혀 본토에서" 떠났다(왕하 25:21; 렘 52:27).

시드기야 왕은 두 눈이 뽑힌 채 사슬로 결박되어 바빌로니아로 끌려가기에 앞서 자신의 두 아들의 죽음을 지켜봐야 했다(왕하 25:6-7//렘 39:5-7;

---

[1] Glassner 2004: 231. 아쉽게도 바빌로니아 연대기는 느부갓네살 제11년(기원전 594년) 다음 이야기에서 끊어졌다가 불과 30여 년 후에서 다시 시작된다.

52:9-11). 바빌로니아는 징벌 조치뿐 아니라, 예루살렘에 대한 두 번째 공격을 계획하여 이 지역의 안정을 유지하기 위한 확고한 정책을 도모하고자 하였다. 예루살렘 공격을 감행하기 전에 신-바빌로니아인들은 자신의 제국과 골칫거리인 이집트 사이의 완충 지대를 확보하기 위한 수단으로서 블레셋의 성읍들인 아스글론과 아스돗을 거의 완전히 절멸시켰다 (Stager 1996a; 1996b).

비록 유다가 심각한 타격을 받았지만, 신-바빌로니아인들은 그달리야를 (대략 예루살렘 북쪽으로 19마일 지점에 위치한) 미스바에 있는 새로 설립한 제국의 성(省)을 관할하는 총독으로 세움으로써 어느 정도의 안정을 되찾게 했다(왕하 25:22-26; 렘 40:7-41:15). 예루살렘 주변의 동굴과 거친 지대에 숨어 지내던 사람들은 요단강 동쪽의 여러 나라로 도망친 사람들과 미스바로 갔다(왕하 25:23; 렘 40:7, 11-12). 왕정을 옹호하는 일당이 그달리야를 암살하자, 안정과 재건을 촉진하기 위해 취해진 조치가 갑자기 중단되고 말았다(왕하 25:25; 렘 41:1-2, 18). 바빌로니아가 취할 대응 조치에 두려움을 느낀 나머지, 암살 일당은 예레미야를 밧줄에 묶은 채 끌고 이집트로 도망쳤다.

기원전 582년에 발생한 또 한 번의 유배는 바빌로니아가 임명한 그달리야를 암살한 데 대한 제국의 조치와 연관되어 있을지도 모른다 (렘 52:30). 유다 땅에 살던 인구 정보는 이 시점에서 중단된다. 사실 열왕기서와 예레미야서는 기원전 562년에 바벨론 감옥에서 풀려난 여호야긴 왕에 관한 이야기로 종결된다(왕하 25:27-30//렘 52:31-34). 일반적으로 와이드너(Weidner) 문서로 알려진 쐐기 문자 문헌은 바벨론에 있던 여호야긴과 그의 가족에게 날마다 할당된 음식과 음료의 규정량에 대해 설명하고 있다(ANET 308).

기원전 561년에 느부갓네살이 사망하면서 신-바빌로니아 제국은 급격히 쇠퇴기에 접어들었다. 곧장 세 명의 왕이 뒤를 이었으나 결과적으로는 경험이 풍부한 나보니두스(Nabonidus, 기원전 555-539년)가 권력을 쥐게 되었다.

기원전 550년에 고대 근동에 새 바람이 불기 시작하였다. 그 해에 고레스는 페르시아의 여러 부족을 규합하여 이웃의 메대 왕국(Median kingdom)을 정복하였다. 이 사건은 페르시아가 권력을 장악하기 시작했음을 보여 주었다. 나보니두스의 연대기(Nabonidus Chronicle)에 의하면, 기원전 539년에 고레스는 대대적인 팡파르와 함께 바벨론에 입성하여 피 흘림이 없이 바벨론을 정복하였다(바빌로니아 연대기[Babylonian Chronicle] 7 iii 12-16, 18).

보통 포로 생활의 종식을 기원전 539년에 바벨론을 패배시킨 날짜로 나타낸다. 이듬해인 기원전 538년에 고레스는 칙령을 선포했다. 이는 (대영박물관에 소장된) 고레스 실린더(Cyrus Cylinder)에 기록되었다. 제의 입상의 반환과 바벨론 주변의 여러 지역으로 사로잡혀 간 사람들의 귀환을 명령하고 있다(COS 3:314-16) (고레스 실린더는 기원전 539년에 고레스가 바벨론을 정복한 사실을 원형 점토판 위에 새긴 쐐기문자 비문을 뜻함-역주.)

비록 구약성경 학자들이 고레스 실린더로 알려진 것을 소위 고레스가 피정복민에게 보여준 계몽적이고 관대하며 인간적 태도를 보여 주는 증거로, 순수하게 환영했지만, 그것을 범제국적 정책으로 해석하면서 어려움이 제기되었다. 왜냐하면 고레스 실린더가 바빌로니아의 제의 장소에만 연관되어 있기 때문이다(Kuhrt 1983; Bedford 2001).

그러나 예루살렘 제의의 회복을 위해 선포된 고레스 칙령(Cyrus edict)이 히브리 성경, 즉 히브리어 단락인 에스라 1:2-4와 아람어 단락인 에스라 6:2-5에서 발견된다. 성경은 여호와가 고레스를 선택한 일을 바벨론의 포로민들을 해방하고 예루살렘 성전을 회복시키기 위한 수단으로 선포한다. 유대인들에게 유다로 돌아가도록 허용한 특정 선언이 진정성을 담고 있는지는 의문의 여지가 있다(이에 대한 최근의 논의는 Bedford 2001을 참조하라). 최소한 고레스 실린더는 페르시아인들이 예루살렘에 성전을 재건하는 일을 방해하지는 않았을 것이라는 사실을 암시해 준다.

전통적으로 포로기 이후 시대 초기로 간주된 기원전 539-515년은 자연스럽게 무성전 시대가 끝나는 시기가 된다. 이 25년 동안의 물질문화와 시대의 특성은 이후 시대보다 이전 시대와 더 많은 공통점이 있다. 이 시대 동안에 고레스와 캄비세스와 같은 페르시아 왕들은 군사 행동을 통해 제국을 안정화시키고 강화시키려 했다. 고레스는 한 군사 작전에 나섰다가 죽고 기원전 527년에 그의 아들 캄비세스(Cambyses)가 계승했다.

캄비세스가 이룬 군사적 대승리는 기원전 525년에 이집트를 복속시킨 일이었다. 기원전 522년에 미심쩍은 상황 속에서 그가 죽은 이후, 제국은 일련의 반란 사건으로 휘청거렸다. 이 시기에 왕권을 노리던 사람들은 왕권을 위해 다툼을 벌였다. 이 위태로운 시기에 고레스 계열에서 멀찍이 떨어져 있던 다리우스(Darius)가 통치권을 차지하였다.

이후 몇 년 동안 다리우스는 제국 내의 혼돈을 이용하여 독립을 확보하려고 했던 나라들을 진압하는 데 시간을 보냈다. 탁월한 전략가인 다리우스는 대대적 개혁을 전개하여 그 당시 고대 근동에서 가장 큰 제국을 지배했다. 도로를 개선하고 전령 시스템을 개선하여 제국의 먼 곳까지 연결하고자 하였다. 아울러 외교적으로 피지배 민족의 호의를 얻기 위해 정부 내의 지역 지도자의 재능을 활용하고 바빌로니아 시대로부터 폐허가 된 채로 남아 있던 성전을 재건하기 위한 기회를 제공하고자 하였다.

비록 사건 자체는 사건과 동시대에 해당하는 문헌 기록을 배태하는데 아무런 영감을 주지 못했지만, 아마 이 무렵에 유다로 귀환한 포로민의 물결이 있었던 것 같다(그러나 후대에 작성된 사건 재구성에 관한 이야기를 위해서는 에스라 1-6장을 보라). 고고학적 증거에 의하면, 기원전 6세기 말엽의 거주 형태에 재미있는 현상이 나타난다. 예루살렘 북쪽의 베냐민 지파 지역의 거주지가 감소하거나 완전히 사라지고, 예루살렘 남쪽과 예루살렘 주변 지역에 새로운 거주지가 나타난다.

인구 변화는 페르시아의 포로 귀환 정책을 반영한다는 주장이 있었지만(Hoglund 1991; 1992), 변화를 초래한 주변 상황은 경제 및 농업과의 관련성을 시사한다(Lipschits 1999: 182-85). 유다 자체는 가뭄으로 인해 경제가 침체하고 농업이 어려움을 겪고 있었다. 학개와 스가랴(1-8장)의 예언적 권위와 세스바살(Sheshbazzar)과 스룹바벨(Zerubbabel)의 통솔 아래 예루살렘에 성전이 재건되었다. 기원전 515년에 이룩한 성전 재건(스 6:15)은 무성전 시대의 종언을 말해 준다. 기원전 6세기 말의 공동체가 어떤 특성을 보였는지에 대해서는 논쟁의 여지가 있다. 성전 재건 무렵에 생성된 사건 자료에 대한 최근의 두 평가는 언급할 만한 가치가 있다.

첫째, 베드포드(Perter Bedford [2001])가 관련 성경 자료를 세심하게 잘 연구한 후 내린 평가이다.

성전 재건이 이루어진 사회적 맥락에 대한 연구를 통한 해석자들의 재구성에 비추어 성경과 고대 근동의 증거를 재평가한다. 베드포드는 (스 1-6장에 묘사된) 후대의 사회 상황이 성전 재건 시대의 자료 속에 도로 넣어 읽힌 결과임을 보여 주었다. 기원전 5세기의 사상적 관점을 채택하고 싶은 유혹을 막아 내며 기원전 6세기 말의 예언서(스 5-6장과 더불어 학개와 슥 1-8장)를 분석한다. 이 예언서들은 여호와 백성으로서 자신의 정체성을 새로 명확하게 하려고 자신의 과거 전승을 활용하는 통합 공동체에 관해 언급한다.

베드포드와는 대조적으로, 립쉿츠(Lipschits)는 통상적으로 받아들여지고 있는 견해를 보여 준다. 그는 기원전 6세기 말의 유다를 재구성할 때 에스라 1-6장의 묘사를 채택하였을 뿐만 아니라 사회적 균열이 있었다고 주장하였다(Lipschits 2005: 358-59). 립쉿츠는 이 같은 사회 균열이 초래된 것은 땅의 소유는 물론 통치권을 장악한 비(非)귀환 공동체와 권력과 재산을 돌려받기 위해 몸부림친 귀환 포로민 사이의 갈등 때문으로 보았다. 그러나 베드포드의 분석에 따르면, 학개와 스가랴의 말은 배타성을 띠지 않았으며 성전 재건은 사회 통합의 기회를 만들어 냈다.

더 나아가 호프만(Hoffman)은 스가랴 7장의 금식에 관한 연구(2003)에서 사회의 이해 관계를 연결하는 방편으로 예언자가 본국에 있는 공동체와 골라 공동체가 금식일을 준수했음을 언급하고 있음을 보여 준다. 통합 정체성을 진전시키기 위한 이른 시도가 있었다.

립쉿츠는 부분적으로는 시온 귀환 이후에 첨가되었으며, 논란의 대상인 신명기역사서 부록에 자신의 해석 근거를 둔다. 그러나 인용된 자료의 출처는 바벨론 포로민 사이에서 전개된 문학 활동에서 유래한 것으로 학자들에 의해 널리 인정된다. 신-바빌로니아 시대의 유다를 배경으로 하는 포로민 문학 가운데서 논란이 되고 있는 구절들은 포로민에 의해 저작된 것으로 여겨지는 기원전 6세기 예언에 속한다(Middlemas 2005: 72-121).

립쉿츠가 주목한 논란 중인 부록은 포로 귀환 이전의 포로기 문학에 포함되어 있으며, 하나님이 유다를 멸망시킨 이유를 설명하는 문학적 수단 역할을 한다. 그런 면에서 이 부록은 포로 귀환 이후에 나타난 사회 분열의 증거가 될 수 없다.

둘째, 성전 재건에 관한 지배적인 견해에 대한 또 다른 중요한 도전이 에델만(Diana Edelman)에 의해 제기되었다.

에델만은 성전 재건이 기원전 5세기에 활동하던 느헤미야 시대에 이루어졌다고 주장한다. 에델만의 주장은 히브리 성경의 연대기에 관한 의심을 불러일으키면서 후대를 선호하는 구체적인 증거를 제시한다. 그러나 이런 식의 접근은 일부 본문을 기원전 5세기로 잡는 것과 충돌을 일으키는 성경 비평 작업에 대한 이해 부족을 드러낸다. 그 일례로 에델만은 학개와 스가랴 1-8장의 연대기적 틀을 후대의 이념적 첨가로 평가절하한다. 성전 완공을 예레미야의 70년 포로 생활에 관한 예언과 연관시키려고 덧붙였다는 것이다.

사실 학자들이 오랫동안 학개와 스가랴 1-8장의 예언을 편집자의 작업으로 간주해 왔지만, 아크로이드(Ackroyd [1951; 1952])와 메이슨(Mason [1977; 1984])은 이 같은 편집 관점과 어휘가 예언자 학개와 스가랴의 말과 비슷하다는 점을 입증하였다. 설사, 편집 작업이 후대에 이루어졌다 해도, 학개와 스가랴의 예언 자체보다 먼 후대는 아니다. 더구나 예언의 내용은 에스라서와 느헤미야서에 나타나는 지배적 관점과 겹치지 않는다. 에스라와 느헤미야의 지배적인 관심사는 사회 분열을 인식하고 공동체 내의 이방인들을 계획적으로 솎아내고자 한 데 있었다.

더 나아가 학개와 스가랴의 목적 중의 하나는 예루살렘과 성전의 중심적 역할을 공고히 하는 것이었다. 이는 에스라서와 느헤미야서가 당연시하는 전제이다. 편집 부분을 걷어낸다고 해도, 학개서와 스가랴서의 성전 재건에 관한 예언은 여전히 재건 작업과 예루살렘의 중추적 기능을 강조한다. 학개서와 스가랴서가 에스라서와 느헤미야서와 비슷한 점이 없기에 단순히 연대표를 제거하여 시대가 다르다고 말하기는 어렵다.

시간 인식에는 연대표 외에 다른 요인들이 영향을 미친다. 해석자들이 기원전 515년에 재건된 성전의 연대를 보다 더 후대로 정하는 데 따른 증거를 재평가할 필요가 있을지 모른다. 그러나 본 연구의 목적상, 역사에 대한 성경적 이해가 무성전 시대에 대한 가능한 연대표를 제시한다는 사실은 힘을 받게 될 것이다.

기원전 6세기 말엽에 예루살렘과 예루살렘 인근 지역에 있던 건물 대지에 대한 증거가 고고학적 발굴로 밝혀졌다. 이는 포로민의 귀환과 다수 피난민의 존재를 암시한다. 학개서와 스가랴 1-8장은 당시에 존재했던 공동체에 대한 희미한 흔적을 보여 준다. 그 땅의 남은 자와 포로 귀환민은 협력하여 자신들의 정체성을 재구축하고, 자신들의 사회를 재조직하며, 자신들의 신인 여호와의 성전을 재건하고자 하였다.

2. 고국: 유다에서의 삶

비록 개략적이긴 하지만, 유다에 남은 주민에 대한 역사적인 언급은 전쟁 후유증으로 광범위한 물리적 파괴와 심대한 인간 비극이 초래되었음을 암시한다. 인간의 고통이란 관점에서, 예레미야애가는 예루살렘과 유다 주민에게 닥친 전쟁의 처참한 결과를 생생한 필치로 그려 낸다. 사람들은 계속되는 치욕과 수치 외에도 학살, 질병, 성폭력과 굶주림으로 고통받았다. 역사 기록에 의해 되살려진, 파괴로 무력해진 유다의 가혹한 현실을, 고고학적 증거가 어느 정도 뒷받침해 준다.

예루살렘을 포함하여 예루살렘 인근의 남쪽 지역이 특별히 큰 타격을 입었다. 파괴층이 발견된 22곳의 건물터 대다수는 기원전 6세기에 사람이 살지 않았음을 보여 준다. 예루살렘 자체에는 최소한의 거주자만 살았던 것 같다. 이웃 나라의 침범으로 인한 영토 상실 또한 문제였다(렘 49:1-5의 암몬; 렘 49:7-22의 에돔; 오바댜)(Albertz 2003).

유다의 일부 다른 지역에서의 상황은 예레미야애가 혹은 광범위한 고고학적 발굴물이 증거하는 것만큼 처참하지 않았다는 징후가 여러 군데 나타난다. 파괴층이 존재하는 장소는 기본적으로 유다 남부 경계 지역에 위치한다. 유다 북쪽의 베냐민 지파 영토는 바벨론의 공세 속에서도 거의 손상을 입지 않은 채 남아 있었다고 오래 전부터 인식됐다.

더 중요한 점은 다수의 건물터가 기원전 6세기 동안 사람이 계속 거주한 사실은 물론 정상 생활로 복귀했다는 사실을 보여 준다. 그 한 실례가 미스바(Tell en-Nasbeh)이다. 속주의 행정 중심지로서의 미스바의 역할은 최근에 학자들 사이에서 더 큰 관심을 끌었는데, 이는 존(Jeffrey Zorn [1997; 2003])과 립쉿츠(1998; 1999; 2001; 2005)의 연구 덕분이다. 그리하여, 고국, 특히 베냐민 지파 지역에서의 회복과 재기에 대한 증거가 나타나게 되었다.

고국에서의 삶의 질은 토론의 대상이다. 한편으로, 고고학자인 스턴(Ephraim Stern [2001; 2002])은 광범위하게 전개된 파괴에 주목하여 고국에서 기초 생계유지 정도만 가능한 수준에 머물렀을 거라고 주장한다. 다른 한편으로, 바스타드(Hans Barstad [1996])와 블렌킨소프(Blenkinsopp [2002a and b])는 예루살렘 북쪽 지역 발굴에서 나타난 주거 지역과 번영에 주목하여 안정된 공동체의 삶으로 복귀하였을 거라고 주장한다(또한, 다음을 참고하

라: 립쉿츠 2005; 미들마스 2005).

불행하게도 메소포타미아 지역 밖에서 바빌로니아의 제국주의 정책을 둘러싼 불확실성은 유다에서의 삶을 재구성할 때, 서로 엇갈리는 견해 사이에서 판단하는데 별로 도움이 되지 않는다. 이를 뒷받침하는 구체적인 증거가 부족하다. 메소포타미아의 제국들은 본국의 천연자원이 비교적 적은 편이었다. 그 때문에 오랫동안 자신들의 지배 영역을 다른 지역으로 확장하려고 하였다. 그리하여 상품과 원료를 아시리아 혹은 바빌로니아의 심장부로 최대한 가져오려 하였다.

아시리아는 기원전 8세기 중엽 디글랏빌레셀 III세(Tiglath-pileser III) 치하에서 피지배국이 주로 상품, 즉 원료, 사치품, 식품 또는 포도주 같은 형태로 세금을 지불한 속주 체제를 조직하였다. 바빌로니아인들이 동일한 모델을 채택했는지는 일부 논의가 있다.

문제는 바빌로니아인들이 제국 내의 여러 국가의 정상적인 복원을 장려했는지(Barstad 1996) 혹은 군사력을 사용하여 매년 조공을 강제로 징수하려고 했는지(Vanderhooft 1999; 2003)에 있다. 전자의 모델에서 한 국가는 제국의 군주로부터 간섭을 별로 받지 않고 매우 잘 지낼 수 있는 반면, 후자 모델의 경우에, 한 국가가 잘 버텨내기 힘들다. 왜냐하면, 무역을 떠받치는 제국의 통합 체제와 별개로 작동되기 때문이다. 더 나아가, 매년 발생하는 파괴적인 군사 행동 때문에 국부를 다 빼앗기게 되기 때문이다.

기원전 8세기 중엽 제국주의의 통치 행태에 관한 가장 최근의 연구 결과에 따르면, 이집트에 대한 신-바빌로니아의 우려로 인해 통치 전략에 변화가 발생하였다는 것이다. 충성과 안정을 촉진하려는 노력의 목적으로 유다는 속주로 편성되었다는 것이다(Lipschits 2005; Middlemas 2005).

고대 근동에서 유다는 바빌로니아의 시장에서도 선호 상품으로 취급된 사치품을 생산하는 것으로 잘 알려져 있었다. 성경이 신-바빌로니아인들이 '포도원 지기와 밭을 가는 자'를 남겨 두었다는 점에 관심을 기울인다는 사실은 무역을 장려하려는 제국주의적 의도를 나타낸다. 상품은 당시 르네상스 혹은 황금 시대를 누리고 있던 바벨론에서 필요했을 뿐만 아니라, 정부도 제국 내의 여러 지역으로 오가는 상품에 세금을 부과하여 수입을 올릴 수 있었다. 몇몇 성경 구절에서 신-바빌로니아가 유다에 과중한 세금을 부과한 사실을 암시한다(애 5:3-6, 8-10, 13; 학 1:6).

유다 지역에서 신-바빌로니아인들의 초기 행동은 안정적인 상황을 조성하는 데 관심이 있었음을 시사한다. 립쉿츠는 일부 예레미야 본문에 근거하여 느부갓네살이 예루살렘을 파괴하기 전에 미스바를 행정 중심지로 정했다고 주장한다(2005). 존(Zorn)이 주도한 미스바에 대한 고고학적 발굴은 립쉿츠의 주장을 뒷받침해 준다. 행정 중심지 설립에 부합되는 건설 작업의 흔적을 제시해 주기 때문이다(1997; 2003). 더구나, 바빌로니아의 왕은 그달리야를 총독 혹은 꼭두각시 왕으로 내세워 안정을 일구어 내는 데 기여하였다.[2]

유다를 재생시키려는 일에 대한 바빌로니아의 관심이 그달리야 암살 이후에 식어버렸다는 것이 일반적으로 인정되는 사실이다(Lipschits 2005; 118-22). 하지만, 일부 공동체 지도자들이 그달리야를 대체할 수 있는 권위를 갖춘 인물을 선정하려고 시도하였을 가능성은 있다. 왕위 계승을 둘러싼 불확실성에 의해 국가 안위가 위협을 받고 있던 시대에 '그 땅의 사람들'(왕하 11:13-20; 21:24; 23:30) 혹은 '유다 사람들'(왕하 14:19-22)이 가능한 한 빨리 누군가를 왕위에 세우려고 개입하였다(Seitz 1989). '그 땅의 사람들'은 땅을 소유한 완전한 시민권자였을 것으로 보인다(최근 개관을 위해서는 다음을 참조하라: Fried 2006).

원칙적으로 예루살렘 바깥에 살았으므로 바빌로니아의 침략 이후에 유다에 머물렀던 사람들이었을 것으로 보인다. 그달리야 암살 이후에는,

---

2 성경 저자는 그달리야에 대해 결코 '총독'이란 용어를 사용하지 않지만, 그의 통치에 대해 사용하고 있는 히브리어(파카드의 히필형, '지명하다, 세우다')는 그달리야가 그런 지위를 가지고 역할을 수행했다는 사실을 암시하는 게 분명하다. 유달리 밀러와 헤이즈(2006: 482-85)는 그달리야가 왕의 자리에 임명되었다고 주장한다.

아마도 이 그룹이 총독을 임명하여 안정을 확보하고자 하는 책임을 떠맡은 당사자였을 것이다. 사이츠(Christopher Seitz)는 예레미야 주변에 있던 서기관 계급이 그달리야가 죽기 전에 유다 내의 공동체에 대해 긍정적인 예언을 기록했다고 주장한다(1989; 사반 가문 또한 립쉿츠의 글[2005]에 언급되어 있다). 계속된 예언 및 문학 활동은 어느 정도 정상 생활이 가능했음을 암시해 준다.

점점 더 많은 학자들이 유다의 상황이 전반적인 사람살이는 물론 신학 활동에도 문제가 없을 만큼 충분히 안정적이었다고 판단한다. 그 자체의 정치적 권위에 의해 다스림을 받는 안정적인 공동체로 인해 지속적인 예배와 문학 활동이 가능했을 것이라고 본다. 성전은 완전히 무너지지 않았지만, 그것의 신성함이 손상을 입은 것은 분명하다(Jones 1963).

공동체의 종교 생활 측면에서, 예레미야 41:5에 언급된 세겜, 실로, 사마리아로부터 일군의 애도자들이 소제물과 유향을 가지고 성전, 즉 여호와의 집(beth Yhwh)으로 순례했다는 사실은 비록 규모는 축소되었지만 제의 활동이 계속되었음을 시사한다. 이들의 행동은 성소가 파괴된 폐허에서 자발성을 띤 산발적 예배를 계속 드렸음을 시사한다. 제의 활동은 국가가 정상적으로 기능할 때 이루어지기에 아마 정규 예배를 돕기 위해 성소가 설치되었을 것이다.

블렌킨솝은 예루살렘 밖에서 제의가 재건되었을 가능성을 말하면서, 미스바 근처에 있는 오랫동안 제의가 시행된 자리였던 벧엘 성소를 지목하였다(2002a and b). 그러나 미스바, 기브아, 기브온에 있는 다른 장소도 제의가 시행되었을 가능성이 있다(Edelman 2002; Lipschits 2005). 광범위한 의견 일치를 보여 주듯, 예레미야애가가 신-바빌로니아 시대의 유다와 연관되어 있다면 제의 센터가 이 시대에 운영되었을 가능성을 시사한다(Middlemas 2005).

마지막으로 비교적 분명한 사실은 유다 땅에서 사회, 정치, 종교 생활이 재개되었더라도 외세의 간섭에서 완전히 벗어나 편안하거나 자유로운 상태는 아니었다는 것이다.

3. 디아스포라: 이집트와 바벨론에서의 삶과 사상

기원전 587년의 예루살렘의 멸망은 참화를 겪음은 물론 유다 백성의 추방과 이산의 아픔을 초래하였다. 두 주요 장소가 디아스포라 공동체의 중심지가 되었다. 이집트와 바벨론. 두 장소는 역사적 정보와 예루살렘에서 발생한 참화에 대한 반응의 관점에서 거론될 것이다.

1) 이집트

그달리야에 대한 왕정 지지파의 공격이 성공한 후, 다수의 유다 자손이 이집트로 도피했다. 열왕기하 25:26은 이렇게 말한다.

> 노소를 막론하고 백성과 군대 장관들이 다 일어나서 애굽으로 갔으니 이는 갈대아 사람을 두려워함이었더라(왕하 25:26).

이집트로 도피한 사람들은 하부(下部) 이집트의 다바네스(Tahpahnes, 렘 43:7)와 믹돌(Migdol), 멤피스(Memphis), 바드로스 땅(Pathros, 렘 44:1)에 정착했다. (멤피스는 성경에서는 놉이라 지칭된다. 이 장소의 명칭들은 상부와 하부 이집트에 있는 여러 위치를 포함하며 아마도 이집트 전체의 유대인들을 포함시키기 위한 목적이 있는 것 같다-역주.)

그달리야를 암살한 후에 느부갓네살의 분노를 피하고자 이집트로 도피한 자들에 관한 정보는 별로 없다. 그달리야의 암살과 도피자들에 관한 자료에는 엘레판틴(Elephantine, 오늘날의 아스완[Aswan])에 주둔하던 유대인 병사들과 그들의 가족들에게서 나온 성경 이외의 자료와 함께 열왕기하

25장, 예레미야 42-44장, 에스겔 29-32장이 포함된다(Porten 1968; 1996; 2003).

에스겔은 자신의 멸망 신탁에 이집트를 포함시키는 반면에, 예레미야는 다른 신들을 숭배한다는 이유로 이집트에 있던 도피자들을 비난한다. 기원전 5세기와 4세기로 추정되는 아람어로 된 엘레판틴 파피루스 문서는 이집트에서의 유대인의 삶을 일반적으로 묘사한다. 엘레판틴 파피루스 문서에는 예배와 시민들의 풍습에 관한 자세한 내용을 담은 편지와 계약서가 포함된다.

비록 엘레판틴 공동체의 기원은 알려지지 않고 있지만, 이집트에서의 그들의 거주와 유다의 붕괴는 무관한 듯하다.

엘레판틴 파피루스 문서가 특별히 유익한 점은 이집트에서의 생활이 어떤 것이었는지에 관하여 어렴풋하게나마 그릴 수 있게 해 준다는 것이다. 그러나 염두에 두어야 할 점은 그 문서들이 무성전 시대보다 더 후대에 유래했다는 것이다. 엘레판틴 섬은 나일강에 얕게 내뻗어 있는 첫 번째 폭포에 돌출된다. 이집트인들은 남쪽의 여러 나라로부터의 공격을 막아내려고 유대 수비대를 그들의 처자식과 함께 이곳에 배치했다. 예레미야 46:14에 언급된 믹돌, 다바네스, 멤피스의 유대인 거류민도 군인이었을 것이다.

이 거류민의 기원을 밝혀 줄 이용 가능한 정보는 별로 없다. 이사야서는 아마도 엘레판틴을 이집트 변경에 있던 "여호와를 위한 기둥"(a pillar to the LORD)이라고 언급하고 있는 것 같다(사 19:19). 엘레판틴 공동체는 기원전 527년에 페르시아의 캄비세스가 이집트에 들어오기 전에 거주한 것으로 주장한다(*COS* 3:125-30).

어느 용병 부대나 그렇듯이, 유대인 부대도 이집트 정부로부터 돈과 땅을 받았을 것이다. 유대인들은 사법·종교 문제에서 비교적 자율권을 가지고 일상 문제를 처리했다. 다른 민족과의 결혼은 물론 종교적 동화도 가능했다. 상업 거래와 업무 관련 문서로 미루어 볼 때, 사회 구조적 측면에서 여성의 지위가 높았음이 분명하다. 여성들은 재산을 소유할 수 있었고, 자기 소유 재산에 관한 결정을 내리고, 이혼하고, 글을 읽고, 공동체의 회원으로 지명될 수 있었다. 일부가 믿고 있는 대로, 만약 이 공동체가 유다 멸망 이전부터의 이스라엘 사회를 계속 반영하고 있다면 여성의 지위는 제2성전 시대에 오히려 퇴보한 셈이 된다.

이 유대 이주민 공동체가 지닌 또 다른 흥미로운 점은 성전에 완전한 희생 제의가 포함되어 있었다는 것이다. 파피루스 문서의 재구성을 통해 판단할 때, 이 성전에서는 예로부터 내려오는 여호와(Yahweh)에 대한 또 다른 명칭인 야후(Yahu) 혹은 야호(Yaho)라는 이름으로 알려진 하나의 주이자, 신을 섬겼다.

또한 두 여신을 포함하여 다른 네 신도 이 성전에서 숭배되었다. 특이한 점은 이 파피루스 문서 속에서는 어떤 히브리 성경 구절도 언급되어 있지 않지만, 유월절과 무교절 같은 일부 명절이 준수되었다는 것이다. 예배에 관한 임재 문서들은 제1성전 시대에 존재했던 제의 성격에 관하여 무엇인가를 암시해 준다. 만일 엘레판틴 공동체의 예가 이집트의 다른 이주민 공동체에도 딱 들어맞는다면, 우리는 유다의 피난민들이 자치권과 어느 신이든지 자신들이 선택하는 신을 예배하고 조상의 전통을 지킬 수 있는 어느 정도의 자유를 누렸다고 추정할 수 있다.

성경은 이집트에 정주하기로 한 선택에 대해 부정적 시각을 보여 준다. 예를 들어, 예레미야는 이집트로 피신한 사람들에게 미래 약속이 없음을 다음과 같이 말한다.

> 보라 내가 깨어 있어 그들에게 재난을 내리고 복을 내리지 아니하리니 애굽 땅에 있는 유다 모든 사람이 칼과 기근에 망하여 멸절되리라… 여호와의 말씀이니라 내가 이 곳에서 너희를 벌할 표징이 이것이라 내가 너희에게 재난을 내리리라 한 말이 반드시 이루어질 것을 그것으로 알게 하리라(렘 44:27, 29; cf. 42:9-22; 44:14).

에스겔은 이집트에 대한 신탁에서 바로와 이집트에 대한 완전한 멸망을 예고한다(렘 29-32장). 예언자는 이집트로 도망치기로 한 선택이 죽음을 선택한 것이라는 점을 분명히 한다. 왜냐하면 이집트로의 도피는 이집트에서 나온 출애굽을 거꾸로 되돌리는 행위이기 때문이다. 그래서 예언자는 이집트에 있던 피난민들을 통렬하게 비난한다.

종교 사상적 측면에서 흥미로운 현상이 이집트로 도망친 사람들 가운데서 나타났다. 예레미야 44장은 부모와 자녀를 포함한 온 가족이 '하늘의 여왕'(the queen of heaven)이란 별명으로 알려진 여신을 예배하는 데 참여하고 있는 장면을 묘사한다.

비록 '하늘의 여왕'의 정체성은 논란의 여지가 있지만, 더 많은 성경적 증거는 이 여신을 아세라(Asherah)와 연관시키는 것을 지지해 준다. 아세라는 성경 본문 속에서 신성한 나무 또는 나무장대로 나타날 때가 많지만 일부 본문에서 아세라는 완전한 여신임을 보여 준다(Day 1986; 2000). 아세라는 예루살렘 성전에서 잠시 숭배된 여호와의 배우자였다고 믿는 학자들이 점점 늘고 있다.

흥미로운 점은 예레미야가 '하늘의 여왕'의 숭배 문제를 놓고 여인들을 자극시켰을 때, 여인들은 자신들이 보기에 재앙이 일어난 것은 이 여신을 숭배하는 제의가 중단되었기 때문이라는 반응을 보이는 것이다.

> 네가 여호와의 이름으로 우리에게 하는 말을 우리가 듣지 아니하고 우리 입에서 낸 모든 말을 반드시 실행하여 우리가 본래 하던 것 곧 우리와 우리 선조와 우리 왕들과 우리 고관들이 유다 성읍들과 예루살렘 거리에서 하던 대로 하늘의 여왕에게 분향하고 그 앞에 전제를 드리리라 그때에는 우리가 먹을 것이 풍부하며 복을 받고 재난을 당하지 아니하였더니 우리가 하늘의 여왕에게 분향하고 그 앞에 전제 드리던 것을 폐한 후부터는 모든 것이 궁핍하고 칼과 기근에 멸망하였느니라 하며(렘 44:16-18).

여인들은 자신들의 입장을 변호하면서, '하늘의 여왕' 제의에 참여한 사람들 가운데 왕족은 물론 일반 백성들도 포함되어 있었음을 말한다. 이는 이 여신을 숭배하는 제의 행위가 예루살렘 성소에서조차 널리 받아들여졌음을 말해 준다. 요시야의 종교개혁 때 아세라 숭배를 이단 제의 가운데 하나로서 근절시키고자 한 움직임이 있었지만(왕하 22-23장), 예루살렘이 포위되었을 때와 같은 특정되기 어려운 시기에도 이런 움직임이 있었을 것이다.

이 시기에는 오로지 예루살렘의 주신(主神)인 여호와께만 제사가 드려졌을 것이기 때문이다(M. Smith 1975). 이와 같은 근절 운동은 그동안 소홀히 취급되어 온 신이 진노하여 인간 영역에서 상응하는 결과가 초래되었다는 신학적인 원리를 말해 준다.

예루살렘 멸망과 그달리야의 암살 후에 이집트로 도망친 공동체는 편안하게 살았던 것으로 보인다. 기원전 6세기에 예언자들은 그들에게 추가적인 심판이 있을 것을 선언하면서 그들을 향해 신랄한 예언을 퍼부었다. 히브리 성경에 나와 있는 그들의 종교 활동에 대한 보고 내용은 특정 사상을 옹호하고자 하는 목적이 개입되어 있고 사건의 실체와도 일치하지 않기에, 이집트에서의 그들의 상황에 관해 더 많이 알아내기는 어렵다.

2) 바벨론

기원전 6세기 초에 발생한 유다에 대한 일련의 군사 공격에서 신-바빌로니아는 적어도 세 번에 걸쳐 공동체 구성원을 포로로 끌고 갔다. 세 차례의 유배 사건은 각각 기원전 598년(왕하 24:14-16)과 기원전 587년(왕하 25:11, 21//렘 39:9; 52:15, 27)과 기원전 582년(렘 52:30)에 발생하였다. 포로로 끌려 간 사람들의 숫자를 정확하게 확인할 수 있는 객관적 방법은 없다. 열왕기하 25장과 예레미야서에 기록된 성경의 세부 묘사가 일치하지 않기 때문이다. 열왕기서는 기원전 598년의 포로 사건만을 설명하고 있으며, 포로의 숫자를 10,000명(왕하 24:14) 또는 8,000명(왕하 24:16)으로 기록한다.

반면, 예레미야서의 목록에 나타난 숫자는 4,600명인데, 이는 기원전 598년에 3,023명(렘 52:28), 기원전 587년에 832명, 기원전 582년에 745명(렘 52:30)을 모두 포함한 숫자이다. 이 숫자는 앞에서 언급한 열왕기서의 두 구절에 제시된 숫자 중 어느 것과도 일치하지 않는다. 열왕기서에 제시된 숫자들은 다수를 가리키는 개략적 수치라고 생각하기에, 대다수는 예레미야서에 제시된 총계를 받아들이고 있다.

이 수치에는 공동체의 남자들만 포함되었을 가능성이 있기에 (당시 한 가족의 평균 규모와 맞출 때) 전체 숫자는 여기에 4배 혹은 5배를 곱해야 한다. 그렇게 되면 바벨론에 끌려 간 포로민 숫자는 20,000-25,000명에 이른다고 볼 수 있다(보다 자세한 논의는, Albertz 2003: 74-90을 참고하라).

당시의 정확한 인구 수를 모르기에, 이 숫자가 어느 정도의 주민 수를 반영하는지 평가하기 어렵다. 확실한 점은 바빌로니아인들에 의해 끌려 간 것으로 보고된 공동체 구성원들이 유다의 사회, 정치, 종교적 지도력을 대표하는 사람들이었다는 것이다. 사실, 성경은 왕족, 제사장, 장인, 숙련공, 병사의 명단을 제시한다. 즉, 이들은 본질적으로 예루살렘 주민들이다. 비록 포로로 끌려 간 포로민의 정확한 숫자는 모르지만, 사회 유력자들을 잃게 된 점은 유다에게 매우 뼈아픈 일이었을 것이다.

포로민의 일상 생활은 별로 알려진 것이 없다. 성경 외에 증거가 되는 직접적 문헌이 거의 없기 때문이다. 성경 자체에도 포로민의 상황에 관한 언급이 거의 없다. 기원전 6세기의 바벨론을 배경으로 하는 것으로 여겨지는 성경 본문에는 이사야 40-55장, 예레미야, 에스겔, 시편 137편이 있다(아마 신명기역사서도 포함될 수 있을 것이다). 이 자료들로부터 수도 바벨론에 있던 왕과 왕족에 관한 그림을 다소 불완전하게나마 그려낼 수 있다 (왕하 25:27-30; 렘 52:31-33).

또한 유브라데 강가에 정착한 다른 포로민들과 델아빕(오늘날의 텔아

비브[Tel Aviv]가 아님)에 정착한 에스겔, 그리고 권위의 자리에 앉아 있던 장로들(장로들에게 메시지를 전하는 예레미야와 에스겔의 모습이 렘 29:1; 겔 8:1; 14:1; 20:1, 3에 묘사됨)에 대한 그림도 희미하게나마 그릴 수 있다. 다니엘의 역할(단 1, 6장)과 페르시아 궁중에서의 느헤미야의 역할(느 1장)을 감안하여, 일부는 포로민들이 바빌로니아 궁중에서 직무를 수행하였을 것이라고 주장하였다. 예언자 이사야는 신-바빌로니아가 유다를 패배시키고 왕의 아들들을 바벨론 궁중에서 환관이 되게 할 것이라고 예언한 것으로 알려졌다(왕하 20:18//사 39:7).

성경 내용은 바빌로니아의 기록에 의해 어느 정도 밝혀졌다. '유다인들의 마을'(villages of the Judahites)에 관해 언급하는 기원전 6세기로 알려진 세 편의 쐐기 문헌이 최근에 알려지게 되었다. 이 문서는 유다에서 포로로 끌려 온 사람들이 바벨론-보르시파(Babylon-Borsippa) 지역의 외딴 곳에서 함께 거주하였다는 사실과 포로민들 사이에 이루어진 상거래를 확인해 주고 있다(Joannès and Lemaire 1999; Pearce 2006). 게다가 일명 와이드너(Weidner) 문헌은 가택 연금 상태에서 왕과 그의 가족에게 배당된 식품과 음료의 내용을 상세히 알려 준다.

끝으로, 소위 무랴슈 문서(Murashu Documents)로 불리는 한 유력 가문과 연관된 상거래 계약 문서에는 기원전 5세기부터 4세기에 이르기까지 바벨론에 살았던 유대인들의 이름과 직업이 포함되어 있다(Coogan 1974). 이 상거래 문서는 유대인들이 바벨론에서 상거래는 물론 경작과 사육을 비롯한 기타 농업 활동에 참여하였음을 보여 준다. 그들은 비교적 자유스럽게 자신의 일에 종사할 수 있었던 것 같다.

무라슈 문서를 고려할 때, 이 문서의 연대는 페르시아 시대로 알려져 있으며 바빌로니아의 기록에서 언급되고 있는 공동체의 범위를 넘어서 더 멀리 위치한 유다 공동체를 소개하고 있음을 기억할 필요가 있다. 그러므로 이 문서는 한 세기 전에 바빌로니아의 통치 밑에서 지낸 포로 생활이 어떤 것이었는지를 잘 보여주지 못할 수도 있다.

비교적 빈약한 세부 내용의 살을 붙이기 위해 해석자들은 신-아시리아의 관례와 비교하는 데 힘을 쏟았다(cf. Oded 1979). 전쟁 포로의 처우에 관한 신-아시리아(Neo-Assyrian) 문헌으로 미루어볼 때, 군사 지도자들은 바빌로니아 군대에 징집되었고, 장인들은 건축 계획에 이용되었으며, 일부는 강제 노역자로 왕의 건축 계획을 담당하는 데 이용되었을 것으로 생각할 수 있다.

형상, 비문(碑文), 기록에 근거할 때, 제국에 의해 포로로 끌려가는 사건은 또 다른 방향에서 토론의 장을 제공할 수 있다. 포로로 끌고 가는 것은 조약 위반에 대해 지배국이 취하는 징벌적 조치였다. 이를 군사 전술로 사용하는 예는 이집트인, 히타이트인, 바빌로니아인, 페르시아인을 포함한 고대 근동의 주요 지배 세력에게서 찾아볼 수 있다.

그러나 그것을 하나의 전술로써 완성한 것은 아시리아인이다. 온 가족이 포로로 끌려가서 제국의 어딘가에 재배치되었다. 때때로 쇠사슬이 채워졌고 보급품을 실은 짐 운반용 짐승이 전쟁 포로와 함께 갔다.

포로 처우에 관한 규정이 쐐기 문자 문헌에 나온다. 이는 병사와 감시인이 포로들을 가혹하게 다루는 행위를 줄이기 위함이다. 포로로 끌고 가는 것은 본국으로 돌아가고자 하는 일말의 동기도 모조리 없애고 대신 제국에 남아 정주하면서 통합되게 하기 위한 전쟁 전술로서 이용되었다.

포로를 끌고 가는 전술에 대한 증거가 아시리아에 훨씬 더 많음을 감안할 때, 적어도 두 방면에서 신-바빌로니아인들은 그들의 전임자들의 관행과 달랐다.

첫째, 포로들을 서로 바꿔 이주시키기보다는 국가의 별도 지역에 정주시켰다.
둘째, 포로들을 바빌로니아의 중심부에 강제로 이주시켰다.

스미스-크리스토퍼(Daniel Smith-Christopher)는 비교 인류-사회학적 연구를 근거로 포로기를 재구성할 때 자주 직면하는 포로기의 경험을 더 쉽게 이해시키려고 시도하였다(1989; 2002).[3] 바벨론 포로를 재구성할 때, 스미스-크리스토퍼는 최근의 강제 이주 사례를 검토했다(예를 들어, 제2차 세계대전 당시에 미국 내에 설치된 일본인 수용소). 스미스-크리스토퍼는 비교 연구를 통해 인간의 희생을 상세히 보여 주었고 가족, 소유 재산, 땅, 사회적 지위의 상실에서 기인하는 반응을 충분히 설명했다. 그는 수백 마일을 횡단하는 강제 이주에 따른 육체적 고난을 강조했다.

그뿐 아니라, 나라의 멸망과 본국은 물론 바벨론으로 가는 길에서 겪었던 친구, 이웃, 동포의 고통을 목격하는 감정적 충격도 잘 드러냈다. 끝으로, 포로기와 그 이후에 등장한 문학에 나타난 '속박'(bondage)과 '감금'(imprisonment) 같은 용어의 쓰임새에 대해서도 관심을 기울였다. 바벨론에서 제한된 자유만 허용되었음에도 불구하고, 골라 공동체(golah community)는 복잡 미묘한 낯선 문화 속에 살던 이방인들 사이에서 소수자 정체성(minority identity)을 가진 채 살았다.[4]

그들의 화, 슬픔, 절망의 깊이는 시편 137편(1-4, 7-9절)에 잘 드러나 있다.

> 우리가 바벨론의 여러 강변 거기에 앉아서 시온을 기억하며 울었도다
> 그 중의 버드나무에 우리가 우리의 수금을 걸었나니
> 이는 우리를 사로잡은 자가 거기서 우리에게 노래를 청하며
> 우리를 황폐하게 한 자가 기쁨을 청하고 자기들을 위해

---

[3] Smith는 현재 스미스-크리스토퍼(Smith-Christopher)로 책을 출간하고 있지만, 그의 전문 연구서는 Smith란 이름으로 출간되었다.
[4] Daniel Smith-Christopher가 포로민의 고난을 강조하는 것에 대한 한 가지 사소한 비판을 한다면, 그가 텅 빈 땅에 대한 Barstad의 연구(1996)를 도외시하고 있다는 점이다. Barstad는 Daniel Smith-Christopher의 접근 방법이 과장되고 포로 생활의 실상과 거리가 멀다고 주장한다(2002: 45-49). 본국에서 최저 생활 수준보다 더 나은 상황에서 계속 살 수 있었다는 것은 가능한 일이다. 그러면서도 바빌로니아에서 쪼들리는 생활을 했다는 것도 가능하다. 이 둘은 서로 배타적인 선택 사항이 아니다. 양자의 역사적 현실을 모두 고려할 때 포로기의 상황은 더 쉽게 이해될 수 있다.

시온의 노래 중 하나를 노래하라 함이로다
우리가 이방 땅에서 어찌 여호와의 노래를 부를까...
여호와여 예루살렘이 멸망하던 날을 기억하시고
에돔 자손을 치소서
그들의 말이 헐어 버리라 헐어 버리라
그 기초까지 헐어 버리라 하였나이다
멸망할 딸 바벨론아
네가 우리에게 행한 대로 네게 갚는 자가 복이 있으리로다
네 어린 것들을 바위에 메어치는 자는 복이 있으리로다
(시 137:1-4, 7-9).

화와 복수의 감정뿐만 아니라 체념도 있었다. 에스겔 37장 11절에서 포로로 끌려 간 공동체는 이렇게 탄식한다.

우리의 뼈들이 말랐고 우리의 소망이 없어졌으니 우리는 다 멸절되었다
(겔 37:11).

바벨론에서, 이 공동체는 바벨론에서 큰 상실에 직면했다. 그것은 고향의 상실, 지도자의 상실, 문화적 요소의 상실, 성전의 상실, 가족의 상실이었다. 비슷하게 자신들의 조국으로부터 바벨론으로 옮겨진 여러 타민족 사이에 내던져진 유다의 엘리트들은 자신의 종교와 공동체를 재평가하였다. 유다인들이 함께 공동체를 이루도록 옮겨졌다는 점은 사회적 결속과 그룹 정체성을 촉진시키려고 여러 전략을 수립함으로서 직면한 상황에 창의적으로 적응하게 했다.

스미스-크리스토퍼가 비슷한 상황에 부딪친 현대 사례를 연구하여 포로민들이 세상 붕괴에 어떻게 대응했는지를 해명하는데 빛을 던져 준다. 익숙한 것으로부터 벗어나, 그들은 자신들의 통치, 사회, 종교 개념을 다

음과 같이 변화시켰다.

중앙의 정치 권위로서의 왕정 상실로 인해 장로가 지도자 역할을 떠맡음으로써 친족 노선을 따라 권력 분산을 특징으로 하는 조직 형태를 등장시켰다.

사회적 차원에서, 국가 지위가 상실됨으로 인해 유다인들은 타민족과 지속적인 접촉을 유지하지 않으면 안 되었다. 이처럼 새로운 세계주의 상황을 가늠할 수 있는 수단을 제공하려고 두 가지 움직임이 발생하였다.

첫째, 특정 그룹에 소속되었다는 회원 자격이 이제 더 이상 당연시 될 수 없었기에, 사회 정체성 의식과 종교적 고백을 제공하던 외적 표징은 개인 정체성의 보증으로서 더 큰 의미를 차지하였다.

예를 들면, 특정 공동체에 소속되었다는 육체적 상징으로서의 할례에 더 큰 중요성이 부여되었다.

둘째, 바벨론과의 접촉으로 인해 이방 민족들과 고대 이스라엘과 그 신과의 관계에 관한 신학적 재평가가 필요하게 되었다.

모든 민족의 신, 즉 우주적 신이라는 여호와의 개념은 이 시기에 표면화되었다. 그러므로 이방인과의 접촉은 특별주의와 보편주의 사이에서 왔다 갔다 하는 신학적 해석을 초래하였다.

종교적 차원에서, 제의 활동과 예배의 중심지로서의 성전 상실은 이방 땅에서 여호와께 어떻게 접근할 것인가 하는 방법을 새롭게 변화시켰다. 이 무렵에 여호와의 이동성에 관한 믿음이 생겨났다. 성전이 멸망당할 때까지는 여호와의 임재는 지성소에 있다고 생각했다(Clements 1965). 그 뿐 아니라 신과의 친밀한 관계는 기도를 통해 가능했다. 랍비들은 사무엘의 어머니인 한나를 기도의 시작과 연관시킨다. 한나는 히브리 성경에서 자신의 마음으로 기도하였다고 알려진 최초의 사람이다.

기원후 70년에 로마에 의해 성전이 파괴된 후, 랍비들은 기도가 희생제사와 동등하다고 여겼다. 때때로 성전에서 제사가 드려졌어야 했을 때 기도가 행해졌다. 한나를 개인 기도와 연계시키는 전승이 기원전 6세기 초에 발생했다는 증거는 없다. 그러나 열왕기상 8장에서 예루살렘 성소를 기도 장소로 강조하고 있을 뿐만 아니라 예레미야가 포로민들이 어디에 살든지 여호와가 그들의 기도를 들어줄 것이라고 가르친 점은 개인 경건 사상의 변화를 말해 준다.

비극과 불확실성에도 불구하고, 고대 이스라엘 종교는 유다 땅 밖에서 유다인이 여호와와 어떻게 관계를 맺을 수 있는가 하는 방법을 소중히 여겼기에 환경에 적응하고 변화하는 모습을 보여 주었다.

4. 재앙에서 희망으로

6세기는 유다의 역사, 사회, 종교에서 큰 분수령이 되었다. 정치-종교적 체제에 큰 균열이 발생하였다. 공동체는 갈기갈기 찢겼다. 본국에 있던 사람들은 예루살렘 북쪽 지역에서 회복을 맛보고 있었고, 바벨론에 있던 공동체는 고립된 지역에 정착했으며, 이집트를 비롯한 다른 지역에서는 피난민들이 흩어져 있었다.

다음 장에서 살펴보겠지만, 이 같은 사회, 역사, 지리적 상황은 비극을 기록하고 도전에 맞서는 가운데 발생한 위대한 문학 활동의 배경을 제공한다. 성경 학자와 역사가는 6세기를 두 개의 시간적 틀로 나누는 경향이 있다. 그 두 가지 틀은 초기의 멸망과 절망의 시대(기원전 587-550년)와 후기의 낙관과 갱신의 시대(기원전 550-515년)를 말한다.

성전 파괴 직후에는 성경의 관점이 어둡다. 왜냐하면, 재앙을 기록하고 슬픔과 상실을 이야기하는 데 초점을 맞추기 때문이다. 애가와 신명기 역사서에는 비극 저 너머의 미래에 대한 희망이 별로 없다.

멸망으로 충격을 받은 후, 예레미야와 에스겔은 재앙을 설명하며 재앙

저 너머의 비전을 제시하였다. 그런 후 무성전 시대 말엽에 이사야 40-55장과 에스겔 40-48장은 신적 의도의 변화를 감지하여 포로 귀환을 위한 신학적 추동력을 제공하였다. 그 다음에 등장한 학개와 스가랴의 예언 활동은 공동체의 준비와 반응에 대해 언급했다. 끝으로, 레위기 17-26장의 율법(성결법전)은 여호와와의 언약 관계를 회복하고 유지하기 위한 여러 방법을 명확히 하였다.

제2장

재앙 결과 (I)

애가

국가 멸망의 직접적 여파로 생겨난 6세기의 재앙을 나타내는 방법에는 두 가지가 있다.

첫째, 재앙에 애도를 표하는 것이다.
둘째, 재앙을 기록하는 것이다.

무성전 시대에 출간된 문헌 가운데 일부는 재앙 저 너머의 미래에 대한 희망을 거의 제시하지 않는다. 기본적으로 예레미야애가를 비롯한 탄식시가 이런 문헌에 속한다. 신명기역사서로 불리는 긴 역사적 개관은 결론부에 희망에 대한 분명한 표현이 없고, 이런 유형의 반응을 보여 주는 좋은 예가 되기에 다음 장에서 다루게 될 것이다.

1. 애도와 예배

기원전 6세기 초에 유다를 강타한 재앙은 감정을 봇물 터지듯 폭발하게 하였다. 이와 같은 감정의 홍수는 사랑하는 자의 죽음에 대한 경험과 좋은 비교가 되며 슬픔의 단계적 발전을 보여 준다. 충격으로부터 시작하여 불신과 화를 거쳐 수용으로 나아가는 변화 과정을 보여 준다(Reimer 2002). 고대 세계에서 공동체는 고통을 표현하기 위해 일련의 애도 의식을 발전시켰다.

메소포타미아 · 이집트 · 가나안의 문헌에는 도시나 성전의 멸망 후에 고대인들이 행한 애도 의식에 관한 많은 기록이 보존된다. 총칭하여 수메르-메소포타미아 도시 애가(the Sumerian and Mesopotamian City Laments)로 알려진 메소포타미아의 예들은 히브리 성경의 예레미야애가와 매우 비슷한 언어, 가락, 주제로 나타난다(Dobbs-Allsopp 1993: COS vol. 1). 애가의 예들은 가나안 문헌에서도 나타난다. 가나안 시에서 우가릿 만신전의 최고의 신인 엘(El)은 자기 아들 바알(Baal)의 죽음을 애도한다.

> 그런 후에 친절하고 인정 많은 자 엘이 왕좌에서 내려와 발판에 앉는다... 그는 자기 머리 위에 애도의 짚을 뿌리고, 자기가 뒹군 먼지를 정수리에 뿌린다. 자기 옷을 허리까지 찢고, 자기 피부를 돌로 때려 상처를 낸다. 자기 턱수염과 구레나룻을 면도칼로 깎는다... 자기 목소리를 높이며 이렇게 외친다.
> "바알은 죽었다. 그 사람들에게 무슨 일이 일어나지 않겠는가?"
> (Herdner 1963: 5.6.11-25)

엘이 하는 것처럼, 죽음이나 멸망의 결과로 일련의 애도 의식이 생겨났다. 먼지, 재, 마른 짚을 머리 위에 뿌리고, 옷을 찢고, 수염을 밀고, 몸에 상처를 내고, 크게 울부짖으며 금식했다. 욥기 1-3장에서 묘사한 것처럼 애도 의식에 대한 성경 묘사에 이와 비슷한 이미지가 담겨 있다(Olyan 2004를 참조하라).

사실 히브리 성경에서 애도 전승의 역사는 깊다. 페리스(Paul Ferris)가 공동체 애가의 배경과 양식을 조사하면서 보여준 것처럼, 베냐민 자손에게 참패했을 때 이스라엘 자손은 금식을 소집하였고(삿 20:26), 사울이 죽은 후에도 이스라엘 공동체는 일정 기간 애도하였다(삼상 31장) (Ferris 1992).

특히 이 주제에 관하여, 쑤언 팜(Xuan Pham)은 고대 근동의 애도 의식을 예레미야애가와 이사야 51:9-52:2와 연관지었다(1999). 팜은 이 성경 본문들이 한 위로자가 슬픔에 잠긴 사람을 안심시키는 분명한 의식(儀式)을 담고 있다고 주장한다. 굴욕적인 예루살렘의 몰락과 끔찍한 전쟁을 목격하였거나 심지어 그런 소문을 접한 사람들은 자신들의 슬픔을 표현하려고 제정된 의식에 참여하였다.

또한, 공동체는 예배를 통해 절망의 목소리를 전했다. 고대 근동의 다른 곳에서 도시나 성전의 멸망 후에 예배가 계속된 사례들이 있다. 가령, 바벨론에서 신(Sin)의 집, 즉 달신(moon god)의 신전이 파괴된 후, 바벨론 왕 나보니두스의 어머니이자 대제사장인 아닷-구피(Adad-Guppi)는 자신의 자서전적 이야기 속에서 폐허 가운데 예배를 계속 드렸으며, 애도 의식을 준수했다고 기술한다(Longman 1997). 또한, 엘레판틴의 유대인들도 성전이 파괴된 후에 재건될 때까지 대략 3년 동안 성전 상실을 애도했다 (Porten 1968: 289-93; 1996: 139-47).

대부분 학자는 다른 곳의 유사 사례를 근거로, 조직된 제의가 기원전 587년 후에 유다에 남아 있던 사람들이 여호와께 예배를 드릴 수 있는 수단을 제공했다고 믿는다. 우선, 수메르-메소포타미아의 수많은 도시 애가들은 도시와 신전의 상실을 애도하려고 저작된 예배 문헌의 존재를 확인해 주며 성경의 예레미야애가와 유사하다. 아시리아학 연구자들은 이 예배 문헌들이 신전 재건 때에 사용된 경향이 있으며 신이 돌아와 그 계획을 축복하도록 설득하려는 취지에서 과장된 표현을 사용하는 경향이 있었다고 지적하였다.

비록 애가가 성전 수리를 나타내는 의식이나 성전 봉헌식 때에도 사용되었지만, 애도가들이 사용하기에 매우 적합한 언어를 포함한다. 그러므로 애가는 성전이나 도시가 파괴된 이후에 사용되다가 나중에는 봉헌식에 사용하려고 재구성되었을 것이다.

제국의 황실 감독관은 틀림없이 종교 활동의 회복을 허용하는 권한이 있었다. 아시리아를 정복할 때, 신-바빌로니아인들은 유다에서의 상황과 유사한 방식으로 행동하였다. 기원전 612년에 니느웨를 함락시킴으로 최종적으로 아시리아를 패배시키기 이전에, 바벨론은 수도인 니느웨 남쪽에 위치한 두르-카트림무(Dur-Katlimmu)에 행정 센터를 설치하였다. 거기서 느부갓네살은 아시리아의 주된 신인 아슈르(Ashur)를 위한 신전 재건 사업을 지원하였다.

립쉿츠(2005)는 유다에서 바빌로니아인들이 예루살렘을 함락하기 전에 미스바를 행정 센터로 설치했다는 사실을 보여 주었다. 그러나 그 지역에 기금을 투입하거나 성전을 재건했다는 증거는 전혀 없다. 예루살렘 북쪽의 베냐민 자손 지역에 성전이 존재한 증거는 아직 없지만, 바빌로니아인들이 그 지역을 안정화하려고 시도하였음을 감안할 때, 성전 건립을 지원했을 가능성은 분명히 있다. 그 밖의 다른 이유로 성소가 건립되었다는 주장도 계속 있었다(아래를 참조하라).

예배 회복의 가능성은 예레미야 41:4-5의 내용에 의해 뒷받침된다. 이 본문은 순례자들이 소제물과 유향을 가지고 여호와의 집(beth Yahweh)으로 순례하는 장면을 보여 준다.

> 그가 그다랴를 죽인 지 이틀이 되었어도 이를 아는 사람이 없었더라 그때 사람 팔십 명이 자기들의 수염을 깎고 옷을 찢고 몸에 상처를 내고 손에 소제물과 유향을 가지고 세겜과 실로와 사마리아로부터 와서 여호와의 성전으로 나아가려 한지라(렘 41:4, 5).

'여호와의 집' 혹은 '하나님의 집'(beth elohim)은 예루살렘 성전을 가리키는 관용 어구이다. 사람들이 애도의 모습을 하고 소제물과 유향만을 가지고 가기에 목적지는 예루살렘의 파괴된 성소라고 생각하는 것은 합리적이다. 파손된, 즉 더럽혀진 제단에 고기를 놓는 것은 적절하지 않기에 그들이 희생 제물을 가지고 가지 않는다는 점은 중요하다. 성전을 가리키면서 '여호와의 집'이라는 용어를 사용하는 것은 애매한 점이 있으므로, 블렌킨소프(Joseph Blenkinsopp)는 그 용어가 미스바에 새로 만든 지방 수도 혹은 그 가까이에 세워진 성소를 가리킨다고 주장했다. 흥미로운 점은 예레미야서 본문이 성전 위치를 언급하지 않는다는 점과 이스마엘이 성전에 가려는 그 사람들을 미스바 근처에서 멀리 돌아가게 한 점이다.

> 느다냐의 아들 이스마엘이 그들을 영접하러 미스바에서 나와 울면서 가다가 그들을 만나 아히감의 아들 그다랴에게로 가자 하더라(렘 41:6).

'여호와의 집'(*beth Yahweh*)이란 용어는 대체로 예루살렘 성전을 뜻하지만, 일반적인 제의 자리(출 23:19; 34:26; 수 6:24)와 언약궤를 모셔 둔 실로 성소(삼상 1:24; 3:15; 삼하 12:20)와 같은 다른 신성한 공간을 가리킬 때 사용될 수 있다. 이곳을 벧엘 성소를 암시하는 것으로 보려는 마음이 일어날 수 있지만, 예루살렘 성전을 뜻하는 것으로 믿게 해 주는 여러 이유가 있다. 예루살렘의 멸망을 상기시키는 이야기 속에서 성전은 '여호와의 집'으로 불린다(왕하 25:9, 13//렘 52:13, 17).

더구나, 열왕기상 3장에서 예루살렘에 성전을 짓고자 하는 의도를 드러낸 후에, 그 용어는 더 이상 다른 성소를 가리키기 위해서는 사용되지 않는다. 예레미야는 이 용어를 예루살렘 성전을 지칭할 때만 사용한다(스물아홉 번). 예루살렘에 대한 비유로서 실로의 파괴를 언급할 때조차도, 예레미야나 백성 중 그 누구도 실로에 존재했던 제의 자리를 말하지 않는다(렘 7:14; 26:6, 9).

이 당시의 다른 문헌처럼, 예레미야 41장의 '여호와의 집'도 예루살렘 성전을 가리킨다. 신-바빌로니아 시대에 다른 성소가 사용되었을 가능성이 없지는 않지만, 이 예레미야 본문을 이런 식으로 이해하는 것은 불가능하다. 본문은 예배가 계속되었다는 것을 보여 준다. 더 나아가 립쉿츠는 예레미야 41:1-5는 성전에서 잘 조직된 규칙적 제의라기보다는 자발적이고 산발적인 예배가 드려졌음을 암시한다고 보는 것이 이해하는데 더 도움이 된다고 주장했다(2001; 2005).

기원전 6세기에 예배가 계속되었다는 세 번째 암시는 스가랴 1-8장과 관련된 예언에서 발견된다. 이 본문의 연대는 기원전 520-518년으로 알려져 있다. 이 신탁에서 스가랴는 자신이 예언하기 수년 전에 사람들이 금식했다고 말한다.

> 온 땅의 백성과 제사장들에게 이르라 너희가 칠십 년 동안 다섯째 달과 일곱째 달에 금식하고 애통하였거니와 그 금식이 나를 위해, 나를 위해 한 것이냐(슥 7:5).

스가랴가 언급하고 있는 날짜들은 제의 활동의 기원을 예루살렘 성소의 파괴 때로 보게 해 준다.

마지막으로, 이 시대의 문헌에서 보여 준 종교 활동에 대한 관심의 정도는 유다와 바벨론(아마 이집트에서조차도)에서의 제의 의식의 존재를 긍정하게 한다. 무성전 시대의 문헌은 대부분 이단과 정통 예배 문제와 연관된다. 성경 저자들이 제시하는 모습은 상당한 불법 예배 활동이 있었다는 것을 강하게 나타낸다. 역사 이야기와 예언에서 우상 숭배 이슈가 반복해서 전면에 등장한다. 신명기역사서(DtrH)는 왕국과 고향 상실에 대한 상당한 책임을 소위 부적절한 종교 행위 탓으로 돌리고 있다.

신명기역사서처럼 예언자 예레미야와 에스겔도 우상 숭배적 제의 활동으로 생각하는 것을 비난한다. 유다, 심지어는 성전산에서조차 우상 숭배적인 제의 활동이 벌어지고 있는 것을 언급하며 왕국의 몰락을 설명하려 한다. 더 나아가, 예레미야는 이집트에 있던 유다 공동체가 하늘의 여왕 제의를 계속한 것에 대해 비난한다(렘 44장). 그러므로 에스겔의 환상(겔 40-48장)에서 예루살렘 회복의 필수 요소 중의 하나는 성전 정화이다. 또 다른 포로기의 예언자인 제2이사야(사 40-55장)는 재앙에 대해서는 별로 탓하지 않지만(사 42:24-25; 43:27-28), 거짓 예배를 드리는 악행과 우상의 무용성에 관해서는 논쟁 성격의 본문과 재판 담화(사 40-48장)에서 장황하게 언급한다.

사실 왕정 시대의 마지막 날들과 제2성전 시대의 초기 사이에 연속성이 존재하는 한 영역은 다른 신에 대한 예배, 즉 여호와 예배와 다르거나 아니면 여호와 예배와 연결 고리를 가진 예배가 생겨났다는 데 있다. 포로민이 자기 땅으로 귀환했다고 해서 이단적 종교 활동에 대한 예언자의 걱정이 끝나는 것은 아니다. 무성전 시대 말엽을 배경으로 하는 스가랴 1-8장에 나오는 환상의 배열 순서는 정화에 관한 내용을 포함한다. 그 내용 중 하나는 한 여신이 바벨론으로 돌아가는 문제에 관한 것이다(슥 5:1-11).

성전이 재건된 지 얼마 후, 제3이사야는 하나님의 구원과 회복이 실현되리라는 제2이사야의 예언이 실패한 이유를 여호와가 아닌 다른 신들을 예배하는 제의가 계속된 탓으로 돌린다(사 57:3-13; 65:3-4, 11; 66:3, 17).

무성전 시대의 문헌은 여호와 이외의 다른 신에 대한 종교 활동을 뿌리 뽑으려는 관심이 늘어난 사실을 반영한다. 일부 세력 사이에서 이단적 종교 활동이라 여겨지는 것들에 대한 관심이 확대되었을 뿐만 아니라 광범위하게 퍼져 있었다는 사실이 확인됨으로써 무성전 시대에 많은 유다인들(유다에 있든지 이방 땅에 있든지)이 여호와 예배와 차이가 있었든지 아니면 여호와 예배에 추가되었든지 간에 바알, 아세라, 하늘의 천사, 우상 숭배로 돌아섰다는 사실을 보여 준다(Middlemas 2005a: 72-121).

예레미야, 에스겔, 제2이사야, 신명기역사서와 그 밖의 다른 곳에서 그런 종교 활동을 비난한다. 이 비난을 통해 왕국의 멸망을 종교적인 불법과 연결 지음으로써 예배자들이 온 마음으로 여호와 예배로 돌아서도록 설득하려고 하였다.

　신명기 세계관에 의거하여 언약에 순종하는 자에게 축복을, 불순종하는 자에게 멸망을 약속한 신명기 사상은 당대의 지배적인 종교적 표현이 되었다. 신명기 사상의 기본 원리는 오로지 여호와만을 예배하는 데 있다. 여호와 종교는 변화를 겪게 된다. 여호와를 예배하는 다양한 방식과 여호와를 만신전의 최고신으로 간주하는 일신론(monolatry)로부터 오로지 하나의 신으로서의 하나님을 예배하고 인정하는 유일신론(monothesim)으로의 뚜렷한 변화가 일어난다(Edelman 1995).

　이런 변화와 아울러, 여호와를 적절하게 예배하는 다양한 방식이 등장하게 되었다. 가장 확실한 것이 있다면, 여호와를 예배하는 한 가지 중요한 표현 수단이 기도였을 것이라는 점이다.

　예레미야 41:1-5는 무성전 시대에 예배드렸을 가능성이 있는 한 장소로 예루살렘 성전의 무너진 터를 지목한다. 보다 더 규칙적으로 예배드렸을 가능성 있는 또 다른 장소는 예루살렘 북쪽의 베냐민 지역, 즉 미스바 혹은 벧엘에 있는 성소이다. 성경적 전승에 따르면, 벧엘은 거룩한 장소로서 긴 역사가 있다. 아브라함과 야곱은 그곳에 제단을 세웠다. 예루살렘 바깥에 있는 거룩한 장소를 언급하는 것은 성경 저자들의 이해와 맞지 않겠지만 신-바빌로니아 시대에 벧엘에서 제사드렸을 가능성을 분명하게 암시하는 본문이 하나 있다. 스가랴가 예언했던 시대에 제사장의 해석을 물으려고 벧엘에서 예루살렘으로 한 대표단이 파송되었다.

> 그때에 벧엘 사람이 사레셀과 레겜멜렉과 그의 부하들을 보내어 여호와께 은혜를 구하고 만군의 여호와의 전에 있는 제사장들과 선지자들에게 물어 이르되 내가 여러 해 동안 행한 대로 오월 중에 울며 근신하리이까 하매(슥 7:2-3).

NRSV(*New Revised Standard Version*)는 2절의 일부 내용을 다음과 같이 번역한다.

이제 벧엘 사람들이 보냈다(슥 7:2 일부).

그러나 벧엘을 주어로 볼 수 있느냐는 문제는 논란이 된다. 동사의 직접 목적어를 가리키는 표시가 없기 때문이다. 다른 주장은 벧엘을 사람들이 보내진 장소로 보고자 한다(Blenkinsopp 1998; 2003; 2002: 425-26). 아니면 벧엘-사레셀(Bethel-sharezer)을 대표단을 보낸 궁중 관리의 이름으로 보고자 한다(Edelman 2005: 91-92). 히브리어 구문론의 원칙은 벧엘을 장소로 보는 전자의 견해와 반대된다. 후자는 추측에 근거하고 있다(Wellhausen 1898: 186).

비록 하이야트(Hyatt 1937)가 입증했다고 볼 가능성은 있지만, 그가 추론한 증거는 아직 그 내용의 번역이 논란이 되는 아카드어 본문 속에 나타난 단 한 번의 언급에 근거한다(Hyatt 1937: 390). 더구나 히브리 성경에서 사레셀은 고유 명사로 나타나 있다. 사레셀은 산헤립이 예루살렘을 공격하는데 실패한 후에 그를 암살한 자녀 중의 한 사람의 이름으로 나타난다(왕하 19:37//사 37:38). 끝으로 히브리 성경에서 벧엘이 언급된 75번 가운데 이름의 구성 요소로서 벧엘이 사용된 적은 없다(BDB: 110-11을 참조하라). 이 스가랴서 본문에서 벧엘-사레셀이 고유 명사가 될 가능성은 없는 것이다.

정상적인 히브리어 구문론이 이것을 어느 정도 설명해 준다. 히브리어 본문의 단어 배열 순서로 보면 벧엘을 주어로 보는 것이 올바르기 때문이다. 그뿐 아니라, 이집트와 같은 장소 명은 사람을 나타낼 수 있다(BDB: 595). 아모스 5:5에서 길갈이 사로잡혀 갈 것이라고 언급할 때 갈갈이란 도시명은 그곳 사람을 가리키는 것으로 보인다.¹ 기원전 6세기의 성경 본문들에서 예루살렘, 바벨론, 사마리아 같은 도시들은 의인화되며 매우 분명하게 그 도시 주민들을 표상한다(사 49장; 렘 50-51장; 겔 16, 23장; 애 1:12-22; 2:20-22 등). 이 예들은 '벧엘'이 그 주민, 즉 '벧엘 사람'을 가리키려고 사용됨을 말해 준다.

비록 많은 주석가들이 벧엘을 '보내다'는 동사의 주어로 여기고 있지만(Ackroyd 1994:206-9; Meyers and Meyers 1987: 382; Hoffman 2003: 200-202), 문맥 속에서의 그 의미를 제대로 이해하지는 못했다. 일부 포로민이 유다로 귀환한 후에, 종교 당국은 옛날의 정치·종교 수도인 예루살렘으로 옮겨졌을 것이다. 본문은 벧엘의 제사장들이 제의 문제에 관하여 물었다는 사실을 보여 준다. 스가랴 1-8장의 환상과 신탁 모음집은 단 하나의 목적에 집중한다. 즉, 예루살렘을 온 세상의 중심지로서 재확인하는 데 있다.

이러한 사실에 부합되게, 스가랴 7:2-3은 종교 당국이 예루살렘으로 이전되었음을 말해 준다. 미스바의 중요성에 대한 여러 암시(삿 20-21장; 삼상 7:5-6, 11-12; 10:17)가 예루살렘 함락 이후에 전승으로 자리 잡았다는 블렌킨소프의 주장을 감안하면, 예루살렘 북쪽인 미스바에 임시 성소가 설치되었을 가능성은 더 커진다.

고대 세계에서 삶의 가장 본질적인 부분은 종교였다. 아무리 제한되어 있었다고 하나, 유다에서 예배가 계속되었음은 틀림없다. 유추해볼 때, 바벨론의 포로민들 사이에서 모종의 종교 의식이 생각났을 가능성이 있다. 이 시대의 성경 내용을 감안할 때 그 가능성은 더 크다. 제1성전을 봉헌하는 솔로몬 왕의 연설 중에 예루살렘 성소가 기능을 발휘하지 못하는 상황을 설명하는 듯한 내용이 첨가되었다. 그의 연설에서 성전은 만민이 기도하는 집이라 불린다.

솔로몬 왕은 자신의 봉헌 연설 중에 예루살렘 성전에서의 기도를 적절

---

1 벧엘은 길갈과 평행을 이루며 비슷한 기능을 한다.

하게 만드는 여러 상황을 암시한다. 즉, 전쟁 패배(왕상 8:33-34), 가뭄(35-36절), 기근, 역병, 곡식이 시들거나 메뚜기 떼가 곡식을 갉아먹거나 하는 재앙(37-40절), 포로로 사로잡혀 가거나(46-50) 하는 상황들을 넌지시 말한다(Ferris 1992: 106-8). 더구나, 시편 137편과 이사야 51:19와 같은 예배에 관한 문헌은 골라 공동체와 관계가 있으며 예배 자리에서 기원된 것으로 볼 수 있다.

끝으로, 스가랴 8:18-19에 언급된 금식일은 왕과 왕궁을 위한 금식일을 포함한다. 바벨론으로 사로잡혀 간 공동체는 왕이 자신들과 함께 이송되었을 때 왕을 잃은 슬픔을 표현하려는 특별한 마음을 가졌을 것으로 생각된다. 바벨론에서 쓰여진 것으로 널리 인정되는 에스겔서가 어느 정도 이 견해를 뒷받침해 준다. 왜냐하면 배열된 날짜의 숫자가 최초로 바벨론으로 사로잡혀 갈 때 잡혀 간 여호야긴 왕의 통치 연대에 따라 매겨지기 때문이다.

무성전 시대에 유다 사람들(본국에 있든지 혹은 이방 땅에 있든지)은 여호와와 비-여호와를 예배하는 활동을 계속했다. 여호와 예배는 낙담과 절망을 표현하기 위해 애가를 만들어 내는 배경으로 여겨진다. 종교는 공동체가 불행을 해결하고 불행 너머로 나아가게 하는 수단을 제공하였다. 오랜 세월에 걸쳐 형성된 제의를 통해 공동체는 집단적 상실감에 대한 슬픔을 표현했다.

2. 예배와 애가

무성전 시대를 배경으로 하는 예배 문헌의 대다수는 양식 비평적 범주로 공동체 애가에 해당한다. 궁켈(Hermann Gunkel)은 이 문헌들이 개별적 혹은 복수의 음성으로 표현되었든 아니든, 찬양시 혹은 애가로 표현되었든 아니든, 성경과 성경 외의 예배 문헌을 최초로 범주별로 모아 정리하였다(1928-33, 영역본 1998).

대부분 시와 노래로 구성되어 있고 예레미야애가 5장을 포함하는 형식을 띠고 있는 공동체 혹은 국가 애가는 형식적 구성 요소가 비슷하다. 이 비슷한 점은 궁켈에게 시편은 예배에서 사용된 구전 시를 나타내는 문학 작품, 즉 후대에 쓰여진 초기 자료의 흔적이라고 생각하게 했다.

그의 분석 결과는 모빙켈(Sigmund Mowinckel 1962)의 연구 때문에 더욱 향상되었다. 모빙켈은 궁켈의 문헌적 강조에 반대하면서 이 시편들은 성전 의식에서 사용된 실제 노래를 가리킨다고 주장하였다. 모빙켈은 시편들을 사용하여 고대 이스라엘에서 의식이 과연 어떤 것인지를 재구성해 보려고 하였다. 궁켈과 모빙켈의 시대 이래로 이 시편들을 예배와 연관시키는 것은 흔한 일이 되었다. 일부 시편들은 파괴된 성전에서 기도를 계속 드리는 상황을 반영하고 있는 것으로 받아들여지고 있다. 이 시대에 설치된 대안 성소에서 기도를 드렸을 가능성도 있다.

궁켈이 분류한 범주에 따르면, 이 시대의 기도는 국가 혹은 공동체 애가일 것이다. 비록 대부분의 시편을 구체적인 역사적 사건이나 시대와 연관시키는 것은 악명 높기 이를 데 없을 정도로 어렵지만, 국가적 고충 토로는 역사의 세부 내용을 알 수 있으므로 더욱더 쉽게 연관시킬 수 있다. 하나의 장르로서, 공동체 애가는 정치적 재앙에 대한 집단 반응을 보여 준다. 거기에는 세 가지 기본 요소가 포함된다. 세 요소는 애가, 들은 사실에 대한 신뢰나 확신의 고백, 그리고 호소이다.

애가 단락은 군사적 패배나 왕의 죽음이나 성전의 파괴처럼 국가에 처참한 결과를 가져 온 사건을 다양하게 묘사한다. 신뢰의 고백 단락에서는 과거에 신이 역사적 혹은 우주적 사건을 통해 자기 백성을 위해 행동했던 사건들을 설명하여, 공동체는 신이 현재의 고통에 개입하리라고 믿어야 하는 이유에 대해 말한다. 이 단락은 느슨하게 궁켈의 '들리는 사실에 대한 신뢰'와 일치한다. 왜냐하면 애가가 응답이 될 것을 믿어야 하는 이유를 나타냄으로써 시의 중심축 역할을 하고, 그렇게 하여 호소의 근거를 제시하기 때문이다. 호소 단락은 애가의 내용과 상응한다. 이 단락에서 공동체는 신이 나라를 구원하러 오도록 간청한다.

무성전 시대와 연관된 대부분의 애가가 공동체 혹은 국가 애가로 분류된 사실에도 불구하고, 다른 형태의 애가도 나타난다. 여기에는 공동체 장송가, 참회 기도와의 혼합 형태가 포함된다. 성경의 예레미야애가와 역사를 통해 위기 상황에서 나타난 여러 형태의 시문학 사이의 상응 요소에 관하여 연구해 온 낸시 리(Nancy Lee 2002)는 '공동체 장송가'라는 새로운 말을 만들어 냈다. 낸시 리가 분류한 범주는 공동체 애가뿐만 아니라 예레미야 애가 1, 2, 4장의 장례식 때 부르는 만가(輓歌) 속에 나타나는 죽은 자를 기리는데 사용된 언어가 포함되어 있다는 오랜 인식과 잘 들어맞는다.

그뿐 아니라, 참회 기도로 정의되는 것이 가장 적절하다고 할 수 있는 여러 형태의 기도가 있다. 이 장르는 공동체 애가와 관련이 있지만 슬픔을 당하고 있는 현재에 초점을 두는 대신에 긴 죄 고백을 포함한다. 세 번째 장르는 다양한 장르(개인 애가, 공동체 애가, 참회 기도)에서 가져 온 여러 요소가 결합한 혼합 형태를 보여 준다.

학자들은 다양한 애가들이 무성전 시대에 속하는 것으로 본다. 보수적으로 잡은 애가 목록에는 시편 74, 79, 89, 102, 106편과 예레미야애가와 이사야 63:7-64:11이 포함된다.[2] 시편 137편을 제외하고는, 이 애가들의 삶의 자리(Sitz im Leben)가 예루살렘 성전의 예배라고 여겨진다. 이 본문들을 면밀하게 분석할 때 기원의 자리를 명확하게 이야기한다는 것이 어렵다. 왜냐하면 이 본문에는 상투적인 언어와 다양한 주제가 담겨 있기 때문이다. 주제 대부분은 무성전 시대의 맥락과 잘 조화를 이루지만, 구체적인 기원 장소는 그렇지 않다. 예배문은 다섯 가지 범주로 나누어질 수 있다.

---

[2] 시 44편은 무성전 시대의 시편 목록에 포함될 때가 많지만, 역사적인 세부 내용은 모호하다. 전투에서 왕이 패배한 내용과 더 잘 연결된다(Craigie 2002: 330-35).

① 공동체 애가: 즉각적인 반응(시 79, 137편).
② 공동체 애가: 기도와 탄원(시 74, 89편; 애 5장).
③ 공동체 장송가(애 1, 2, 4장).
④ 참회 기도(시 106편; 사 63:7-64:11; 비교: 느 9장).[3]
⑤ 혼합 형태(시 102편; 애 3장).

1) 공동체 애가: 즉각적 반응 - 시편 79편과 137편

공동체 애가의 범주 내에, 시편 79편과 137편은 따로 취급할 필요가 있다. 왜냐하면 이 시편들에는 하나님의 미래 행동을 신뢰해야 하는 이유에 관해 충분히 설명한 단락이 포함되지 않기 때문이다. 사용된 언어에는 신랄함과 분노와 불만이 서려 있다.

(1) 시편 79편: 이방 나라들에 의해 멸시당한 백성

성소 모독에 대한 관심 때문에 일반적으로 무성전 시대에 기원한 것으로 여겨지는 이 시편은 두 단락으로 나누어진다. 짧은 애가 단락(1-5절) 다음에, 하나님께 고통에 처한 공동체를 구원하여 줄 것을 요청하는 일련의 탄원 단락(6-13절)이 뒤따른다. 이 애가에서 백성은 외세의 침략, 예루살렘 성전의 파괴가 아니라면 성전 모독, 예루살렘 도시의 파괴, 예루살렘 주민에 대한 살인, 그로 인해 겪는 수치심을 놓고 부르짖는다. 하나님의 도움(6-12절)을 호소하는 내용에 이어 찬양에 대한 맹세로 끝맺는다(13절).

---

[3] 느 9장은 이 장르의 또 다른 예에 속하지만, 저작 시기가 기원전 6세기인지에 대해서는 논란이 있다. 일부는 제2성전 시대로 연대를 정한다(Coates 1968: 241-48; Boda 1999). 반면에, Williamson(1985)은 기원전 6세기의 애가 가운데 이 본문을 포함시킨다. 기원 연대에 대해 추가 연구가 필요하기에, 독자는 이 책에 포함되어 있지는 않지만, 포함될 여지가 있다는 사실에 대해 알 필요는 있다.

이 시대의 다른 애가들과 달리, 시편 79편에는 신뢰에 대한 고백이나 미래 구원 행위에 대한 믿음을 격려하는 여호와의 과거 행동에 대한 별도의 설명이 포함되어 있지 않다.

그러나 분명한 신뢰에 대한 고백이 없다고 해서 여호와의 구원 능력에 대한 믿음을 배제하는 것은 아니다. 이 애가 전체에서 공동체는 자신을 여호와의 백성으로 규정한다. 이를 위해 "야곱"(7절), "종들"(2, 10절), "주의 신실한 자"(2절; 문자적으로 "주의 성도"), "주의 백성"(13절), "주의 목장의 양"(13절)과 같이 언약을 생 나게 하는 언어를 사용한다. 애가를 읊는 사람들은 여호와의 공동체이며 하나님의 명성은 이 공동체의 운명과 밀접하게 연관된다.

(2) 시 137편: 흩어지고 깨어진 백성

시편 79편처럼, 시편 137편에 백성이 하나님의 도움을 믿어야 할 근거가 포함된 신뢰에 대한 고백이 따로 언급되어 있지는 않다. 이 시편에는 수치 속에 바벨론으로 끌려 간 백성의 애가(1-4절)와 함께 재앙에 대한 생생한 반응이 담겨져 있다. 그 다음에는 저주(5-6절)와 복수(7-9절)의 언어로 하나님께 도움을 호소하는 내용이 뒤따라 나온다. 공동체 불평 속에 저주의 형식이 들어갔기에, 궁켈은 이 시편을 혼합 양식으로 분류하였고 그 연대를 제2성전 시대로 정했다.

이 시편에 불평 요소가 있는 것은 확실하나(Westermann 1981: 52-64; Allen 2002: 234-43을 참조하라), 그 연대를 반드시 성전 재건보다 늦은 시기로 볼 필요는 없다(Allen 2002: 239). 시온의 노래(시 46, 48, 76편)의 마지막이라 할 수 있는 시편 137편이 이 부류의 시편들의 마지막을 장식하는 것은 이상한 일임이 틀림없다. 왜냐하면 시온의 노래는 시온으로의 순례, 성전 산에 대한 축하, 하나님에 대한 찬미, 대적에 대한 정복을 노래하는 경향이 있기 때문이다. 시편 137편에서, 백성은 시온의 비참한 상실, 나라의 패배, 대적의 승리를 슬퍼한다. 하나님을 찬양하기보다 복수를 호소한다.

시편 79편과 137편은 재앙에 대한 즉각적 반응을 반영한다. 백성은 성전 파괴와 땅 상실(시 79편)뿐 아니라 바벨론으로 사로잡혀 간 것을 슬퍼한다. 이 기도문에는 가슴을 저리게 하는 화, 놀람, 좌절, 공포감이 담겨 있다. 신학적인 형식이나 설명 대신, 하나님의 도움에 대한 직접적이고 급박한 호소뿐만 아니라 쓰라린 고통도 담겨 있다.

2) 공동체 애가: 탄원과 기도 - 시편 74, 89편; 예레미야애가 5장

이 단락의 시들은 공동체 혹은 국가 애가의 범주에 해당하는 것들이다. 공동체 애가는 복수 '우리' 혹은 공동체의 시각에서의 불평이다. 이 양식에는 국가 애가에 전형적으로 나타나는 세 가지 요소, 즉 애가 자체, 신뢰 고백, 호소가 담겨 있다.

(1) 시편 74편: 파괴된 성전에 대한 애가

이 시편에는 기원전 587년에 예루살렘, 성전, 성전 주변 지역의 파괴를 암시하는 여러 세부 묘사가 포함된다. 공동체는 대적이 성소 내의 모든 것을 파괴하고(3절), 성소 안에서 의기양양하게 서 있고(4절), 그 건물을 파서 헤치고(5-6절), 그것을 태워 잿더미로 만들고(7a절), 모독한(7b절) 것에 대해 슬퍼한다. 침략자들은 성전에서 파괴 행위를 저질렀을 뿐 아니라, 그 땅에서 하나님과 만나는 모든 만남의 장소를 불태웠다(8절).

시편 74편은 삼중 구조이다. 즉, 성전이 어느 때까지 더럽혀지고 폐허가 된 채로 있어야 하는지에 관한 긴 애가(1-11절), 왕과 창조주로서의 여호와의 행위가 포함된 신뢰 고백 찬양(12-17절), 여호와가 현재의 고통을 뒤바꾸기 위해 개입하시라고 요청하는 호소(18-23절)이다. 신뢰 고백에는 원시 시대를 상기시키는 신화적 이야기를 연속하여 거론한다. 하나님은 바다 괴물로 간주하는 혼돈을 물리침으로써 자신의 왕권을 확립하고 깊음의 댐을 무너뜨려 땅의 기초를 세웠다.

(2) 시편 89편: 다윗의 집에 대한 애가

비록 궁켈은 처음에 시편 89편을 왕에 대한 애가(royal laments) 양식에 포함했지만, 이 시대의 공동체 애가 양식에 포함하는 것이 더 적절하다. 왜냐하면 39-46절에 하나님이 다윗 언약을 폐기하는 것에 관한 애가가 등장하기 때문이다. 이 시편의 최종 형태 속에는 예루살렘 제1성전 시대에서 유래했지만, 예루살렘 함락에 따라 등장한 애가에 맞게 변경된 왕에 대한 시편(royal psalm)을 포함하고 있는 것 같다.

비록 대부분 해석자는 현재 해석의 목적상 이 시편을 단일 문학 단위로 간주하지만(Heim 1998과 Mitchell 2005에 있는 학자들의 견해에 대한 논평을 참조하라), 두모티어(Dumortier)는 왕에 대한 시편(2-5, 20-38절)과 우주 기원 신화(6-19절)는 실제로 단일 문학 단위로 저작되었음을 주장하였다 (1972).

유다 역사 속에서 기원전 587년에 예루살렘이 복속된 때 이외의 다른 어떤 경우에서도 다윗 왕의 상실을 슬퍼하지 않으려 했기에, 이 시편은 이 시대에 해당하는 것이 분명하다. 애가에 전형적으로 나타나는 세 가지 형식 요소는 신뢰 고백 기능을 하는 찬양(2-38절)과 애가(39-46절)와 호소(47-52절)이다. 신뢰 고백에서 여호와가 바다와 싸우는 우주적 신화는 다윗을 왕으로 선택하는 역사적 사건과 연관된다. 신화와 역사의 결합으로 인해 미래 하나님의 개입에 대한 신뢰가 뚜렷하게 표현된다.

(3) 예레미야애가 5장: 비참한 현재에 대한 한탄

예레미야애가 5장은 오랫동안 히브리 성경에서 공동체 애가의 순전한 예 가운데 하나를 포함하고 있는 것으로 간주했다. 1-18절에는 불평을 장황하게 나열한다. 이 구절에서 백성은 감정적 반향을 불러일으키는 언어로 고통을 부각하고 있다(자신들의 고통, 성전의 황폐한 모습, 왕의 상실). 그 다음으로는 하나님의 영원성과 왕권에 대한 믿음을 긍정하는 짧은 신뢰 고백이 표현된다(19절). 마지막으로 여호와가 구원을 선택할지 그렇지 않을지를 놓고 물음표가 드리워지는 호소가 나타난다(20-22절).

시편의 공동체 애가와 비교할 때, 예레미야애가 5장은 두 가지 뚜렷한 특징을 지니고 있다.

첫째, 현재의 혐오스러운 상태를 개관하고 있는데, 이 개관은 세부적인 깊이와 완전한 행(行)의 수에 있어서 동일 장르의 다른 예들과 다르다.
둘째, 시가 불확식할 어조로 시의 끝을 맺는다. 찬양받기에 합당한 하나님의 속성을 긍정하는 정상적인 호소 대신, 자기 백성을 향한 하나님의 목적에 물음표를 던지며 결론 맺는다.

마지막 구절들은 불확실한 어조로 예레미야애가 전체뿐만 아니라 제5장의 결론 맺는다. 애가 그 자체를 볼 때, 불확실성은 명백하다. 여호와가 미래 구원을 위해 개입할 것이라는 점을 신뢰해야 하는 확실한 이유에 관한 내용으로 바뀌기에, 애가가 신뢰 고백을 포함함에도 불구하고("여호와여 주는 영원히 계시오며"[애 5:19]), 애가는 파괴에 초점을 맞춤으로 여호와의 통치 자리에 관한 의문을 불러일으켰다. 그런 다음에 예레미야애가 5장은 백성을 위한 여호와의 목적에 대해 근심을 유발한다..
여호와가 자기 백성과 관계를 맺기를 선택할 것인가?
불확실성은 고통으로 몸부림치게 만드는 끝맺음을 통해 분명해진다.

> 주께서 우리를 아주 버리셨사오며 우리에게 진노하심이 참으로 크시니이다(애 5:22).

이 시대의 공동체 혹은 국가 애가는 시편 74편과 89편과 예레미야애가 5장에서 표현된 것처럼, 공동체가 자신의 위기에 대해 어떻게 슬픔을 표현했는지에 관한 예를 제시해 준다. 특히, 신뢰 고백 단락 내에서, 공동체는 자신이 이해한 하나님에 대한 목소리를 전했다. 위의 세 본문 속에서의 고백은 서로 크게 다르다. 시편 74편에서, 공동체는 여호와가 물의 세력과 바다 괴물로 묘사된 혼돈을 정복하여 승리를 얻는 이야기를 담고 있다. 이 신화는 시편 89편에도 나타난다. 여기서는 하나님이 다윗 왕을 선택하는 이야기와 결합된다. 여호와의 원시 때의 통치가 지상 통치자의 통치와 연결된다. 신화와 역사가 결합되는 것이다.

마지막으로, 예레미야 5장은 다소 간략한 신뢰 고백을 담고 있는데 여호와를 왕으로서 증언 내용을 전달한다. 신화적 맥락(여호와는 혼돈의 물의 세력을 제압하여 왕이 되었다) 혹은 역사적 맥락(여호와는 시온을 신적 임재를 위한 장소로서 혹은 신의 대리인으로서의 왕을 위한 장소로서 선택했다)에서 이해해야 하든지, 이 내용의 맥락을 명확하게 하기 위한 더 이상의 세부 설명은 없다. 이 세 애가 본문 모두에서, 백성은 곧 닥쳐 오는 행동을 나타내고자 과거에 행한 하나님의 행동을 기억 속에서 불러낸다.

3) 공동체 장송가: 예레미야애가 1, 2, 4장

예레미야애가의 세 개의 장들은 구조, 양식, 주제가 비슷하다. 예레미야애가 1, 2, 4장은 히브리어 알파벳의 자음이 각 행의 첫 글자를 시작하는 알파벳 이합체로 된다. 그뿐 아니라, 이 장들은 궁켈에 의해 국가 장송가로 분류되어 있지만, 공동체 애가의 요소들을 사용한다. 장송가는 자신이 나치 박해의 희생양인 야노우(Hedwig Jahnow [1923])에 의해 최초로 집중적으로 연구된 문학 장르이다. 야노우는 이 장르가 어떻게 해서 장례식과 관련이 있는지, 그리고 사용된 언어가 죽은 자를 애도하는 애가와 어떻게 비슷한지를 보여 주었다.

베스터만(Claus Westermann)은 예레미야애가의 세 개의 장들에서 장송가가 부분적으로만 사용된 점을 보여줌으로 야노우가 분류한 장송가 범주의 한계를 지적하였다(1994). 자신의 예레미야애가의 시 연구뿐만 아니라 야노우와 베스터만의 연구에 기초하여, 낸시 리는 보다 더 적절한 새 용어, 즉 공동체 장송가를 주장하였다(2002). 예레미야애가 1장은 가장 많은 장송가 요소를 담고 있지만, 애가와 일맥상통하는 표현도 나타난다. 예레미야애가 2, 4장에서 점차적으로 애가 언어가 증가함에 따라 슬픔을 표하는 장송가의 행진이 줄어든다(Linafelt 2000b: 75).

이 시들은 여호와를 향하고 있지만, 희망을 주는 하나님의 긍정적인 속성에 관해 장황하게 언급하는 대신, 자신들에게 고통을 안겨 준 백성의 대적으로서의 하나님께 초점을 둔다. 비록 파멸의 궁극적인 원인자는 하나님일지라도, 시인은 바빌로니아 사람들이 행한 짓을 의식한다. 의기양양한 대적은 여호와의 파괴의 대리인으로 행동하였다.

대적의 힘에 대해 사용된 언어는 과격하다. 성전에 난입하여 황폐화하는 이야기는 거의 강간을 저지르는 언어에 가깝다. 모욕과 절망을 느끼는 감정은 외부로만 향해 있지는 않다. 예레미야애가의 시인은 현재의 고통을 슬퍼하면서 운명의 역전을 두드러지게 표현한다. 예루살렘은 정복당했고, 백성은 굴욕당하고 있으며, 예루살렘과 그 시민은 고통 속에 있다.

주제 측면에서, 이 세 개의 장들은 기원전 587년의 재앙에 초점을 맞추며 예루살렘의 치욕적 붕괴와 주민에게 가해진 폭력을 슬퍼하고 있다는 점에서 비슷하다. 다양한 목소리가 생생한 세부 묘사를 통해 현재와 최근의 고통의 현실을 잡아낸다. 사건을 직접 목격한 해설자가 예레미야애가 1:1-11과 2:1-19와 4장에서 화자로 말을 전한다. 과부와 고통당하는 여인으로 의인화된 예루살렘 도시는 예레미야애가 1:12-22와 2:20-22에서 부르짖는다. 각 목소리는 절망의 탄원 기도를 통해 슬픔을 전한다.

4) 참회 기도: 이사야 63:7-64:11과 시편 106편

참회 기도는 여호와와의 상호 작용의 역사를 이야기하면서 공동체가 함께 모여 기도한다는 점에서 공동체 애가와 비슷하다. 이사야 63:7-64:11은 애가처럼 기능하는 죄 고백뿐만 아니라 공동체 애가에서의 신뢰 고백에 상응하는 역사 이야기를 포함한다. 시편 106편에서 역사 이야기는 죄 고백과 결합된다.

(1) 이사야 63:7-64:11: 계속되는 황폐화에 대한 애가

흔히 공동체 애가에 포함되는 이사야 63:7-64:11은 제3이사야(사 56-66장)에 속한다. 둠(Bernhard Duhm)은 이사야서 안에서 문체, 장소, 신학의 차이에 주목하여 사 40-55장과 56-66장에서 독립된 신탁 모음집이 존재한다는 사실을 설득력 있게 주장하였다. 이사야 56-66장의 연대를 제2성전 시대로 보는 주장이 널리 받아들여지고 있다. 이사야 60-62장에 이사야 40-55장처럼 순수한 기쁨의 신탁을 포함하고 있지만, 이사야 56-66장은 새 시대에는 누가 성전에 접근할 수 있는지와 임박한 구원 약속이 실현되는데 왜 실패했는지의 질문에 지대한 관심을 보여 준다 (P. Smith 1995; Middlemas 2005b).

많은 사람이 추종하고 있는 베스터만은 이사야 63:7-64:11의 애가는 무성전 시대에 유래했으며 당시의 종교 의식에서 다른 애가와 함께 낭송되었다는 주장을 펼쳤다. 베스터만은 이 본문을 기원전 6세기 문학에 포함시킨다. 성전 파괴(사 63:18; 64:10), 외세 통치에 대한 암시(사 63:19), 예루살렘 도시와 외곽 지역의 완전한 황폐화(사 64:9), 하나님의 침묵(사 64:6, 11)과 분노 (사 64:4, 8)처럼 무성전 시대와 어울리는 내용 때문이다.

이 단락이 이사야 60-62장에 있는 유일한 희망의 메시지 다음에 배치된 점도 여호와의 구원을 위한 개입이 왜 예상된 대로 일어나지 않았는지를 설명해 준다. 원래 무성전 시대에 해당하는 이 애가는 청자에게 재앙을 상기시키려고 편집자가 그것을 현재 위치에 배치하였다. 왜냐하면 나라를 파멸로 몰아가는 행위가 계속되었기 때문이다(Smith 1995).

이 시는 지금까지 분석한 공동체 애가와는 구별된 특징을 지닌다. 애가, 신뢰 고백, 호소로 구성된 삼중 구조 대신, 이사야 63:7-64:11은 찬양이 두드러지게 나타나는 역사 회고(사 63:7-14), 죄 고백(사 63:15-64:6), 구원 호소(사 64:7-11)로 구성된다. 죄 고백은 애가와 상응하는 반면, 역사 이야기는 신뢰 고백과 같은 기능을 한다. 애가의 여러 요소가 고백에 포함된다(사 63:18, 19). 이 단락은 역사 속에서의 여호와의 구원 행위를 장황하게 설명하면서 여호와의 신실함을 서술한다.

그다음에는 회복 호소의 근거 역할을 하는 죄 고백이 뒤따라 온다. 여호와의 미래 개입에 대한 기본적인 믿음은 출애굽, 광야 유랑, 가나안 땅 입성에 대한 기억에 의존한다(사 63:6-14). 이 애가의 희망은 신화가 아니라 언약 백성을 위한 여호와의 구원 행동 역사에 근거한다.

(2) 시편 106편: 제의적 참회 기도

궁켈이 공동체 애가로 분류한 시편 106편은 찬양을 틀로 한 역사 회고를 담고 있다. 이사야 63:7-64:11처럼, 시편 106편은 찬양 때문에 틀이 짜인 역사 회고를 담고 있다. 대부분 해석자는 이 시편의 기원을 무성전 시대로 보지만, 이 시 자체에는 기원을 암시하는 확실한 역사적 증거가 없다(Allen 2002: 44-56에 있는 논평을 참조하라).

제3이사야에 있는 애가처럼, 시편 106편은 출애굽 전승과 광야 전승에 대한 긴 역사 서술을 담고 있다. 이 역사 서술을 통해 백성의 반복된 언약 실패에도 불구하고 과거에 자기 백성과 함께한 여호와의 임재를 강조한다. 시편 106편의 구성 요소는 세 가지, 즉 호소(4-5, 47절), 신뢰 고백(1-3, 48절), 공동체 애가와 같은 역할을 하는 긴 죄 고백(6-46절)이다.

죄 고백 단락에서 백성은 자신들이 여호와와의 언약을 어떤 식으로 거역했는지를 설명한다. 여호와께서 그들을 이집트에서 구원하시고 홍해를 통해 인도하셨으나, 그들은 광야 여행 중에, 그리고 약속의 땅에 들어갈 때 반역하였다(Coates 1968: 227-30). 역사 회상의 관점에서, 백성은 스스로 완강한 조상들과 한통속이 된다. 공동체는 포로에 대한 책임이란 무거운 짐을 부담하게 된다. 호소 단락에서 백성은 여호와의 언약에 대한 신실(*hesed*)을 찬양한다.

이 시대의 참회 기도는 공동체 애가의 기본 형태를 더 많이 손질한다. 역사 회고는 장례식과 어울리는 언어와 연계되기보다, 오히려 과거에 발생한 여호와와 백성의 상호 작용에 주목한다. 이사야 63:7-64:11에서, 백성은 인간의 실패에도, 여호와의 계속된 공급에 초점을 두는 역사 이야기를 죄 고백과 분리한다.

시편 106편은 역사 이야기를 죄 고백과 연결해 백성의 역사가 반역 때문에 규정되도록 만들었다. 이 독특한 형태의 기도가 언제 기원했는지는 알려지지 않았다. 시편 106편에서 죄 고백은 신명기 사상을 이용하지만 제사장적 연구 작업과 어울리는 일부 세부 내용을 포함하고 있다(광야에서의 반역 모티프를 분석하는 데 도움을 받으려면 Coates 1968을 참조하라).

5) 혼합 형태: 시편 102편과 예레미야애가 3장

혼합 형태의 시편은 쉽게 분류하기 힘든 여러 요소가 결합된 시편을 말한다.

(1) 시편 102편: 예루살렘 멸망에 대한 애가

시편 102편은 개인 애가임이 분명하다(머리말과 3-11절과 23-24절에서 병에 비유된 개인의 고통을 참조하라). 이 시편은 개인의 불평이 시온의 회복을 위한 공동체의 관심과 연결되었기에 일반적으로 성전 부재와 관련된 애가에 포함된다.

더 구체적으로 말하면, 개인은 그가 멀리 유다에서 왔으며, 시온은 폐허가 되어 있고(15절), 백성은 억압을 경험하고 있음에도(18, 21절) 불구하고 시온을 재건하려는 하나님의 주도(예언적 완료태로 되어 있는 17절)와 하나님의 영광의 계시(16-17절)에 대한 희망을 유지하려 한다는 인상을 남기고 있다. 아주 개인적인 고통을 열거하여 공동체는 시온의 파괴와 언약 백성의 억압에 대한 계속되는 고통을 표현한다(12-22절).

공동체 애가처럼, 이 시편은 일련의 불평(3-11절과 23-24절)과 호소(1-2절)와 신뢰 고백(12-22절과 25-28절)을 담고 있다. 세밀히 살펴 보면 신뢰 고백은 흥미로운 발전을 보여 준다. 하나님에 관한 긍정적 서술이 회복의 구체적 행위와 연결된다. 전자는 여호와의 영원한 통치에 대한 믿음을 시온을 회복시키고자 하는 계획과 연결한다. 반면, 후자는 창조주 하나님의 영원성과 능력을 인생의 덧없음과 대조시킨다. 이는 시편 102편에서 "주의 종들의 자손"(28절)이라 불리는 언약 백성의 회복으로 주의를 돌리기 위함이다.

  당시의 공동체 애가에 포함된 시편 102편은 개인 불평과 공동체 애가의 혼합 형태를 보여 준다. 두 양식의 여러 요소를 이용하여, 시편 기자는 멸망에 주목하여 하나님이 주의를 기울여 행동하도록 촉구하는 방식으로 이 시편을 극화한다.

(2) 예레미야애가 3장: 모든 인간에 대한 예로 제시된 강한 자의 고통

  예레미야애가 1, 2, 4장처럼, 3장은 알파벳 이합체(alphabetic acrostic)이다. 그러나 예레미야애가 3장의 이합체는 각각의 알파벳 자음이 3행에 걸쳐 나타나 인상적인 66절을 가진 시가 되기에 더욱더 강렬하다. 더 나아가, 각 행은 짧아서 불평의 긴급성을 강조하는 스타카토(staccato) 효과를 가져온다.

  궁켈은 예레미야애가 3장을 혼합 시편으로 분류했다. 왜냐하면 다양한 다른 유형과 어울리는 특징을 지니고 있기 때문이다. 그러한 특징으로는 개인 불평(1-21, 49-66절), 공동체 애가/죄 고백(40-48절), 그리고 기도보다 지혜 문학과 더 유사한 권면 단락(22-39절)이 있다.

  비록 예레미야애가 내에서의 3장의 위치는 기원전 587년 성전 함락 직후의 시대를 암시하나, 여러 다른 양식 요소의 결합은 3장이 더 늦은 시대에서 유래했을 가능성을 시사한다. 내용이 예루살렘 파괴와 관련되어 있고 일부 특징은 이사야 40-55장의 고난의 종 단락(사 50:4-11; 52:13-

53:12; Willey 1997을 참조하라)과 공유한다. 3장을 무성전 시대 이외의 시대로 정할 수 있는 어떤 확고한 증거도 없다(Middlemas 2006).

궁켈과 베스터만이 3장을 구성하는 하위 단락들을 눈여겨보아 왔지만 보다 최근에 와서야 3장이 하위 단락들의 총합으로서 어떻게 기능하는지에 관한 관심이 생겨났다. 베르게스(Ulrich Berges)는 이 3장을 최근에 회복된 성전에서 실행된 시온 애가로 간주하였다(2004). 그러나 3장은 무성전 시대의 문학과 보다 더 밀접하게 연관된다. 그렇기에 공동체가 재앙에 어떻게 반응해야 하는지를 보여 준다. 고통을 겪을 때(1-21절), 사람은 전능하고 전지하신 하나님을 인내하며, 조용히, 기대하는 마음으로 기다려야 한다(22-39절).

위기 속에서 올바른 태도를 가진다면, 개인을 하나님과 갈라서게 하는 데 죄가 한 역할을 인식하게 해 준다. 그리하여 공동체는 자신의 죄를 고백하게 된다(40-48절). 하나님께로 올바로 향하게 되면, 공동체의 대표자로서의 개인은 여호와가 자신을 위해 싸워주실 것임을 알고 자신의 애가를 재개하게 된다(49-66절). 이 시는 참회를 강조하는 신명기 사상과 잘 들어맞으며 강인한 사람을 표본으로 부각하여 공동체 위기에 대응하는 방법을 보여 준다.

혼합 형태를 나타내는 시에서, 개인 애가는 공동체 관심사를 전하기 위해 변형되었다. 시편 102편에서 개인의 병이 예루살렘 파괴에 비유되었다. 예레미야애가 3장에서 개인은 공동체가 자신의 죄를 고백하여 하나님 앞에서 올바른 자세를 회복할 수 있는 수단을 제시한다. 무성전 시대를 통해 애가는 다양한 형태를 취한다. 이는 상황을 잘 포착하고, 슬픔을 표현하며, 하나님의 계획에 대한 새로운 비전으로 현재 저 너머로 나아가기 위한 목적 때문이다.

3. 무성전 시대의 애가에 대한 마지막 생각

무성전 시대의 예배와 애가에서 이스라엘 백성은 아주 다양한 불평을 통해 여호와의 주목을 끌어 낸다. 시편 74편에서 공동체는 성전과 예언 같은 하나님의 임재의 상징을 상실한 것에 대해 슬퍼한다. 시편 79편은 성전 파괴와 백성의 파멸을 한탄한다. 이사야 63:7-64:11은 예루살렘 도시의 파괴를 부각한다. 이와 달리, 시편 106편은 포로 사건에 대해 언급하는 반면, 시편 89편은 다윗계 왕의 상실을 애도한다. 시편 102편의 애가 단락의 초점은 개인의 고통에 맞춰지지만, 궁극적으로는 성전의 회복을 추구한다.

예레미야애가는 무엇보다도 전쟁과 그 여파에 동반되는 인간 비극을 강조한다. 예배문은 공동체의 슬픔을 표현하는 과정에 도움을 주었다. 혼돈 상황을 진정시키려고 예배문 내에 있는 기원 전승과 사회 이념이 다듬어졌다. 이는 재앙의 여파가 미치는 삶을 감당할 수 있게 하려는 목적과 연관이 있다. 비록 역사 이야기나 예언 문학만큼 중요하게 여겨지지 않을 때가 많지만, 이 시대의 기도문은 역사나 예언과 동등한 취급을 받을 만하다. 절망하고 있는 사람들에게 슬픔을 표현하게 하는 믿을 수 있는 수단이란 차원을 넘어, 기도문은 종교가 정체성을 형성할 뿐만 아니라 위기에 직면하여 현실을 설명할 수 있게 해줄 수 있다는 점을 이해시키는 수단을 제공한다.

신-바빌로니아 시대의 애가는 나라의 비극을 얼핏 들여다보게 해 주며 비극과 맞서고 심지어 비극을 넘어서는 데 필요한 수단을 제시한다. 이 시대의 애가는 거론되는 사항들과 관심사는 물론 심지어 사용된 언어조차도 상당히 다르다. 그러나, 간단히 요약하면, 이 애가는 세 가지 수준에서 고통에 대한 반응에 기여하는 것으로 이해될 수 있다. 그 세 가지는 다음과 같다.

① 슬픔의 표현.
② 고통에 대한 설명.
③ 미래 가능성에 대해 고려해야 할 점.

1) 슬픔의 표현

예루살렘 함락 후, 이스라엘은 애도의 시대로 접어들었다. 무성전 시대의 애가는 고통 선포에 부여하는 중요성을 보여 준다. 슬픔의 표현은 결코 고독하거나 은밀하거나 혹은 개인적인 행동으로 비치지 않았다. 오히려, 공동체는 하나님께 드리는 공식 기도 형태로 함께 슬픔의 목소리를 냈다.

이 시대의 예배는 불평이나 심지어는 항의도 서슴지 않았다. 시편 79, 137편과 예레미야 애가는 강력한 표현 형태를 보여 주었다. 이 애가들은 모두 인간 비극의 깊이와 화, 당황, 애끓는 마음, 두려움 같은 바로 실제적인 인간의 감정을 잡아내려고 성전에서 흔히 들을 수 있는 기도 언어를 사용한다. 메시지가 아무리 신랄하거나 불쾌하더라도, 예배는 예배의 자리에서 인간 경험의 전반을 표현하였다. 매 기도 때마다 여호와께서 보시고 행동하시도록 촉구했다.

시편은 애가로 표현된 특정한 필요와 연관해서 하나님께서 도와주시도록 호소하는 내용을 담고 있지만, 예레미야애가에서는 고통으로 가득 찬 현재를 소리 내어 노래로 표현하는 것을 강조한다(Linafelt 2000a). 1장에서 처녀 예루살렘은 자신이 죽지 않았고 긴급히 도움이 필요하다는 사실을 알리는 수단으로 두 번이나 이야기의 흐름을 방해한다.

여호와여 돌아보시옵소서(애 1:9c, 11c).

그녀의 호소가 너무나 다급한 나머지, 이야기의 흐름을 가로막으며 1장을 끝맺는다(애 1:12-22). 2장에서 그녀는 닥친 고통으로 인해 겁먹은 것처럼 나타난다. 그녀의 침묵에 대한 반응으로, 해설자는 그녀를 압박하여 소리치게 한다(2:18-19). 비록 그녀가 복수(復讐)의 외침으로 반응하지만(20-22절), 그녀의 목소리는 예레미야애가에서 다시는 들리지 않는다. 대신, 공동체가 그녀의 탄원을 받아 외친다.

여호와여 살펴보옵소서(애 5:1).

앞에서 살펴본 애가들은 정서를 자극하는 언어로 재앙으로 인한 인간의 희생을 날카롭게 그려낸다. 어느 면으로 보나 유다는 파괴되었다. 하나님의 임재의 확실함과 성전에서 가능하다고 생각하던 보호(시 74편; 79편), 다윗 계보의 계속성에 의해 보장되던 정치적 안정(시 89편), 나라의 안위(시 102; 106편; 사 63:7-64:11)가 사라져 버렸다.

예레미야애가 1, 2, 4장의 관심사 가운데는 성전과 예루살렘 도시의 구조물이 포함되어 있지만, 돋보이는 점은 인간의 비극을 가장 생생한 언어로 표현한다는 것이다. 시인은 운명의 역전, 기근에 대한 소름이 끼치는 묘사, 비탄에 잠긴 여인으로 비유된 도시, 자신들의 권위를 넘어서 과도하게 폭력을 행사한 대적의 역할과 같은 제도적 재앙으로 인해 인간에게 초래된 결과를 강조하기 위해 다양한 수단을 쓰고 있다.

시인은 인간의 고통을 신적 차원에서 그려낸다. 예레미야애가 4장은 고통의 괴로움 속에서 모든 사회 구성원을 묘사함으로 고통을 가장 일관성 있게 그려낸다. 여자, 남자, 노인, 아이, 부자와 가난한 자와 같은 모든 사회 구성원은 전쟁의 여파로 겪게 된 정복, 질병, 기근, 굶주림의 무게에 짓눌려 낙담한 채로 살고 있었다. 시인은 나라를 꽉 움켜쥐고 있던 역경에 대한 여호와의 주목을 끌어낼 수 있을 정도로 재앙을 아주 생생하게 그려낸다.

마지막으로, 이 시대의 애가 중 일부는 의심을 노골적으로 드러낸다. 예레미야애가서에서는 여호와의 구원 특성에 대한 강력한 표현이 나타나는 3장을 제외하고는 희망에 대한 어떠한 명시적 메시지도 찾아볼 수 없다. 3장의 낙관적 구절들은 주변에 둘러싸고 있는 비극에 의해 압도당한다. 마치 고요한 허리케인의 눈이 휘몰아치는 바람과 억수 같은 비에 의해 압도당하는 것처럼 말이다(Middlemas 2004).

예레미야애가는 하나님이 자기 백성과 다시 관계를 맺기로 선택할 것인지 의문을 제기하는 불확실한 분위기 속에서 마무리된다(애 5:21-22). 여호와의 능력이나 주권에 관한 의심은 어디에도 나타나지 않는다. 대신, 이스라엘 백성은 여호와가 언약을 존중하고 자신들과 회복 관계에 들어갈 것인지 의아해 한다. 공동체가 극심한 고통과 기도 중에 의심을 드러내는 것은 여호와의 책임을 주장하고, 여호와께 충성을 단언하며, 회복을 요청하는 신실한 방식 중 하나다.

2) 고통에 대한 설명

예배는 '왜?'라는 명확한 질문에 대한 해답을 준다. 답변하는 과정에서 신정론(theodicy)의 목적에 이바지한다(하나님의 행위를 설명하고 변호하면서). 이런 식으로, 애가는 두 가지, 즉 여호와의 행위와 인간의 책임의 유효성에 초점을 맞춘다.

예배는 재앙의 원인을 여호와께로 돌린다. 한 나라의 멸망을 다른 신에 대한 한 신의 패배로 이해하는 다른 세계관과는 달리, 고대 이스라엘은 자신의 멸망 상황을 여호와만의 행동의 결과로 간주한다. 이 믿음과 관련하여 하나님에 대한 두 가지 묘사가 나타났다. 브로일스(Craig Broyles)는 이 시대에 해당하는 시편에 대한 유용한 연구에서, 다양한 신뢰 고백이 하나님의 행위에 대한 두 가지 다른 개념에 어떻게 호소하는지를 보여 주었다(1989).

첫째, 언약 백성으로부터 자신의 지지를 철회하시거나(시 74편) 자신의 얼굴을 숨기신(시 102편) 수동적인 하나님에 대한 이해이다.

둘째, 멸망을 여호와의 행위로 돌림으로써 하나님의 고의성을 인정하는 이해이다(시 89편; 애 1:12-22; 2장).

여호와에 대한 두 개념은 예레미야애가 2:3에서 함께 엮여 있다.

> 맹렬한 진노로 이스라엘의 모든 뿔을 자르셨음이여 원수 앞에서 그의 오른손을 뒤로 거두어들이시고 맹렬한 불이 사방으로 불사름 같이 야곱을 불사르셨도다(애 2:3).

예레미야애가에서 시인은 여호와를 대적으로 지칭하기조차 한다(애 2:4-5, 22). 이스라엘 백성은 하나님이 자신들의 엄청난 멸망의 배후에서 작용한 추진력이었다고 이해한 것처럼, 여호와의 헌신을 통한 갱신이 언약 백성으로서의 자신들의 지위 회복에 필수적이라고 생각한다. 공동체 애가는 신적 개입을 긴급히 요청하면서 여호와께 말을 건넨다.

공동체는 사건의 배후 원인이 하나님이라는 신적인 인과율에 대한 인식 외에, 하나님의 심판 행위와 자신들의 행위가 서로 연관되어 있다고 여겼다. 그들에게 여호와는 제1성전 시대의 예언자들이 예언한 대로 목적을 실행하신 분이다.

> 여호와께서 이미 정하신 일을 행하시고
> 옛날에 명령하신 말씀을 다 이루셨음이여
> 긍휼히 여기지 아니하시고 무너뜨리사...(애 2:17).

예배를 통해 하나님이 불의하시다고 비난하기보다 언약 불성실에 대한 심판은 당연하다는 사실을 나타내고자 하였다. 백성이 죄를 저질렀기에 여호와의 심판 행위는 납득될 수 있었다. 무성전 시대의 애가에서는 죄의 유효성에 대한 인정이 중요한 요소가 되었다(예를 들면, 애 1:18, 20; 사 64:7-11; 시 106편). 여호와의 행위를 언약 당사자인 이스라엘의 잘못된 행위에 대한 반응으로 규정하는 것은 이 시대의 문학이 위기를 해명하고자 했던 나름의 방식이다.

무성전 시대의 예배 사상을 요약할 때, 재앙의 이유에 대한 분명한 설명(인간의 죄에 대한 하나님의 반응)이 재앙 자체의 성격에 관한 몇몇 질문과 나란히 나타나는 것을 놓쳐서는 안 된다. 불가해한 것들에 대한 불신을 가리킨다. 예를 들면, 비록 시인들이 인간의 죄와 시온의 파괴 사이의 관련성을 인식하였다 하더라도, 예레미야애가는 죄의 힘을 경시한다. 저지른 죄로 인한 불쾌감이 겪는 고통의 양에 비례하지 않는다고 생각했다. 돕스-알솝(F. Dobbs-Allsopp)이 보여 준 것처럼, 죄의 유효성에 대한 서술은 재앙에 대한 설명으로서의 죄의 중대성을 약화시킨다(1997). 이와 관련하여, 그가 지적하는 내용은 다음과 같다.

① 고통의 이미지와 비교할 때, 죄는 상대적으로 드물게 언급된다.
② 죄에 대해 언급할 때, 구체성이 크게 결여된다.
③ 문맥을 고려할 때, 일부 죄 고백은 의도적으로 약화된다(예를 들면, 애 1:15와 연관시켜 읽을 때의 애 1:18). 죄(애 1:8-9, 14, 18, 20)와 죄의 중대함(애 4:6)을 인정하지만, 예레미야애가는 반복하여 심판이 죄보다 훨씬 더 무겁다고 주장한다.

예레미야애가에서 죄의 중대성이 경시되는 방식은 시가 야훼의 행위를 설명해줄 뿐만 아니라 하나님의 행동의 잔인성을 강조하는 데도 사용되고 있음을 보여 준다. 예를 들면, 거의 전적으로 인간의 고통을 생생하게 묘사하는데 집중하는 예레미야애가 4장에는 죄에 대한 인정은 전혀 나타나지 않는다. 시인이 거의 근시안적으로 (신적 전사로서, 그리고 침략

자에 대한 권위를 지닌 분으로서의) 하나님의 파괴적인 힘에 초점을 두고 있는 예레미야애가 2장에서 죄에 대해 단 한 번 언급하는데, 그것도 백성이 자신들의 죄를 인식하게 가르치지 못한 예언자의 실패에 대해 언급한다(애 2:14).

예레미야애가의 시는 신의 정당성을 옹호하는 신정론이라기보다는 보다 정확하게 신에 대한 비난, 즉 **데오-디아볼레**(*theo-diabole*)로 간주될 수 있다. 이 해석을 지지하는 몇몇 증거는 예레미야애가 3장의 권면 단락 속에 나타난다(Middlemas 2006). 개인 애가에 부가된 지혜 구절들은 나머지 예레미야애가 속에서 하나님에 대한 비난을 되받아친다. 그 내용은 다음과 같다.

> 주께서 영원하도록 버리지 아니하실 것임이며(애 3:31).

> 주께서 인생으로 고생하게 하시며 근심하게 하심은 본심이 아니시로다 (애 3:33).

> 살아 있는 사람은 자기 죄들 때문에 벌을 받나니 어찌 원망하랴 (애 3:39).

이처럼 직접 혹은 간접적으로 언급된다. 시인은 여호와를 신적 전사(divine warrior)라기보다는 신적 구원자(divine savior)로 묘사하는 것을 선호하여 공동체가 하나님에 관해 제기한 염려를 논박한다(애 3:22-24, 31-39). 더구나, 시인은 하나님이 고통을 헤아리지 못했기에 고통이 깊어지거나 길어지게 되었다는 논리를 논박하려고 하나님의 전지성(divine omniscience)을 강조한다. 마지막으로, 시인은 재앙에 대한 인간의 적절한 반응을 제시한다. 그것은 징계를 받아들이고 하나님의 개입을 조용히 참을성 있게 기다리라는 것이다(애 3:25-30).

기원전 587년의 멸망의 여파로 생겨난 유다 공동체의 예배 체계는 고대 이스라엘의 종교적 가르침에 근거하여 재앙을 설명했다. 유일신으로서 여호와는 재앙에 대한 책임을 져야 했다. 백성은 여호와의 언약에 불순종했을 때, 하나님의 분노를 촉발한 책임 일부를 담당해야 했다. 그런데도, 소위 이단적 행위에 대한 심판의 혹독함은 설명하기 어려웠으므로 여호와에 대한 비난이 나타났다.

3) 가능성에 대해 고려해야 할 점

문학은 공동체의 방향을 미래로 움직이게 한다. 그렇게 할 때, 요지부동의 전통과 타협하지 않으면 안 된다. 문학은 왕정 시대의 지배 이념, 즉 특별히 시온신학(Zion theology)으로 알려진 이념에 의문을 품는다. 한 장소의 선택과 한 왕의 선택과 연관된(Hayes 1963) 시온신학에서, 여호와는 출애굽, 땅 선물, 왕의 선택, 예루살렘의 선택과 같은 역사적 사건과 역사에 근거한 선택을 통해 자신의 능력과 지배력을 표현한 것으로 본다. 고대 이스라엘 신학자들은 하나님의 임재와 생존의 모든 역사적 상징이 사라졌을 때, 역사의 하나님을 어떻게 이해할 수 있는가에 대해 고민하지 않으면 안 되었다.

재앙을 이해하는 한 가지 방법은 사실 시간을 창조했지만, 시간 바깥에 계시는 하나님을 말하려고 신화 시대에 이루어진 여호와의 행위로 눈을 돌리는 것이다. 무성전 시대의 문학은 원시 시대에 여호와께서 바다 혹은 바다 괴물과 싸우시는 신화와 같은 우주론적 신화(cosmological myths)를 이용한다(시 74편). 그런 다음, 이 사건을 다윗계 왕의 선택과 연관시킨다(시 89편).[4] 시편 기자는 다윗 언약(Davidic covenant)의 체결과 파약 사이

---

[4] 시편의 창조 모티브가 역사적으로 오로지 출애굽 사건과만 연관되어 있는 것으로 간주할 수 있는 근거를 살펴보려면 Watson(2005)을 참조하라.

의 긴장을 양립시키려 하지 않는다. 대신에, 시편 기자는 여호와께서 다윗과의 언약을 기억하셔서 왕이 당하고 있는 현재의 굴욕을 뒤엎어 주실 것이라는 희망으로 결론지으며 언약의 상실을 슬퍼한다. 시편 102편에서 시온의 물리적 회복은 여호와의 왕권과 창조주의 역할과 연관된다.

> 주께서 옛적에 땅의 기초를 놓으셨사오며 하늘도 주의 손으로 지으신 바니이다 천지는 없어지려니와 주는 영존하시겠고(시 102:25-26a).

포로기 예배에서 신화와 역사는 여호와께서 역사보다 크심을 말하기 위해 함께 엮여져 있다.

무성전 시대의 예배는 구슬프다고 할 수 있는데 궁극적으로 그 예배를 희망에 차 있으리라고 생각할 수 있을까?

브루그만(Walter Brueggemann)은 궁켈의 양식 비평적 연구와 모빙켈의 제의-맥락적 모델에 기초하여 애가 양식의 최종 형태를 예배의 배경 안에서 분석한다(1995). 브루그만의 견해로는 애가 양식 자체가 의미를 전달하고 있다는 것이다. 애가 양식의 가장 기초적인 구성 요소는 끔찍한 상황에 대한 묘사, 탄원, 하나님의 응답 확실성에 대한 믿음이다.

혼란으로부터 해결로 나아감을 염두에 둘 때, 매순간의 고달픈 기도는 실제적으로 여호와의 구원하고자 하는 능력과 목적에 대한 신뢰 고백임을 말해 준다. 이런 식으로, 애가 양식은 궁극적으로 희망으로 차 있는 셈이다.

예배에서 이런 유형의 시를 사용하는 것은 귀를 쫑긋 세우고 들으려 하고 간절히 구하는 자를 위해 기꺼이 행동하려 하시는 여호와의 의지에 대한 근본적인 믿음이 있음을 생각하게 한다.

위에서 살펴본 모든 시편과 심지어 예레미야애가의 주장은 여호와께서 왕이시라는 것이다!

그러나 예배에서 제기된 질문은 여호와께서 다시 이 백성의 왕이 되시기로 선택할 것인가 하는 점이다. 예배 맥락에서 이스라엘 백성이 기도하는 것은 확실히 이 질문이 현실화될 것을 믿는다는 사실을 나타낸다.

게다가, 예레미야애가 내의 공동체 장송가의 최종 형태는 삽입된 지혜 단락(애 3:22-39)을 제외하고는 희망에 대한 분명한 어떤 언급조차 없을 때도 미래 지향적 비전을 보여 준다. 리나펠트(Tod Linafelt)는 예레미야애가 1장이 장례식 장송가에서 나온 요소들로 구성되지만, 예레미야애가 2장에서는 이 요소들이 감소하였다가, 예레미야애가 4장에서는 거의 사라진다는 사실을 보여 주었다.

마지막 장은 애레미야애가를 순수한 공동체 애가로 끝맺는다. 죽음을 지향하는 장송가 양식과 언어로부터 생명을 감싸 안는 공동체 애가로 나아감이 반드시 표현되어 있지는 않지만, 양식에 있어 예레미야애가가 희망으로 바뀜을 말해 준다.

애가는 고통스러운 현재를 묘사하는 일뿐 아니라, 재앙을 합리화시키는 수단으로써 하나님과 인간에 관하여 여러 제안을 내놓는다. 애가는 불평의 타당성을 이해시키는 데서 더 나아가, 다양한 설명을 제시하고 심지어는 하나님을 몹시 비정하다고 비난하여 그의 불가해성과 씨름한다. 표현된 슬픔은 비극과 씨름하며 과거에 지향하던 것을 넘어 미래를 향한 비전으로 나아간다.

고대 이스라엘 백성은 예배 속에서 여호와를 만나 내놓고 염치없이 울고 다투고 비난하고 찬양했지만, 총체적으로 보면 신적 개입과 회복의 기적을 기대하는 열렬한 희망을 지닌 채 변함없이 여호와께 헌신하였다.

제3장

재앙 결과 (II)

기억

　재앙의 즉각적 여파로 생겨난 애가 문학은 다양한 감정을 전달할 수 있는 수단을 마련해 주었다. 이 당시에 신명기역사서(the Deuteronomistic History)로 알려진 역사 서술 또한, 공동체 이야기를 설명하고 그 이야기를 의미 있는 전체로 엮어냄으로써 상실감을 포착하였다. 얼핏 보면 신명기역사서는 우울한 어조로 끝나는 듯 보이지만, 그것이 보여 주는 역사 서술의 어떤 특징들은 신명기역사서가 재앙 너머 미래에 대한 의도를 보여 주었는지 여부에 대해 질문을 던지고 있다.

1. 역사 서술

　신명기역사서(DtrH)는 신명기(의 일부)를 서론으로 하는 역사서, 즉 여호수아, 사사기, 사무엘상하, 열왕기상하에 붙여진 명칭이다. 전통적으로, 이 책들은 서로 따로 취급되었다. 벨하우젠(Julius Wellhausen)이 자료 비평[1]을 오경에 성공적으로 적용한 후에, 학자들은 J(Yahwist), E(Elohist), D(-

---

1　자료 비평은 히브리 성경의 처음 다섯 권을 구성하고 있는 문헌 자료를 염두에 둔 해석 방법이

Deuteronomic), P(Priestly)의 문헌 요소들을 역사서에서 찾아내려고 시도하였다. 이들의 연구는 대체로 성공적이지 못했을지라도, 내용이 신명기와 상당히 겹친다는 사실을 밝혀냈다.

역사서에 신명기의 자취가 뚜렷한 사실을 알아차린 노트(Martin Noth)는 1943년에 여호수아로부터 열왕기까지를 신명기를 서론으로 한 독립적인 역사 작업으로서 단일 저자가 기록하였음을 설득력 있게 주장하였다(영역본 1981). 역사서에 끼친 신명기의 영향은 사실 한 저자의 의도된 작업이었다. 그는 언약에 대한 신명기의 관점을 수용하여 신명기 사가로 알려지게 되었다. 노트의 견해로, 신명기 사가는 신-바빌로니아 시대에 유다에 살았다. 그의 저작은 기원전 562년 직후에 완성되었음이 명백하다. 왕국들의 이야기가 여호야긴이 감옥에서 풀려나는 이야기로 끝나기 때문이다(왕하 25:27-30).

노트에 따르면, 역사가는 자신의 이야기를 신명 4:44-30:20의 신명기 법전, 모세 이야기, 정복 이야기(수 2-11장), 사사 이야기(삿 3-12장), 언약궤 이야기, 사울과 다윗에 관한 이야기, 연대기, 명부, 예언 전설과 같은 원천 문서와 자료의 도움을 받아 기록했다는 것이다. 이런 식으로 역사가는 매우 다양한 전통적 자료들을 수집하고, 정돈하고, 선택하여, 신학적으로 해석한 다음에 고대 이스라엘 이야기로 통합시켰다.

노트의 견해로는, 신명기역사서의 목적은 다윗계 왕의 상실과 성전 파괴로 귀결된 기원전 587년 유다 왕국의 최종 멸망을 정당화시키는 데 있었다. 신명기 사가는 여호와께서 백성을 심판하는 것 이외에 다른 선택의 여지가 없었다고 설명했다. 왜냐하면 백성이 거듭 호렙산(신명기적 자료인 D의 시내산과 동등한 산)에서 체결된 언약을 지키지 못했기 때문이다. 노트

다. 벨하우젠은 오경에 저자가 사용한 하나님의 이름과 특징적 내용에 따라 분류된 네 개의 주요 자료가 있다고 생각하였다. 최근에 와서 자료 비평은 점점 더 정밀한 검증에 노출된다. 이에 대한 개관을 위해서는 Whybray 1995와 Nicholson 1998을 참조하라.

에게 신명기역사서의 메시지는 거듭된 위반을 부각시키고 미래에 대한 어떤 희망도 없이 마무리되기에 전적으로 부정적이다. 노트는 두 가지 이유로 신명기역사서의 저자가 소재한 장소를 유다 땅으로 본다.

첫째, 공식적인 역사기록 문서는 본국 유다에서 더 많이 입수할 수 있었을 것이다.

둘째, 구전 전승의 대부분이 나온 지역은 예루살렘 북쪽의 베냐민과 미스바 지역이다. 구전 전승은 베냐민 중심적 관점을 반영한다. 예를 들면, 여호수아서에서 지파들의 맹공격이 베냐민으로부터 비롯된다.

노트의 견해에 부가하여 유다를 배경으로 한다는 사실을 선호하게 하는 두 가지 사항이 더 있다.

첫째, 열왕기상 8장의 솔로몬의 기도는 성전을 제사 장소가 아니라 기도와 탄원의 장소로 묘사한다. 제사는 더럽혀진 장소에서는 드려질 수 없으므로, 성소를 기도 장소로 볼 수 있는 상황은 기원전 6세기의 맥락이라야 가능하다.

둘째, 솔로몬의 기도는 땅 중심적 관점을 그대로 유지한다. 성전 파괴와 포로로 잡혀가 있던 사람들보다는 예루살렘에 살고 있는 사람들에 대한 관심을 강조한다

노트는 신명기역사서에 속하는 책들에 대한 더욱 깊은 분석을 위한 자리를 마련해주었다. 노트의 가설을 개정하거나 손질하려는 최초의 시도는 크로스(Frank Moore Cross [1973])로부터 나왔다. 다수가 크로스의 결론을 따르기에, 크로스 학파의 해석에 대해 거론하는 것이 타당하다(Nelson 1981; Fretheim 1983과 비교하라). 크로스는 노트가 말한 두 가지 사항의 유효성을 인정하였다.

첫째, 신명기와 사경(창세기 - 민수기) 사이에는 차이점이 있다는 점에 동의하였다.

둘째, 노트가 신명기 사가를 창의적인 저자이며 역사가라고 말한 것을 지지하였다.

하지만 노트와의 차이점으로, 크로스는 다음과 같이 간파하였다.

첫째, 열왕기서의 마지막 네 장이 이전 장들과는 상당한 차이가 있다는 점이다.
한 가지 중요한 점은 역사의 중요한 고비에 고립된 사람들처럼 최종적으로 결론을 맺는 발언이 빠져 있다는 것이다. 노트는 다음과 같이 주장했었다.

> 신명기 사가는 역사의 중요한 시점에 주요 인물들의 길거나 짧은 발언을 담아서 제시한다. 이 발언은 전후에 전개된 내용을 살피면서 사건의 경로를 해석하고, 백성이 해야 할 일이 무엇인지에 관하여 실제적 의미가 있는 결론을 내린다(예, 수 1, 23장 등) (1981:5).

열왕기서는 현세대에게 전하는 메시지 없이 끝을 맺는다.

둘째, 크로스는 므낫세 왕의 죄에 대한 심판의 불가피성에 대한 예언은 다른 속성을 지니고 있으며 초기 역사의 예언/성취 구도보다 더 일반화되어 있다는 또 다른 주장을 펼쳤다.

셋째, 마지막 단락들 속에 등장하는 예언자들은 무명이거나 어떤 특정한 사건들이 제시되지 않는다.

게다가, 크로스는 역사의 전반부의 상당 부분에 있어 주제가 다르다는 사실도 간파하였다. 주제 측면에서, 전반부의 본문들은 북왕국 이스라엘을 비난하는 역할을 한다. 주요 강조점은 여로보암의 죄에 있다. 왜냐하면 여로보암이 북왕국의 벧엘과 단에 여호와 제단을 대체하는 제단을 세웠기 때문이다. 동시에 그 본문들은 하나님께서 다윗과 예루살렘 도시에 헌신한 사실을 강조한다. 종합하면, 이런 특징들은 크로스에게 요시야 시대에 편집된 신명기역사서의 이전 판이 존재했다는 사실을 알려 주었다.

열왕기하 22-23장에 의하면, 신명기 같은 율법책이 발견된 것은 바로 요시야의 통치 시대였기에, 크로스가 보기에는 신명기역사서 제1판은 율법책의 발견에 대한 응답으로써 요시야가 시행한 개혁을 이념적으로 지지하는 역할을 하였을 것이라는 점이다. 신명기역사서는 유다의 구원이 다윗과 그의 계승자인 요시야로 말미암아 나온 결과임을 주장하였다. 이는 기원전 7세기 요시야 개혁의 핵심 목적 중 하나인 예루살렘에서의 제의 중앙화를 지지하기 위한 것이다.

약속이 실현되지 못한 점에 비추어볼 때, 신명기역사서의 제2판(Dtr2)은 유다가 멸망한 이유와 요시야가 조기에 사망한 이유를 설명해 주었다. 제1판에서 유다가 다윗과 경건한 요시야 때문에 자신의 자매 나라인 이스라엘과 똑같은 운명을 겪지 않으리라는 주장은 역사에 의해 오류임이 입증되었다. 예루살렘의 멸망 이후, 편집자는 유다의 멸망을 설명하려고 하였다. 신명기역사서의 제2판은 다윗에게 준 약속과 제의를 정화시키려고 했던 요시야의 온갖 노력에도 불구하고, 므낫세의 죄의 결과로서 유다가 붕괴했음을 보여 주었다(왕하 21:2-15) (므낫세에 대한 다소 다른 묘사에 대해서는 Stavrakopoulou 2004를 참조하라).

두 번째 역사가는 자신의 전임자 작업을 완성하였고 따로 분리할 수 있는 독립된 첨가 자료를 통해 전임자가 전달하려던 메시지를 여과시켰다. 크로스의 이중 편집 가설을 받아들인다면, 신명기역사서 제1판은 역사가가 원천 자료에 접근 가능했던 기원전 6세기 이전에 완성되었을 것이다. 기원전 598년에 포로로 끌려가는 사건에 뒤이어 유다에서 실제로 무슨 일이 일어났는지에 관한 자세한 내용이 부족하고 열왕기상 8장에서 예루살렘을 향해 기도할 것을 권면하는 내용과 함께 마지막 본문의 장소를 바벨론으로 보게 하는 점은 제2판이 바빌로니아에서 유래하였음을 시사한다.

노트의 가설에 대한 다른 유형의 반응은 괴팅겐 학파로부터 나온다. 스멘트(Rudolf Smend [1971])는 역사의 핵심에 율법 자료를 보탬으로써 편집이 나타나게 되었다는 이론을 편다.[2] 신명기 사가가 말한 핵심 역사는 적어도 두 개의 자료 덩어리를 보탠 기본 자료를 말한다. 한 편집자는 자신의 강조점을 율법에 둔 신명기적 율법가(DtrN)이다. 다른 편집자는 열왕기서에서 왕정에 반대하는 예언을 성취시킨 신명기적 예언자(DtrP)이다.

신명기역사서(DtrH)의 핵심 역사를 편집한 가장 이른 시기의 역사가는 아마 편집본을 기원전 560년경 여호야긴의 복권 직후에 제작했을 것이다. 나머지 두 편집본은 더 후대이지만 얼마나 늦은 시기인지는 쟁점으로 남아 있다. 비교적 최근에 발행된 단행본에서, 오브리언(Mark O'Brien)은 크로스와 괴팅겐 학파가 내놓은 여러 통찰을 어떻게 접목시킬 수 있는지를 보여 주고 있다(1989). 또 다른 노선에 있는 학자인 베스트만(Claus Westermann)은 자료가 너무 다양해서 단일 저자로 보기 어렵다고 주장하였다(1994).

현재로서는 신명기역사서가 어떻게 형성되었는지에 대한 의견 일치를 보지 못한다. 그러나 통일성을 뒷받침해 주는 분명한 조직 원리가 존재한다. 만일 크로스와 스멘트가 제시한 통찰과 함께 노트의 일반적인 이론을 수용한다면, 신명기역사서 내에서 자연스럽게 나누어지는 부분이 나타난다. 노트는 여호수아 12장, 사사기 2장, 열왕기하 17장에 나타나는 저자의 생각뿐 아니라 여호수아 1장, 23장, 사무엘상 12장, 열왕기상 8장에 나타나

---

[2] Rudolf Smend는 한 논문에서 이 주장을 펼쳤다. 그의 제자인 Walter Dietrich(1972)가 Smend의 사상을 확장하고 옹호하였다.

는 신명기적 관점을 반영하고 있는 발언을 강조하였다.

맥카시(Dennis McCarthy)는 노트 목록에 사무엘하 7장을 보탰다(1965). 일부 발언을 사용하여 역사를 몇 개의 시대로 나누었다. 그 내용은 광야 유랑(노트가 포함하지 않은 부분이지만 신 33장에서 모세의 발언으로 끝난다), 요단 서쪽 침투(수 23장), 사사 시대(삼상 12장), 성전 건축에서 절정을 이루는 왕국의 부상(왕상 8장), 왕국의 몰락으로 끝나는 왕국의 쇠퇴이다.

이 문헌의 가장 중요한 주제들에는 예언자에 대한 관심, 다윗 언약, 약속의 땅에 대한 소유를 여호와의 선물로 받아들이는 것, 이스라엘이 유다에 거주할 수 있는 조건인 율법의 중요성, 백성이 다른 신들을 예배하여 여호와를 배반한 것, 백성과 왕들의 누적된 죄 등이 포함된다.

신명기역사서는 특별히 땅 상실의 문제와 연관하여 면밀하게 고안하고 조직한 문서로 보인다. 이 문서의 목적은 왕국 붕괴를 설명하려는 데 있다. 이를 통해 자기 백성인 고대 이스라엘에 대한 여호와의 구원 행위와 반복하여 그의 행동과 목적에 반응을 보이지 않은 열국의 역사를 설명한다. 역사를 여러 시대로 나눔은 나라의 몰락이 반복하여 저지른 죄 때문임을 밝힘으로써 비극을 설명한다. 그뿐 아니라, 신명기역사서는 조심스럽게 기원전 587년의 사건 속에 나타난 여호와의 행동이 정당함을 말한다. 여호와께서 정당화되시는 이유는 역사의 각 시대마다 고대 이스라엘이 언약을 어겼기 때문이다.

신명기역사서는 거침없이 이야기를 전개하여 유다 멸망을 합리화하였다. 특히, 신명기 사가는 여호와께서 세우시고 유지하신 나라가 어떻게 해서 치욕적으로 무너졌는지에 관한 질문에 대답하였다. 역사의 전제는 모세 율법을 고대 이스라엘 백성을 구속하는 법으로 볼 수 있느냐 하는 데 있다. 신명기 30:15-20(비교: 신 28장)의 모세 율법은 유다 사회와 왕국이 심판을 받고 모자람이 있느지를 가늠하는 측량 줄이었다.

측량할 줄 역할 외에도, 이 율법은 그것을 적절하게 준수하느냐의 여부가 땅과 함께 땅에서의 장수와 축복된 삶을 가능하게 해 준다. 약속된 땅을 상속하는 것은 열국으로부터 자신을 분리한 백성에게 주시는 여호와의 선물로 간주하였다. 생명과 죽음에 대한 하나님의 약속에는 다음과 같은 내용을 포함한다

> 보라 내가 오늘 생명과 복과 사망과 화를 네 앞에 두었나니 곧 내가 오늘 네게 명령하여 네 하나님 여호와를 사랑하고 그 모든 길로 행하며 그의 명령과 규례와 법도를 지키라 하는 것이라 그리하면 네가 생존하며 번성할 것이요 또 네 하나님 여호와께서 네가 가서 차지할 땅에서 네게 복을 주실 것임이니라 그러나 네가 만일 마음을 돌이켜 듣지 아니하고 유혹을 받아 다른 신들에게 절하고 그를 섬기면 내가 오늘 너희에게 선언하노니 너희가 반드시 망할 것이라 너희가 요단을 건너가서 차지할 땅에서 너희의 날이 길지 못할 것이니라(신 30:15-18).

신명기역사서는 백성이 약속된 땅에 들어간 후에 여호와와의 언약에서 규정하는 의무를 계속 반역한 사실을 지적한다. 그들의 반역은 여호와에다가 다른 것을 보탠 신이나 여호와와 구별되는 신을 예배하는 행위와 관련 있다. 북왕국 이스라엘의 운명은 유다에게 신명기적 원리를 지키지 않을 때 발생할 수 있는 결과를 알려 주는 본보기 역할을 했다. 북왕국의 역사와 기원전 722년에 일어난 멸망을 다른 신들을 예배한 탓으로 보는 이야기가 열왕기하 17장에 묘사된다. 이 역사 이야기에 삽입된 유다를 경고와 설명 형태로 두 번씩 이스라엘과 비교한다

> 여호와께서 각 선지자와 각 선견자를 통해 이스라엘과 유다에게 지정하여 이르시기를(왕하 17:13a).

그리고,

> 여호와께서 이스라엘에게 심히 노하사 그들을 그의 앞에서 제거하시니 오직 유다 지파 외에는 남은 자가 없으니라 유다도 그들의 하나님 여호와의 명령을 지키지 아니하고 이스라엘 사람들이 만든 관습을 행하였으므로(왕하 17:18-19).

신명기 사가는 유다가 다른 신들에 대한 예배를 고집하여 어떻게 북왕국의 방식을 따랐는지를 주의 깊게 열거한다. 유다는 북쪽 이웃의 실수로부터 배울 능력이 없거나 배우려 하지 않기에 똑같이 붕괴할 것이다.

신명기 역사가는 율법에 대한 불순종에 전체 사회를 연루시킨다. 다윗계 왕조차 율법의 가르침에 복종하게 한다. 다윗을 왕의 자리에 앉힐 때, 나단을 통해 다윗에게 주신 여호와의 원래 약속은 무조건적 약속이다.

> 내가 네 앞에서 물러나게 한 사울에게서 내 은총을 빼앗은 것처럼 그에게서 빼앗지는 아니하리라 네 집과 네 나라가 내 앞에서 영원히 보전되고 네 왕위가 영원히 견고하리라 하셨다 하라(삼하 7:15-16).

이스라엘 국가 역사의 후반에, 신명기의 조건들을 다윗과의 무조건적 언약에 부과한다. 왕들의 성공이나 실패는 율법을 잘 지키느냐에 달려 있다. 솔로몬이 왕위를 계승하기 전에, 다윗은 그의 아들에게 경고한다.

> 내가 이제 세상 모든 사람이 가는 길로 가게 되었노니 너는 힘써 대장부가 되고 네 하나님 여호와의 명령을 지켜 그 길로 행하여 그 법률과 계명과 율례와 증거를 모세의 율법에 기록된 대로 지키라 그리하면 네가 무엇을 하든지 어디로 가든지 형통할지라 여호와께서 내 일에 대해 말씀하시기를 만일 네 자손들이 그들의 길을 삼가 마음을 다하고 성품을 다하

여 진실히 내 앞에서 행하면 이스라엘 왕위에 오를 사람이 네게서 끊어지지 아니하리라 하신 말씀을 확실히 이루게 하시리라(왕상 2:2-4).

유다가 붕괴한 후에 이 불생한 사태를 설명하기 위한 한 가지 방법은 시내산 언약을 엄격히 지킬 것을 요구하는 신명기적 강조점과 다윗 언약을 결합하는 형태로 나타난다(왕상 8:25; 9:4-5; 신 17:18-19). 각 왕은 특별히 예루살렘 성소에서 여호와를 유일신으로 제대로 예배할 것을 요구하는 신명기 율법에 근거하여 심판을 받는다.

이 기준에 의하여 아사(왕상 15:11-14), 히스기야(왕하 18:1-8), 요시야(왕하 22-23장)를 제외한 모든 남왕국의 왕들을 비난하는 것과 마찬가지로, 모든 북왕국의 왕들을 비난한다. 이들 중에 가장 최악의 왕은 유다 멸망에 책임이 있는 므낫세 왕이다(왕하 21:11-12; 23:26-27; 24:3-4). 므낫세 왕의 죄는 여호와께서 유다를 거부할 만큼 화를 내게 만든 것이다. 히스기야와 요시야의 제의적 개혁조차 이와 같은 심판 결정을 바꾸지 못했다.

신명기역사서는 유다 멸망을 설명할 뿐만 아니라, 제1성전 시대 국가를 구성한 주요 요소들이 어떻게 파괴될 수 있는지를 해명하려고 전승을 재해석하였다. 성전의 시온 전승에 대한 재평가를 내림으로써 재앙이 어떻게 발생했는지에 관한 질문에 또 다른 해법을 제시했다. 시온신학에서는 하나님께서 왕을 선택하셨을 뿐만 아니라 한 장소, 즉 예루살렘을 선택하셨다고 본다.

예루살렘에서 성전은 여호와께서 백성을 인도하시고 백성 가운데 지속해서 임재하시는 자리를 상징하였다. 언약궤는 거룩한 공간의 가장 깊숙한 곳에 있고 가장 신성한 곳에 위치한 하나님의 보좌를 상징하는 것으로 이해되었다. 기원전 8세기에 기적적인 상황을 통해 예루살렘 성문에서 산헤립의 군대가 물러갔을 때, 시온의 불가침성에 대한 믿음이 생겨났다(Hayes 1963). 여호와의 도시는 침략군에게 무너질 수 없었다. 게다가, 신명기적 원리에 따라 제의를 중앙에 집중시켰다. 그럼에도, 예루살렘과 성전은 무너졌다. 설명하기 어려운 상실감으로 인해 성전을 하나님께서 지상에 거주하시는 집으로 재해석하게 되었다.

요시야의 개혁과 연관하여 발생한 성소의 중앙 집중화와 정화의 목적은 비정통적 예배, 특히 이방적 예배와의 접촉을 제한하는 데 있었다. 종교 활동을 예루살렘 성소에 한정시키는 것은 제의 순수성을 보호하려는 노력의 일환이었다.

그러나 적군의 침략과 성전 파괴는 불결하고 더러운 것과 접촉하는 결과를 초래하였다. 하나님의 거룩성을 보호하기 위해, 신명기적 사상은 여호와의 임재 전승을 재평가하였다(Clements 1965; Mettinger 1982). 성전은 더 이상 하나님이 거주하시는 공간으로 여기지 않게 되었다. 대신에 여호와의 임재는 더 멀어져 여호와는 하늘에 거주하셨다. 여호와의 초월성을 주장하여, 이에 부수적으로 성전은 하나님의 이름이 거주하는 장소라는 사상이 따라오게 되었다(신명기적 이름신학으로 알려져 있다). 이의 예는 솔로몬이 성전을 봉헌하면서 드린 기도 속에 잘 드러나 있다.

> 하나님이 참으로 땅에 거하시리이까 하늘과 하늘들의 하늘이라도 주를 용납하지 못하겠거든 하물며 내가 건축한 이 성전이오리이까 그러나 내 하나님 여호와여 주의 종의 기도와 간구를 돌아보시며 이 종이 오늘 주 앞에서 부르짖음과 비는 기도를 들으시옵소서 주께서 전에 말씀하시기를 내 이름이 거기 있으리라 하신 곳 이 성전을 향하여 주의 눈이 주야로 보시오며 주의 종이 이 곳을 향하여 비는 기도를 들으시옵소서 주의 종과 주의 백성 이스라엘이 이 곳을 향하여 기도할 때에 주는 그 간구함을 들으시되 주께서 계신 곳 하늘에서 들으시고 들으시사 사하여 주옵소서(왕상 8:27-30; 또한 왕상 8:29; 14:21; 왕하 21:7; 23:27).

우리는 앞서 다윗에게 주신 약속의 조건화로 인해 재앙의 책임이 므낫세에게 돌아가는 결과를 초래했음을 보았다. 기원전 587년의 비극적 사건 후에 성전과 하나님에 관하여 뚜렷한 관점 변화가 일어난다. 여호와의 거룩함을 보호하려고 하나님의 임재 자리인 성전에 대한 관점이 변화된다. 그리하여 성전은 하나님의 임재를 실제 존재로 간주하는 표현인 '여호와의 이름'(the name of Yahweh)의 자리가 된다.

신명기역사서는 가나안 땅에 들어간 이후 고대 이스라엘의 역사를 서술하였다. 가나안 땅에 들어간 시점부터 광야에서 여호와와 맺은 언약 원리를 이스라엘 백성은 거역하였다. 고대 이스라엘 역사는 예루살렘 멸망에 비추어서 재평가되었다. 특히, 유다가 어떻게 무너졌는가를 설명하려고 주요 전승들을 다시 평가하였다.

2. 신명기적 역사의 공헌

신명기 사가의 역사는 일부 위로의 말이 담겨 있지만, 심판과 분노에 정당성을 부여한 역사임이 틀림없다.

이 역사 문서는 조금이라도 희망의 흔적을 보여 주는가?

노트는 역사의 마지막을 결코 희망적이라고 보지 않았다. 왜냐하면, 나라의 붕괴와 땅의 상실을 초래한 백성들과 왕들이 반복하여 저지른 고집 센 행위를 역사가 이야기하고 있기 때문이다.

더구나 노트는 역사의 마지막(왕하 25:30)에 "종신토록"(as long as he lived)이란 표현이 등장한 사실에 근거하여 여호야긴이 포로로 잡혀 있는 중에 죽었기에 미래 다윗계 왕이 출현할 가능성을 닫아버렸다고 주장하였다. 그러므로 본문과 역사 자체는 암울한 분위기로 끝난다(Murray 2001에 실린 학자들의 연구를 참조하라).

만일 이것이 사실이라면, 도대체 왜 역사를 기록했는지 이상하게 여겨야 한다. 노트는 주요 주제를 돌이킬 수 없는 파멸로 보았다. 왜냐하면 역사는 이스라엘을 멸망시키려는 하나님의 행동을 정당화시키려고 했기 때문이다. 그러므로 그의 뒤를 이은 학자들이 문헌 속에서 더 긍정적 측면을 찾으려고 노력한 점은 결코 이상한 일이 아니다.

폰 라트(Gerhard von Rad)는 (노트의 전반적인 가설이 아니라) 노트가 평가한 신명기역사서의 목적에 반대하는 중요한 주장을 최초로 제기하였다. 신명기적 신학(1966)에 관한 자신의 논문에서, 폰 라트는 재앙 너머 미래 약속을 이끌어냄으로써 노트와는 반대되는 주제에 초점을 맞추었다. 특히, 폰 라트는 신명기적 역사가 예언의 중요성을 일관성 있게 강조한 사실에 주목하였다(디트리히[Dietrich]의 예언자에 관한 연구와 비교하라). 신명기 사가에게 예언자의 중재에 의해 전달되는 하나님의 말씀은 그것이 좋은 것이든 나쁜 것이든 언제나 성취된다.

폰 라트에게 확실한 예언 성취는 이미 정해진 일이다. 폰 라트는 자신의 세심한 연구를 통해 신명기역사서에서 성취되지 못한 채 남아 있는 예언이 하나 있는데, 그것은 다윗 왕조에게 한 약속이라고 보았다. 사무엘하 7장에서 나단 선지자는 어찌 됐건 다윗계 왕이 유다의 왕위를 항상 차지할 것이라는 여호와의 약속을 선언한다. 왕이 붙잡혀 갔을 뿐만 아니라 유다의 상대적 독립마저 무너졌기에, 다윗계 왕을 복위시키려는 약속은 미래에 실현될 것으로 생각했다.

폰 라트는 여호야긴 왕의 석방에 관한 신명기역사서의 마지막 언급을 다윗에게 준 영원한 약속과 연계시켜 해석해야 한다고 본다. 열왕기서의 마지막은 노트가 생각한 것만큼 부정적이지 않다. 오히려 미래에 다윗의 자손이 복귀하여 통치하리라는 가능성을 암시한다. 왕정 회복의 희망이 이 시대의 예언에 등장하는 것은 확실하다. 예를 들면, 에스겔, 학개, 스가랴 1-8장이 그렇다. 국가 역사를 설명할 때, 노트와 반대되는 주제로서 신명기역사서의 예언을 중요하게 여기는 것은 여호와의 약속이 결국 미래의 어느 시점에 드러나야 함을 시사한다.

볼프(Hans Walter Woff [1975])는 노트의 역사에 대한 부정적 견해를 무게감 있게 재평가한 두 번째 인물이다. 볼프는 폰 라트와는 대조적으로 미래 지향성을 약속이 아니라 회개의 역할에서 찾는다. 볼프는 문자적으로 히브리어 단어 '슈브'(*shub*, 돌아오다)에서 나온 회개 개념에 주목한다. '슈브'는 신명기역사서의 절정에 해당하는 주요 부분과 담화에 나타난다. 이 단어가 도처에 자리 잡고 있다는 것은 포로 생활의 심판을 받는 이스라엘이 해야 할 일이 무엇인지를 말해 준다. 즉, 이스라엘은 새로운 관계를 위한 토대를 마련하려고 죄를 고백하고 돌아와서 여호와를 섬겨야 한다.

회개의 중요한 역할은 여호와께로 '돌아오라'고 한 유일한 다윗계 왕 요시야에 의해 언급된다(왕하 23:25). 회개하는 왕은 바로 요시야이다. 다윗 이후에 가장 위대한 요시야 왕은 공동체의 본보기 역할을 한 왕이다. 비록 볼프가 본문 메시지에 왕실이 아닌 백성만 포함되어 있다는 점을 강조하지만, 미래 약속에서 왕들이 반드시 배제되는 것은 아니다. 왜냐하면 회개 모티브는 원래 왕에 관한 이야기 속에서 나타나기 때문이다(이 단어가 솔로몬과 연관하여 사용된 예도 참조하라).

신명기역사서에 대한 세 번째 평가는 그 목적에 대한 긍정적 견해를 낳았다. 본문을 주의 깊게 분석한 거브란트(Gerald Gerbrandt)는 신명기역사서의 저변에 있는 원리 중 하나는 땅에 대한 신명기적 이해(언약에 대한 성실은 땅에서의 생명을 뜻하고, 불성실은 땅으로부터의 추방을 의미했다)를 수용하는 것임을 보여 준다(1986). 신명기역사서의 또 다른 주요 관심사 중의 하나가 왕권임을 감안할 때, 거브란트는 방향을 옮겨 온전히 긍정적인 평가를 받은 두 핵심 인물인 히스기야와 요시야에 관한 자신의 연구에 집중한다.

일반적으로 왕은 언약 집행자로 간주될 수 있다. 그 땅에서의 계속적인 삶을 확고하게 하는 것이 그의 책임이었다. 북이스라엘의 모든 왕은 신명기적 기준에 따라 악한 것으로 평가되었다. 그래서 기원전 722년에 나라는 무너졌고, 백성은 땅을 상실하였다. 신명기적 측량줄을 유다에 적용할 때, 남왕국의 여섯 왕은 하나님이 보시기에 선하다고 평가를 받은 것으로 볼 수 있다. 그러나 그들은 조건부 칭찬만 받았을 뿐이다. 신명기

역사서는 히스기야와 요시야를 무조건적인 하나님의 은혜를 받을 자격이 있는 두 명의 걸출한 왕임을 강조한다. 두 왕은 신명기적 노선에 따라 제의 개혁을 시행하여 언약에 대한 성실을 보여 주었다.

게다가 각 왕은 본보기 삼아야 할 패러다임을 제시한다. 히스기야의 탁월한 점은 예루살렘을 확실하게 방어하기 위해 여호와를 신뢰한 왕이라는 데 있다. 볼프가 이미 지적하였듯이, 요시야의 두드러진 점은 여호와께로 돌이켜 회개하도록 한 데 있다. 신명기역사서의 초점은 여호와께서 선택하신 백성인 이스라엘이지만, 신명기역사서의 핵심 개념은 땅 상속과 연관된다. 거브란트는 여호와의 약속 실현을 용이하게 하려고 왕이 다시 언약을 중재할 것이라는 점을 깨닫는다. 이처럼 왕권에 대한 긍정적 해석에 근거하여, 거브란트는 폰 라트처럼 여호야긴의 석방을 긍정적 측면에서 이해하고자 한다.

폰 라트, 볼프, 거브란트는 신명기역사서에 대한 긍정적 평가를 하였을 뿐만 아니라, 논의의 초점을 과거 백성의 반항적 행동으로부터 여호와 자신과 역사 속에서 여호와께서 하신 역할로 옮긴다. 이 같은 통찰에 따르면, 세 가지 점이 분명해진다.

첫째, 신명기역사서 전체에서 여호와께서 사건들을 제어하고 있음을 보여 준다.

둘째, 신명기역사서는 인간과 하나님 사이에 상호 작용이 이루어지는 주기적인 패턴을 보여 준다.

인간의 불순종은 하나님의 분노를 초래하여 인간의 회개가 뒤따르고, 그 다음에는 하나님의 자비와 용서가 뒤따른다. 이 패턴의 반복을 잘 보여 주는 예가 사사기에 잘 드러난다. 신명기역사서 자체는 하나님의 심판이 실행되는 시점에서 끝난다. 여호야긴의 석방이 하나님의 은혜를 나타내든, 아니면 한 백성의 역사의 슬픈 결말이든, 열왕기서는 신명기역사서 내의 다른 곳에서 발견되는 주기적 패턴의 다음 단계를 보여주지 않고 끝을 맺는다.

모호한 결말은 이야기를 심판 시점에서 중지시킨다. 주기의 중간에서 멈춰버린 역사는 우리가 다음에 와야 할 내용으로 그 공백을 메우도록 격려하기 위해 심지어 촉구하기도 한다. 이스라엘 백성은 자신들의 죄를 회개하고 고백해야 한다. 그것도 여호와께서 자신들을 위해 다시 행동하시리라는 기대를 하고 말이다.

셋째, 여호와께서는 참 예언자들의 예언과 딱 맞게 행동하신다. 하나님에 관하여 예언한 내용은 그대로 일어난다.

비록 다윗과 백성에게 주신 약속은 조건부일지라도, 무조건적 약속의 성취가 일어날 여지는 남아 있다.

비록 많은 학자가 신명기역사서의 저작이나 신학에 초점을 맞추었지만, 그 기능을 확인하는 것이 중요하다.

이 신명기역사서는 예루살렘 붕괴 후에 어떤 역할을 할 수 있는가?

이 책의 주기적 특성은 예배에서 반복적으로 사용되었음을 말해 준다. 앞 장에서 살펴본 애가들 가운데 적어도 두 애가는 역사적 회고와 죄 고백을 포함하고 있었다. 신명기역사서는 비슷한 목적을 가진 매우 긴 역사적 이야기 역할을 할 수 있으며 두 가지 목적에 기여할 수 있다.

첫째, 교훈적인 목적으로써 역사와 과거의 실수를 반복하지 않도록 하기 위한 여러 방법을 가르칠 수 있다.

둘째, 예배 목적으로 제사 없이 여호와를 예배할 수 있는 또 다른 수단을 제공할 수 있다.

벨하우젠이 신명기역사서를 고백으로 간주했을 때, 그것은 확실히 옳았다고 볼 수 있다. 신명기역사서는 고백으로서 예레미야애가를 떠올리게 한다. 왜냐하면 예레미야애가는 백성이 반항 행위를 고백할 때 여호와께서 용서하시리라는 점을 제시하기 때문이다.

신명기역사서는 (예레미야애가가 그렇게 하고 있는 것처럼) 여호와의 응답을 기다리면서 끝을 맺는다. 미래 희망은 본문 자체 안에 있는 약속에 암시적으로만 나타난다. 그런데도, 신명기역사서는 하나님의 본성에 속하기에 미래 약속을 제시한다. 신명기 사가는 그 미래가 어떻게 일어날지 혹은 어떤 모습을 갖추게 될지 예견하지 않지만, 유다 백성에게 미래는 필연적이다.

3. 요약

대충 보면, 체제 붕괴의 여파 속에 기록된 예배문과 역사 서술은 절망과 비관주의를 나타낸다. 그러나 면밀히 분석해 보면, 겉으로는 절망적인 듯한 것이 미래를 지향하도록 촉발한다. 기원전 587년 예루살렘 멸망에 대한 반응으로 나타난 시편(사 63:7-64:11을 포함하여), 예레미야애가, 신명기역사서는 언약 백성의 의식을 뒤덮었던 놀람과 불안감을 잘 포착한다. 고대 이스라엘은 비극과 고통에 압도당한 채 절망 속에서, 슬퍼하면서도 깊은 신뢰로 자신들의 하나님께로 마음을 돌리고 회복을 위한 어렴풋한 희망을 붙잡았다.

베스터만은 찬양시와 애가에 대한 자신의 고전적인 연구를 통해 현대 사회와 신앙 공동체가 슬픔으로 고통받는 사람들을 제대로 평가하지 못하는 것에 대해 우려를 표명하였다(1981). 포로기 시대의 예배와 역사는 절망, 슬픔, 불신 사상에 서려 있던 깊은 관심이 사실인지 아닌지를 밝히고 있다. 공동체는 예루살렘 멸망에 따른 인간의 고통을 보고도 못 본 체하기보다, 비극을 여호와와의 대화로 끌어냈다.

고대 이스라엘 백성은 우주 창조와 한 백성의 역사 속에서 여호와께서 행하신 구원을 회상할 때, 고통은 하나님께도 중요했다고 믿었다. 그들은 비록 예배와 역사가 회복을 기념하지 못했을지라도 비극의 짐에 눌린 자를 구원하려고 인간사에 개입하시는 여호와의 능력을 깊이 신뢰하였다.

다음 장에서는 심판과 희망을 예언했던 예레미야와 에스겔의 예언을 다룬다. 여기서 살펴본 본문들과는 다르게 예레미야와 에스겔은 심판과 희망에 대한 분명한 비전을 가지고 있었다.

제4장

심판과 희망 사이에서

　무성전 시대의 문학은 예배와 역사 안에서 공동체가 겪은 슬픔과 기억을 잘 포착하였다. 예배와 역사를 통해 미래 회복의 희망적 메시지를 찾는 일은 앞으로 다가올 가능성을 신뢰할 수 있다는 어렴풋한 근거만을 보여줄 뿐이다. 그러나 예레미야와 에스겔의 예언은 이와 다소 다르다. 비록 두 예언자 모두 유다 멸망을 선포하였으나, 재앙 너머에 있는 무엇인가를 믿을 수 있는 근거도 제시하였다. 두 예언자를 심판과 회복의 예언자로 분류하는 것이 가장 적합한 이유가 거기에 있다.

　히브리 성경/구약성경과 관련하여 예언자를 언급할 때, 일반적으로 예언자의 이름을 따서 지칭한 책이 있는 사람들을 가리킨다. 이들을 고전 예언자 혹은 후기 예언자라 부른다. 후기 예언서에는 열두 소예언서(호세아, 요엘, 아모스, 오바댜, 요나, 미가, 나훔, 하박국, 스바냐, 학개, 스가랴, 말라기)와 함께 한 그룹으로 분류되는 이사야, 예레미야, 에스겔이 포함된다. 히브리 성경에서 성문서에 포함되는 다니엘은 열두 소예언서에서 제외된다.

　고전 예언서는 고전 이전의 전기 예언서와는 구별된다. 그 이유는 예언적 인물의 삶에 관하여 다양하게 묘사되는 이야기와 함께 그 인물에게서 나온 것으로 여겨지는 신탁들이 그의 이름을 붙인 모음집에 나타나기 때문이다.

전기 예언서에는 고대 이스라엘의 초기 문헌 여기저기에 흩어져 있던 것처럼 무명의 인물들이 포함되어 있다(예를 들면, 민 11:24-25; 삿 6:7-10; 삼상 10:10-13; 19:18-24; 왕상 13장; 18:4; 왕하 17:13; 21:10; 23:21). 모세, 아론, 미리암, 드보라처럼 예언자 역할을 한 지도자들과 사무엘, 나단, 엘리야, 엘리사와 같이 왕정 시대 초기의 예언자들도 전기 예언서에 포함된다. 비록 초기 예언자들이 담화 형태로 전한 말씀이 기록되어 있을지라도, 그들은 말보다는 행동을 묘사하는 이야기를 통해 알려지는 경향이 있다.

언급할 만한 가치가 있는 또 다른 형태의 예언은 묵시이다. 묵시는 몇 가지 점에서 고전 예언과 연관 있다(Knibb 1982; Collins 1984; Hanson 1985; Cook 1995; Vanderkam 1998). 묵시에서 예언자는 꿈과 상징을 통해 계시되는 종말(the eschaton)에 대한 비전을 가지고 있다. 다니엘서는 이 유형의 문학의 한 예이다. 다른 예로는 소묵시록이라 불리는 이사야 24-27장, 요엘서, 스가랴 9-14장(특히, 12-14장)이 있다.

고대 이스라엘에서 예언의 특성과 초기 예언자들과 고전 예언자들 사이의 연관성은 인류학적 연구(Wilson 1980, 1987; Grabbe 1995를 참조하라)와 고대 근동의 이집트, 메소포타미아, 가나안 사회의 비슷한 인물들과 비교하여(Nissinen 2003) 파악되었다. 왕정 시대 이전과 솔로몬의 사망 이전의 예언자들은 사회의 기득권을 가진 인물들이었던 것 같다. 반면, 분열 왕국 이후의 예언자들은 사회 주변부로부터 왕과 백성에게 심판의 말을 전했다(비록 이 시대에 궁중 예언자들은 왕이 원하는 말을 전했을지라도). 신명기역사서에 따르면, 왕국들은 예언자들의 경고에 제대로 반응하지 못했기에 멸망했다(왕하 13-14장; 21:10-15; 24:2).

고전 예언서는 기원전 8세기 아시리아 제국 시대에 등장하였다(아모스와 호세아는 북왕국 이스라엘을 향하여 예언했지만, 이사야와 미가는 남왕국 유다를 향하여 예언하였다). 나중에 가서 고전 예언서는 유다 왕국의 멸망을 예언하였다(나훔, 하박국, 스바냐). 또한 멸망 중에도 멸망 이후에도 예언하였다(예레미야; 에스겔; 오바댜; 사 40-55장; 학개; 슥 1-8장). 예후드(Yehud)가 페르시아 제국의 지배 아래 멸망했던 기원전 5세기에는 공동체와 그 지도자들에게 계속 권면하였다(사 56-66장; 요엘; 말라기; 슥 9-14장; 요나) (예후드는 기원전 587년에 바빌로니아가 유다를 정복한 뒤에 세운 속주[屬州]로서 그달리야의 통치 아래 있었으나 그가 살해당하고 기원전 539년에 바빌로니아 제국의 멸망과 함께 페르시아 제국에 흡수된 유다를 가리키는 행정 단위 명칭이다-역자주) 예언은 예후드가 회복된 뒤 특성의 변화가 발생하였으며, 결국 예언은 종결된다. 무성전 시대는 소위 예언 쇠퇴의 시작을 알리는 중요한 시점으로 이해될 수 있다(이를 개관하기 위해서는 Mason 1982를 참조하라).

하나의 그룹으로서 고전 예언서는 사회적 기능과 공식적 특징에 있어 공통분모를 지닌다. 고전 예언자들의 활동은 그 이름과 연대를 담은 공식과 함께 역사 속에 자리를 잡는다. 그들의 가장 기본적인 역할은 "이스라엘이 거대한 역사적 변혁기를 통과하도록 인도하는데"(Wolff 1982: 16) 있었다. 그러는 가운데 공동체 전체와 개인 모두에게 메시지를 전했다. 고전 예언자들은 하나님의 의도를 선포한 중재자였다. 그들의 메시지를 세 개의 주제로 쪼갤 수 있다.

첫째, 다가오는 여호와의 날에 대해 선포하였다.
아모스는 이 날을 고대 이스라엘의 하나님과의 언약에서 자신의 의무를 지키지 못한 나라에 대한 여호와의 심판으로 규정했다.

둘째, 그들은 하나님이 집행한 재앙을 하나님과 새로운 관계를 맺기 위한 기회로 간주하였다.
예를 들면, 호세아는 고쳐야 할 것에 대해 말했고 이사야는 남은 자에 대해 말했다(사 7:1-17; 28:16).

셋째, 그들은 회복과 여호와와의 새로운 관계의 가능성을 예고하였다.
예를 들면, 예레미야는 새 언약(렘 31:31-34)을, 에스겔은 새 마음과 새

영(겔 11:19; 36:26-27)을, 제2이사야는 여호와의 개입이 심지어 비-이스라엘인에게까지 확대됨(사 49:6)을 전했다.

예언자는 특징적인 방식으로 말을 전했다. 종종 신탁을 "여호와께서 이렇게 말씀하신다"(하나님의 사자 공식으로 알려져 있다)로 시작하고, "여호와의 신탁 혹은 말씀이다"로 끝맺는다. 또한 예언자들은 메시지를 전하기 위해 비판, 위협, 구원 신탁 같은 정형화된 형식을 사용하였다. 역사는 예언자의 말의 진실 여부를 결정했다. 참 예언자는 하나님의 말씀을 중재하여 결실을 맺은 예언자를 가리킨다.

무성전 시대, 즉 고대 이스라엘의 지도자들이 다윗 언약을 맺은 왕국을 근간에서부터 뒤흔들었던 사건 속에서 모종의 의미를 찾으려고 했을 때, 재앙 너머 미래에 대한 희망뿐만 아니라 재앙의 원인을 설명했던 두 예언자가 등장하였다. 이들은 예레미야와 에스겔이다. 그러나 예루살렘과 유다의 붕괴에 대해 더 일반적인 예언자의 반응도 나타나곤 했다.

예루살렘의 멸망 후에, 이보다 앞선 시기에 수집된 예언들에 대한 편집과 확장이 이루어졌다. 이와 같은 편집 활동의 범위가 어느 정도인지는 논란의 여지가 있지만, 이 편집을 초래한 집단은 신명기 세계관과 연관을 맺고 있다. 이와 같은 작업의 가장 명백한 예는 신명기역사서에 나타난다. 신명기역사서에서 멸망에 처할 나라의 운명은 부분적으로 예언자가 미리 알려 준 여호와의 말씀을 거부한 사실과 관련 있다.

아모스서에도 신명기적 원리가 적용된다. 아모스는 기원전 8세기에 북왕국 이스라엘에 대한 자신의 예언에서 시종일관 죄에 대한 심판에 초점을 맞추었다. 기원전 722년에 북왕국이 멸망한 후에 한 번 혹은 두 번에 걸쳐 그의 신탁에 대한 편집 작업이 이루어졌을 것이다. 이때 그의 메시지는 남왕국으로 옮겨졌다(이 문제에 대한 유익한 입문서로는 Wolff 1977의 주장을 단순화시키고 있는 Coote 1981을 참조하라). 아모스서의 한 전승층(a layer of tradition)은 북왕국의 멸망 원인을 예언자의 말에 주의를 기울이지 못한 탓으로 본다(이것의 한 예로, Williamson 1995 에 있는 아모스 7장에 대한 분석을 참조하라). 이와 같은 생각은 신명기 사상과 비슷하며 더 많은 학자가 유다 멸망 후에 예언 문학에 대한 신명기적 편집 작업이 발생한 사실을 언급하게 하였다(Römer 2000; Albertz 2003). 이와 같은 편집 작업이 예레미야서 안에서 이루어진 것은 분명하다(Nicholson 1970; Thiel 1973).

예레미야와 에스겔은 멸망 중에, 그리고 멸망을 너머서 고대 이스라엘이 나아가야 할 길을 조종하는 데 이바지하였다. 그러면서 신명기역사서처럼 재앙 후에 여호와의 행동을 해명하여 신정론을 뒷받침하는 구실을 하였다. 이제 우리는 두 예언자의 이름을 담고 있는 신탁과 문헌을 살펴볼 것이다. 두 예언자의 심판과 희망 신탁을 분석하여 유사점과 차이점을 보여줄 것이다. 두 책의 저작에 대해서는 더 깊은 주의가 요구되기에, 각 책을 개관하여 거기에 담긴 메시지를 소개하려 한다.

1. 예레미야

예레미야는 세계적 대사건이 발생하려 하던 기원전 7세기의 마지막 때에 예언자로서 자신의 경력을 시작하였다. 고대 근동에 대한 아시리아의 장악력이 약화되기 시작하다가 마침내 멈추고 만다. 자신의 이름을 담고 있는 책의 첫 절에 따르면, 예레미야는 아나돗 마을의 제사장 가문에서 태어났다. 책의 시작 단락은 하나님에 의한 예언자의 소명과 임무에 관하여 이야기한다(렘 1:4-19).

서술 내용에는 기타 지도자들과 예언자들의 소명에 관한 요소들이 포함된다. 그 요소들에는 하나님의 목적 표명, 예언자의 주저함, 하나님의 안심시키기, 사명 위임, 메시지의 구체적 내용(소명 이야기[call narratives]의 고전적 연구서는 Habel 1965이다)이 포함된다.

여호와께서 예레미야를 열국의 예언자(렘 1:9-10)로서 멸망을 선포하도록("뽑고 파괴하며 파멸하고 넘어뜨리며") 임명하시지만, 동시에 회복의 토대도 보여 주게 하신다("건설하고 심게"). 예레미야의 예언 활동은 요시야, 여호야김, 여호야긴, 시드기야와 같은 유다의 마지막 왕들의 통치 중에 전개된다. 예레미야서의 도입부에 따르면, 예레미야는 요시야 왕의 통치 13년, 즉 기원전 626년에 예언을 시작한다.

예레미야서의 종결 구절에서는 예레미야의 활동 마지막을 기원전 562년에 여호야긴 왕이 바벨론 감옥에서 풀려난 시기와 연결한다. 예레미야서에 따르면 예레미야서에서 예레미야 자신은 이집트로 끌려갔을지라도, 예레미야서의 도입부와 종결부에 따르면 예레미야의 예언은 유다에서 시작하였다가 바벨론에서 끝난다.

예레미야서는 주제와 문학적 특징에 따라 크게 두 단락으로 나눌 수 있다. 예레미야 1-25장은 심판(judgment) 주제를 뚜렷하게 제시하고 있는 시어체를 담고 있다. 반면에, 예레미야 26-52장은 주제가 미래 희망(hopes for restoration)으로 뒤바뀌는 산문체 서사를 담고 있다.

장	내용
1-25장	시어체의 형태로 유다와 예루살렘에 관하여 심판을 예고하는 신탁.
26-36장	산문체 단락으로서 미래 희망 제시.
37-45, 52장	예루살렘 멸망과 그 여파에 대한 설명.
46-51장	열국에 반(反)한 신탁(비교: 렘 25:15-38).

전반부에서 발견되는 대부분의 시는 역사적 예레미야에게서 나온 것으로 볼 수 있다. 반면에, 서사체로 된 두 번째 단락은 또 다른 청자가 예레미야의 메시지를 수용한 사실과 연관 지을 수 있다. 그러나 이런 일반적인 구조는 전적으로 정확한 것은 아니다. 왜냐하면 예레미야 26-52장에서도 심판을 발견할 수 있는 반면, 예레미야 1-25장에서도 산문체 서

사와 희망을 함께 엮어 놓고 있기 때문이다.

신명기역사서의 언어와 신학 관점을 떠올리게 하는 책의 전반부에 있는 서사체 자료는 시어체로 된 신탁 안에 산재된다. 게다가, 시어체와 산문체 사이에서 다수의 불일치가 쉽게 관찰된다. 예를 들면, 여러 신탁(렘 6:10; 8:4-6; 13:23) 안에서 예언자가 공동체의 완고한 특성을 가차 없이 공격하는 점은 백성에게 시종일관 회개를 호소하는 산문체 단락(렘 7:3; 18:7-11; 비교: 렘 26:3)과 매우 다르다. 외관상 책의 질서와 응집력이 떨어지기에 브라이트(John Bright)는 이 책을 "아무런 배열 원리도 없이 함께 몰아넣은 무익하기 이를 데 없는 잡탕"이라고 선언했다(Bright 1965: lvi).

둠(Bernard Duhm)과 모빙켈(Sigmund Mowinckel)이 기초 작업을 한 이래로, 예레미야서의 자료를 세 가지 전승 자료에서 찾는 것이 일반적이었다(Duhm 1901: x-xviii; Mowinckel 1914, 1946). 전통적으로 해석가들은 예레미야서 내에서 종종 A, B, C 라는 약자로 표기되는 세 개의 자료 층을 인정한다.

첫째, A('진정한'[authentic])자료는 시어체 자료(poetic material)를 나타내며 주로 예레미야 1-25장에서 발견된다.

이 자료는 역사적 예언자 예레미야에게서 나온 자료로 간주된다.

둘째, 주로 예레미야 26-45장에서 발견되는 B 자료는 예레미야의 서기관인 바룩이 저작한 것으로 여겨지는 일종의 전기적 산문체(biographical prose)를 가리킨다.

여기에는 3인칭 목격자의 관점에서 예레미야와 그의 활동을 기록한 이야기가 포함된다. 사이츠(Christopher Seitz)는 이 자료는 예루살렘 멸망 후에 유다에 남아 있던 서기관 그룹에서 유래되었으며(1985; 1989b) 서기관 연대기(the Scribal Chronicle)라 불린다.

셋째, C 자료(책 편집자에게서 나온)는 신명기와 신명기역사서의 언어와 문학적 스타일을 닮은 산문체(prose) 단락으로 구성된다.

특별히 바벨론에 사로잡혀가 있던 공동체에 관심을 보여 준다(Nicholson 1970, 그러나 책의 저작 장소를 유다로 보는 Thiel 1973을 참조하라).

비록 예레미야서가 직선적이라기보다 많이 섞어 짠 어려운 구조로 되어 있을지라도, 메시지의 일관성은 있다. 예언자는 유다에 대한 심판을 선포하면서도 멸망 너머 미래를 믿어야 할 이유를 제시한다. 시간이 지나고 상황이 변하면서 다른 사람이 예레미야의 메시지에 첨가했을 가능성이 있다는 사실은 하나님의 말씀의 중재자로서 예언자와 그의 메시지의 영구성에 대해 지녔던 깊은 존경심을 말해 준다. 심판의 근거가 무엇인지 심판 너머 희망을 어떻게 인지하게 되었는지에 근거하여 예레미야의 예언과 예레미야서를 살펴 보게 될 것이다.

1) 죄 많은 왕국에 대한 비난

예레미야가 저작한 것으로 보는 예언 모음집은 재앙에 대한 반응을 해석하는 데 매우 유익하다. 왜냐하면 대다수의 예언은 기원전 587년 성전 파괴 직후로부터 그달리야의 사망 때까지 계속되었기 때문이다. 예레미야 1-25장의 메시지는 단 하나의 목적, 즉 다가오는 재앙을 여호와의 심판으로 설명하는 데 있다. 예레미야 1-25장에 따르면, 백성은 여호와만 예배하고 사회 정의를 세우라고 한 언약에 불성실한 태도를 보임으로써 죄를 지었다. 예레미야서는 두 유형의 자료 속에서 나라에 대한 심판을 표현한다. 하나는 예언자 자신과 연관된 신탁이고, 다른 하나는 후대 편집자가 첨가한 산문이다.

예레미야는 해명을 받은 후, 유다를 비난하고 나라의 멸망을 예언한다. 자신보다 앞선 시대의 예언자들에게서 발견되는 심판 언어(language of judgment)를 활용한다. 예를 들면, 호세아처럼 여호와와 유다의 관계를 남편과 아내 관계에 비유한다. 예레미야는 이스라엘이 여호와를 냉대하고 다른 신들을 섬김으로써 이 관계를 망쳤다고 말한다(렘 2:33). 또한 그는 공동체의 상호 교류 문제에 관심을 쏟는다. 예레미야 5:1에서, 그는 여호와께서 도덕성을 실천하는 그 누군가를 찾으려고 헛된 노력을 하고 계시다고 설명한다. 탐욕에 관하여 예레미야가 그리는 이미지는 아모스와 호세아의 사회적 관심과 공통분모를 가짐을 알 수 있다.

> 내 백성 가운데 악인이 있어서 새 사냥꾼이... 덫을 놓아 사람을 잡으며 (렘 5:26).

예레미야는 사회 불의에 관한 관심 외에 여호와가 아닌 다른 신들을 예배하는 행위를 비난하는 메시지를 포함한다. 예언자는 도덕적, 종교적 곧음이 부족하다고 규정된 나라에 임박한 멸망의 메세지를 전하려고 생생한 이미지를 사용한다. 그는 허리띠(렘 13:1-11), 깨진 항아리(렘 19:1-13), 토기장이의 집 방문(렘 18:1-11)의 예를 통해 심판이 다가오는 것을 생생하게 떠올린다.

예레미야의 대부분의 재앙 신탁은 몸짓 행위라 불리는 예언 활동을 통해 다가오는 재앙을 보여 준다. 몸짓 행위는 상징 행위를 통해 메세지를 전달하는 육체적 행위를 말한다. 예레미야의 신탁은 때때로 렘 18:1-11에서와 같이 백성이 너무 늦기 전에 행동 패턴을 바꾸도록 권면하는 데 사용된다. 그러나 그의 신탁은 권면만큼이나 파멸과 멸망을 알리는 단순한 선언적 메시지와 같을 때가 흔하다. 제1성전 시대 예언자들처럼, 예레미야는 사회 불의와 부적절한 종교 관행의 형태로 저지른 공동체의 죄가 하나님의 심판을 초래했음을 잘 알고 있다.

예레미야서의 일부 특징은 예레미야서가 편집 작업을 거쳤음을 시사한다. 예를 들면, 예언 앞에 붙는 표제어(렘 2:1-2; 7:1-2; 16:1; 27:1), 광의의 편집 단락에 관한 서술(렘 1-6; 18-20장), 중복문(렘 8:10b-12//6:13-15;

46:27-28//30:10-11), 동시에 존재하거나 발생했음을 나타내기 위한 첨가(렘 25:1; 32:1), 이름을 밝히지 않는 신탁에 예레미야라는 이름을 첨가한 점(렘 2-25장) 등이 나타난다.

공동체에 영향을 미치는 새로운 상황에 대처하기 위해 신탁을 시대마다 계속 개정한 완만한 방식의 임의적 추가와는 다르게(Carroll 1986과 Mckane 1986이 제안함), 편집자의 첨가는 자료를 적합하게 다듬고, 화자가 누구인지 분명히 밝히며, 신학적 해석을 제공한다. 책의 최종 형태는 다음과 같은 사실을 확인해 준다.

> 예레미야서는 다수 사람들의 손에서 성장하고 발전된 전승을 문학적으로 표현하고 축적한다는 사실을 실제적으로 보여 준다. 그들은 예언자의 말을 전달할 뿐만 아니라 그들이 살던 시대에 그들에게 매우 중요했던 신학적인 관심사와 이해 관계에 근거하여 예언자의 사역과 설교를 해석하려고 시도했다(Nicholson 1970: 4).

편집 활동의 유형과 그 의미에 대한 가장 분명한 예들 중 하나는 예레미야서의 전반부에 예레미야의 고백이라 불리는 시어체 단락(렘 11:18-12:6; 15:10-21; 17:14-18; 18:18-23; 20:7-13)을 삽입한 것이다(O'Connor 1988). 비록 초기 연구가 예레미야서와 별개로 예레미야의 고백에 집중하였지만, 분명한 점은 어떤 의미를 전달하려고 일부러 이 예언자의 애가를 렘 1-25장에 배치했다는 점이다(Diamond 1987; O'Connor 1988; M. S. Smith 1990).

예언자의 개인적 고통을 생생하게 떠올리게 하는 예레미야의 독백은 그 근접 맥락인 예레미야 11-20장과 책의 전반부에서 시종일관 심판이란 신학적인 메시지를 제시한다. 이를 통해 하나님의 말씀의 중재자로서 예언자의 참됨을 확립시켜 준다. 게다가, 예언자의 독백은 편집자의 전반적인 구도 속에서 중추 역할을 한다. 왜냐하면 이 독백이 고대 이스라엘에 반(反)하여 던지는 고발의 급진적 성격을 명확히 하면서 재앙의 원인이 죄에 대한 심판에 있음을 말해주기 때문이다. 예언자의 고백은 예언자를 거부하고 반복적으로 언약을 위반했기에 하나님의 징벌이 불가피함을 보여 준다(Diamond 1987; M. S. Smith 1990). 그러므로 고백은 나라의 멸망에 대한 근거를 설명해 주며 신정론 기능을 한다.

예레미야의 산문 설교(prose sermons) 또한 책의 전반부 맥락 속에서 모종의 의미를 전달한다(Stulman 1998). 예레미야의 산문 설교의 말투, 용어, 개념은 신명기와 신명기역사서에서 발견되는 양식과 비슷하다(Janzen 1973: 20-21, 105-15; Nicholson 1970:20-37; Stulman 1986). 예레미야 1-25장은 크게 다섯 단락으로 나눌 수 있는데, 네 단락은 산문 설교로 시작된다 (렘 2:1-6:30; 7:1-10:25; 11:1-17:27; 18:1-20:18; 21:1-24:10).

스툴만(Louis Stulman)은 각 단락이 유다의 상징 세계와 사회 질서가 쇠약해지는 것을 체계적으로 묘사하고 있음을 보여 주었다(1998). 성전이나 언약이나 여호와의 백성으로서 이스라엘의 선택이나 사회 지도자, 그 어느 것도 첫 단락에 소개된 유다와 예루살렘에 대한 고발을 비켜서게 할 수 없었다(McConville 1993과 비교하라). 백성과 왕에 반(反)한 예언은 권면이라기보다는 계시이다. 그러므로 예언은 회개 가능성이 닫혔음을 나타낼 뿐만 아니라 포로로 끌려가는 사건의 관점에서 인식된 하나님의 반응이 더 이상 돌이킬 수 없는 특성을 지니고 있다는 사실을 증거한다. 동시에 예언은 재앙 후에 일부 사람에게는 미래가 가능하다는 사실을 암시해 주기도 한다.

예레미야의 산문 설교를 신탁과 연관시켜, 원래 메시지를 책의 전반부를 통합시키는 더 일반적 표제 안에 놓이게 했다. 스툴만이 보여 준 것처럼, 산문 서사 단락은 전개된 사건을 그대로 반영하는 거울로서 공동체가 예언자 예레미야와 상호 관계를 맺은 이야기를 묘사한다. 예레미야에 대한 거부는 다가오는 무조건적 심판의 정당성을 입증하는 반면, 그를 받아들이는 것은 생존의 가능성을 시사한다.

멸망의 메시지는 부분적으로 예레미야와 모세를 연관 지어 전달된다. 산문 서사 단락은 예레미야를 모세의 예언적 계승자로 간주한다. 왜냐하면 신명기 사상이 모세를 탁월한 예언자로 간주했기 때문이다. 그러므로 예언자는 재앙 전체에 대한 명목상의 책임자 역할을 한다(Mowinckel 1914; 38; Holladay 1989: 62; Seitz 1989a). 비록 모세와 예레미야가 백성을 대신하여 간구할지라도, 예레미야서 안에서 여호와는 예언자가 이런 역할을 계속하지 못하도록 막으신다(렘 7:16; 11:14; 14:11; 15:1) (Seitz 1989a).

예레미야 11-20장의 여러 예언 사이에 위치해 있는 예레미야의 산문 설교는 땅 상속, 왕정, 심지어는 예언조차 배제하여 모든 사회, 정치, 종교 체제를 붕괴시켜야 할 필요성을 설명하였다. 예레미야를 모세와 같은 인물로 묘사하는 것은 사회 붕괴 제안의 타당성을 더 강화시킨다.

불성실한 사회 구성원에 대한 예레미야의 심판 선포는 예루살렘 멸망 후에도 멈추지 않는다. 그달리야의 통치 아래에 유다에 남아 있는 공동체에 대한 심판의 출처는 예언자이다(렘 24장). 게다가, 예레미야가 이집트에 가 있는 이야기(렘 43:6-7) 안에서, 예언자는 이집트에서 피난처를 찾고자 한 사람들을 비난한 것으로 알려졌다.

예레미야 44장에서 백성에 대한 예레미야의 공격은 매우 신랄하다. 우선 그들이 여호와의 분노를 산 비정통적 예배 관행을 계속하기에, 뿌리째 뽑히고 말 것이다. 산문 모음집의 후반부에서는 바벨론으로 포로로 사로잡혀 간 경험을 한 사람을 제외한 모든 공동체는 심판을 받게 됨을 말한다. 예레미야의 최종 편집 자료(C 자료)는 골라 공동체를 제외한 어떤 부류의 사람에게도 미래의 가능성을 부정한다.

예레미야서에서 예언자의 메시지는 죄를 지은 백성에 대한 심판은 점점 더 돌이킬 수 없다는 쪽으로 방향을 튼다. 그들의 죄는 여호와의 언약 조건을 깨고 하나님의 말씀, 즉 예언을 전하는 사자(使者)를 거부한 데 있다. 신탁, 고백, 산문 설교를 통해 정치 · 종교 · 사회적 관계 주체를 포함한 여호와와 유다의 관계를 상징하는 과거 체제를 완전히 파괴하는 메시지를 선포하였다.

2) 미래의 가능성

예레미야서의 전반부는 하나님의 심판이 불가피함을 보여 주는 기능을 하지만, 맥콘빌(McConville)은 서사 자료(narrative material)는 회복을 암시한다는 사실을 보여 주었다(1993). 앞 장에서 공동체의 희망은 바벨론으로 사로잡혀 간 사람들에게서 찾을 수 있다(비교: 렘 16:14-16; 23:5-6). 포로로 끌려 간 사람들을 통해 구원할 수 있다는 데 초점을 맞춘다는 것은 포로민들에게 희망을 주려고 바벨론에서 예레미야의 메시지를 편집했다는 사실을 나타내는 게 확실하다(Nicholson 1970; McConville 1993; Stulman 1998).

비록 얀젠(Janzen)이 예레미야서에 대한 편집 작업 배경을 추적하기 위해 설교문의 예언 신탁(prophetic oracles)을 유다에 남아 있었던 백성을 가르치려고 사용한 데까지 살펴봐야 한다고 주장할지라도, 이런 시도가 얼마나 의미 있는 발견을 하게 될지는 판단하기 어렵다.

예레미야 1-25장 안에 있는 자료가 보여 주는 경향은 구속은 과거의 사회 구조와 완전히 단절되는 형태로 심판을 요구한다는 사실이다. 백성이 고집이 세고 진리를 인식할 능력이 없으므로, 성전, 땅, 왕정과 같이 여호와와 백성 사이의 언약 관계를 나타내는 모든 증표를 포함한 유다의 삶의 모든 측면은 하나님의 보복을 당할 수밖에 없을 것이다. 백성과 나라의 미래가 오직 포로로 끌려 간 동포들에게만 있다는 견해는 기원전 587년 이후 유다 땅에 남아 있었던 유다 백성에게는 아무런 위로도 되지 않았을 것이다.

바빌로니아로 잡혀간 포로민들에게로 향한 희망의 암시는 예언자(혹은 더 낫게 말하자면, 예언서)가 누구를 위해 회복을 예언했는지에 관한 질문에 이미 답을 내놓은 셈이다.

비록 역사적 예레미야가 예루살렘 붕괴의 재앙 너머 희망을 제시했는지는 불분명할지라도, 예레미야서에는 다양한 그룹, 즉 유다, 포로민, 개인, 왕에게로 향한 상당한 희망이 들어 있다. 예레미야서에서 하나님의 심판에는 70년이란 시간제한이 있는 것은 분명하다.

> 여호와의 말씀이니라 칠십 년이 끝나면 내가 바벨론의 왕과 그의 나라와 갈대아인의 땅을 그 죄악으로 말미암아 벌하여 영원히 폐허가 되게 하되(렘 25:12).

> 여호와께서 이와 같이 말씀하시니라 바벨론에서 칠십 년이 차면 내가 너희를 돌보고 나의 선한 말을 너희에게 성취하여 너희를 이 곳으로 돌아오게 하리라(렘 29:10).

바벨론은 아모스, 호세아, 나훔, 하박국, 그리고 정말 예레미야와 같은 고전 예언자들이 예언한 심판을 실행했지만, 하나님은 노여움을 영원히 휘두르시지는 않는다. 학자들은 대부분 바벨론에 있는 공동체에게로 향한 C 자료의 희망에 찬 메시지에 주목해 왔다.

최근에 생겨난 본국의 상황을 새롭게 평가하는 것에 대한 관심이 B 자료 안에서 발견되는 예루살렘 붕괴 후에 유다에 남아 있던 사람들을 위한 구원 예언을 연구하게 했다. 예레미야의 희망에 대한 연구는 예언자의 메시지를 들은 두 부류의 사람들, 즉 유다에 있던 사람들과 바벨론에 있던 사람들을 포함할 것이다.

3) 유다를 위한 희망

바룩, 혹은 더 적절하게 말하자면, 서기관 연대기가 기록한 것으로 여겨지는 B 자료 속의 많은 예언들은 기원전 598년과 587년의 사건들과 그달리야의 죽음 이후에 유다에 남아 있던 공동체를 위해 희망을 제시했다.

결국, 예레미야의 예언은 바벨론으로 옮기게 될 것이다. 거기서 그 메시지는 포로민들이 힘든 상황을 이겨내도록 만들것이다.

연속된 예레미야의 예언은 여호와께 대한 순종이 유다 땅에서 생명과 축복을 가져올 것을 말해 준다(렘 27:8-11; 38:17-20). 이와 같은 하나님의 선의(善意)에 대한 예언은 나라의 반응을 조건으로 하였으나 제대로 이행되지 않았다. 그럴지라도, 예언자는 예언적 수사(修辭)를 통해 본국에 있던 사람들을 위해 긍정적 미래를 펼칠 하나님의 의도를 계속해서 강조하였다.

예루살렘 붕괴 후에, 바벨론의 군사령관이 바벨론으로 갈 기회를 제안했음에도 불구하고, 예레미야가 유다에 남아 있기로 했을 때 백성에게 선택의 본보기를 보여 주었다(렘 40:4-6). 예레미야는 예언자로서 백성과 함께 하시는 여호와의 계속적인 임재와 백성을 위한 목적을 대변했다(본국을 향한 예레미야의 긍정적인 신탁에 대해 더 자세히 알아보려면, Lipschits 2005를 참조하라).

유다에 있는 공동체의 안녕을 위한 하나님의 목적을 나타내는 예언자의 말과 행동 외에, 그달리야의 임명은 안정감을 촉진하였다. 그달리야의 지도력은 재앙 너머 미래를 약속하였고, 그달리야 자신이 그 땅에 남은 공동체에게 직접 말을 하였다. 그달리야는 이웃 나라들로 도망간 피난민뿐만 아니라 남은 자를 격려하여 유다에 거주하면서 바벨론의 통치를 받아들이도록 설득하였다(렘 40:9-12). 그달리야가 암살된 뒤에 예레미야는 다시 지도자와 안내자의 역할을 맡는다. 그리하여 그달리야를 살해한 왕정주의자들에게 바빌로니아의 통치에 복종하도록 충고한다(렘 42:7-43:7).

예레미야는 자신의 소명을 상기시키는 메시지로 이렇게 선포한다.

> 그들에게 이르되 너희가 나를 보내어 너희의 간구를 이스라엘의 하나님 여호와께 드리게 하지 아니하였느냐 그가 이렇게 이르니라 너희가 이 땅에 눌러 앉아 산다면 내가 너희를 세우고 헐지 아니하며 너희를

심고 뽑지 아니하리니 이는 내가 너희에게 내린 재난에 대해 뜻을 돌
이킴이라(렘 42:9-10).

하나님의 말씀에 대한 거듭된 불순종에도 불구하고, 연속된 바빌로니
아의 공격에서 살아남은 유다에 있던 공동체를 위해 희망을 제시한다.
여기저기에 산재한 일부 구절에서, 예레미야의 예언은 남아 있던 사람들
을 위해 그 땅에서의 축복된 미래를 예언한다. 적어도 축복 예언 중의 하나
는 실현되었다. 사이츠는 그 땅에 있던 사람들에게 내려 주시는 하나님의
축복을 담고 있는 그달리야 이야기 속에 언급된 간략한 진술에 주목하였다
(1985; 1989b). 모든 사람에게 유다 땅에 남아 있을 것을 촉구하는 그달리야
의 담화 후에, 편집자는 이렇게 말한다.

그 모든 유다 사람이 쫓겨났던 각처에서 돌아와 유다 땅 미스바에 사
는 그다랴에게 이르러 포도주와 여름 과일을 심히 많이 모으니라
(렘 40:12).

풍성한 수확을 묘사하여 그 땅에 있는 사람들에게 내려 주시는 여호와
의 축복을 암시한다.

4) 모범적인 개인을 위한 희망

비록 예레미야서의 서기관 이야기 속에 있는 어구들이 유다에 남아 있
던 사람들 사이에서 회복이 일어났음을 암시하더라도, 유다 사람들이 계
속 하나님의 말씀을 거부하였음을 보여 주기 위해 예언 메시지가 다듬어
졌다. 그러므로 예레미야서에 있는 예언은 그 초점이 예레미야의 메시지
를 듣고 긍정적으로 반응하는 개인에게로 바뀐다. 이러한 초점 전환은 다
른 공동체를 위해 희망을 제시하는 수단 역할을 한다.

예레미야서의 후반부인 26-52장은 기원전 587년 사건의 영향 속에 놓여 있다. 재앙을 더 자세히 설명하지만, 포로로 끌려와 살고 있는 공동체에 주시는 하나님의 미래 약속으로 방향을 튼다. 예레미야 1-25장에 있는 신탁처럼, 편집자가 산문 서사를 체계적으로 조직한다. 특히, 뼈대에 해당하는 본문을 설정하여 주요 주제를 강조하고 있는 듯하다. 이와 같은 뼈대 본문에 해당하는 예레미야 26, 36, 45, 52장은 예레미야의 말을 주의 깊게 들은 사람들과 그렇지 않은 사람들을 대조시킨다. 예언자의 메시지를 긍정적으로 수용하는 사실을 생생하게 그려냄으로써 전자의 사람들에게 초점을 맞춘다.

책의 후반부는 예레미야 26장(비교: 렘 7장)에 있는 예레미야의 성전 설교와 예레미야 52장에 있는 예루살렘 멸망 이야기의 반복 때문에 묶여 있다. 그 중간에 중요한 두 개의 장이 이 자료를 세분화시킨다. 예레미야 36장은 다윗계 계보의 계승권을 거부한 이유를 생생하게 묘사한다. 예레미야 45장은 예언자의 권위를 바룩에게 넘겨 주는 이야기를 담고 있다. 각 단락은 재앙을 더 상세히 설명하고 있으며, 더 나아가 재앙 너머 긍정적인 미래도 보여 준다.

요약 형태의 성전 설교를 예레미야 26장에 삽입하여, 백성이 여호와께 순종하는 데 실패한 사건과 성전과 예루살렘과 같은 하나님의 임재의 상징이 파괴된 사건을 서로 관련시킨다. 산문으로 된 도입부는 민간과 종교 지도자는 물론 일반 백성이 예레미야의 메시지를 전반적으로 거부한 사실을 강조한다.

그러나 이 단락이 전적으로 비관주의적인 것만은 아니다. 예레미야에 대한 거부와 그에 대한 수용을 흥미롭게 대조시킨다. 예레미야서에서는 처음으로, 그러면서도 산문 서사의 시작 부분에 기록되어 있는 신실한 남은 자는 예레미야를 참 예언자로 인식한다(O'Connor 1989). 그들은 예언자의 메시지에 귀를 기울인다.

고관들과 모든 백성이 제사장들과 선지자들에게 이르되 이 사람이 우리 하나님 여호와의 이름으로 우리에게 말하였으니 죽일 만한 이유가 없느니라 그러자 그 지방의 장로 중 몇 사람이 일어나 백성의 온 회중에 말하여 이르기를 유다의 왕 히스기야 시대에 모레셋 사람 미가가 유다의 모든 백성에게 예언하여 이르되 만군의 여호와께서 이와 같이 말씀하셨느니라
시온은 밭 같이 경작지가 될 것이며 예루살렘은 돌 무더기가 되며 이 성전의 산은 산당의 숲과 같이 되리라 하였으나
유다의 왕 히스기야와 모든 유다가 그를 죽였느냐 히스기야가 여호와를 두려워하여 여호와께 간구하매 여호와께서 그들에게 선언한 재앙에 대해 뜻을 돌이키지 아니하셨느냐 우리가 이같이 하면 우리의 생명을 스스로 심히 해롭게 하는 것이니라(렘 26:16-19).

예레미야를 받아들이고 그의 정당성을 주장하는 그룹의 갑작스러운 등장으로 인해 재앙 후에 선택된 소수를 위한 희망의 가능성이 열리게 된다. 예레미야서의 마지막 단락은 특별히 예언자의 말을 열렬히 받아들이는 남은 자의 문제를 다룬다. 골라와 연관된 희망의 관념은 그들이 바로 그 열렬한 그룹이라는 사실을 시사한다. 예레미야 36장과 45장에 위치한 두 서사는 예레미야에 대한 거부와 수용의 주제를 계속 다룬다.
예레미야 36장은 왕이 예레미야의 예언이 기록된 두루마리를 화가 나서 잘라 화로에 던져버림으로 예레미야를 거부한 내용을 보여 주고 있다. 이에 대한 반응으로, 예레미야는 지속적일 뿐만 아니라 다시 기록될 여호와의 말씀과는 대조적으로 여호야김의 통치는 지나갈 것이라고 말한다. 또 다른 뼈대 역할을 하는 서사에서, 나라의 운명에 관한 이미지는 예레미야의 말을 듣고, 그의 메시지를 받아들이며, 그의 가르침을 따르는 사람에게 놓여 있는 희망의 가능성과 서로 엮이게 된다.
예레미야 45장의 감동적 단락에서 예레미야는 자신의 제자이자 서기

관인 바룩에게 예언을 전한다. 다섯 절밖에 안 되는 이 짧은 장에서, 예레미야는 나라와 '온 생명'(all life)을 멸망시키는 것과 자신의 아래 사람의 축복된 삶과 대조시킨다. 다시 말해서, 예레미야서의 뼈대가 되는 장들은 하나님의 말씀과 하나님 사자의 말에 주의를 기울이는 자에게 미래 가능성이 있음을 강조한다.

예레미야 52장은 예레미야 신탁으로 구성된 전체 문학 모음집의 적절한 결론이다. 대다수가 예레미야 52장을 결론으로 간주한다. 편집자는 예레미야서의 두 절반의 각각의 중심 주제인 재앙과 약속을 나란히 보여 준다. 우선 예레미야가 전한 멸망의 신탁이 기원전 587년의 사건 속에서 어떻게 확인되었는지를 보여 준다. 도시의 파괴와 포로로 끌려가는 사태를 장황하게 반복한 후에, 저자는 바벨론에서의 장면을 묘사한다. 다윗계 왕의 통치 아래서 미래에 나라가 회복될 가능성은 명백하다. 왜냐하면 예레미야서가 여호야긴 왕이 감옥에서 풀려나는 장면으로 끝을 맺기 때문이다.

> 유다 왕 여호야긴이 사로잡혀 간 지 삼십칠 년 즉 바벨론의 에윌므로닥 왕의 즉위 원년 열두째 달 스물다섯째 날 그가 유다의 여호야긴 왕의 머리를 들어 주었고 감옥에서 풀어 주었더라(렘 52:31).

게다가, 악한 목자와 선한 목자 비유는 다윗계 계보의 회복을 설명한 앞선 본문에서 등장하였다. 거기서 회복된 군주는 선한 목자 역할을 했고(렘 23장), 예레미야서 안에서 회복이 의도된 또 다른 유형의 개인이 된다.

비록 예레미야서의 후반부는 유다에 대한 절대적이며 궁극적인 심판의 필요성을 확인해 주고 있지만, 또한 선택된 소수를 위한 희망의 가능성을 제시하기도 한다. 미래 구원은 예언자의 외투가 그 옆을 지나간 사람에게 임한다. 바벨론 포로민은 예레미야의 신탁을 받고 재해석하였다. 예레미야를 통해 중재된 여호와의 메시지는 아주 먼 땅에 있는 그들에게 계속해서 도움을 주었다.

5) 포로민을 위한 희망

특히 C 자료, 즉 바벨론의 '골라'(*golah*)에게 직접 말을 걸기 위해 개정된 예레미야의 예언 속에 담긴 그의 메시지는 관심을 오직 포로민에게로만 쏟는다. 그 예가 좋은 무화과와 나쁜 무화과 비유에 잘 나타난다.

> 여호와께서 내게 이르시되 예레미야야 네가 무엇을 보느냐 하시매 내가 대답하되 무화과이온데 그 좋은 무화과는 극히 좋고 그 나쁜 것은 아주 나빠서 먹을 수 없게 나쁘니이다 하니 여호와의 말씀이 또 내게 임하니라 이르시되 이스라엘의 하나님 여호와께서 이와 같이 말씀하시니라 내가 이 곳에서 옮겨 갈대아인의 땅에 이르게 한 유다 포로를 이 좋은 무화과 같이 잘 돌볼 것이라 내가 그들을 돌아보아 좋게 하여 다시 이 땅으로 인도하여 세우고 헐지 아니하며 심고 뽑지 아니하겠고… 여호와께서 이와 같이 말씀하시니라 내가 유다의 왕 시드기야와 그 고관들과 예루살렘의 남은 자로서 이 땅에 남아 있는 자와 애굽 땅에 사는 자들을 나빠서 먹을 수 없는 이 나쁜 무화과 같이 버리되(렘 24:3-6, 8).

이 예언에 따르면, 포로 생활의 심판을 경험한 공동체만이 미래의 가능성을 지닐 수 있었다. 예레미야서의 형성은 삶의 모든 면이 변화되어야 함을 보여 주기 위해서이다. 예루살렘 멸망 후에 그 땅에 남아 있던 사람들과 이집트로 도피한 사람들은 여호와의 진노를 충분히 경험한 것으로 여기지 않았기에, 편집자들은 이들에게 더 심한 파멸을 예언하였다.

예레미야의 C 자료는 출애굽 같은 귀환이 예견된 바벨론 포로민들을 대상으로 여호와의 약속의 수령자들이 누구인지를 매우 절절한 심정으로 보여 준다. 게다가, 책의 전반부에 담긴 점증하는 파멸 예언은 여호와의 심판을 완전히 실행할 필요성을 드러냈다. 신명기 편집자들의 렌즈를 통해 미래 희망의 유일한 가능성은 바벨론으로부터 포로민이 귀환하여 가능한 새 출애굽에 있었다.

  이 C 자료의 단락은 두 개의 희망의 본문을 더 곰곰이 생각하게 한다. 포로민들에게 제시한 가장 분명한 약속 중의 하나는 포로민들에게 보내는 예레미야의 편지로 알려진 예레미야 29장에서 발견된다. 이 편지는 포로민의 바벨론 체류가 길어질 것이라는 점을 분명히 하면서 그들이 바벨론에서 정착하도록 촉구한다. 집을 짓고 살며, 정원을 가꾸고 그 열매를 먹으며, 결혼하여 자녀를 낳고 살도록 권한다. 하나님의 의도에 따라 일정한 시간이 지난 후에, 예레미야는 여호와의 약속을 그들을 함께 모아 구원하는 일과 연관시킨다(렘 29:10-14).

  두 번째 본문은 예레미야 전체 책 가운데서 가장 특별한 내용 중의 하나다. 이 본문은 모든 사람에게 희망을 제시하는 것으로 이해될 수 있다. 왜냐하면, 인간의 주도권보다 하나님의 주도권에 초점을 맞추기 때문이다. 예레미야의 멸망 예언에 따르면, 타락으로 인해 모든 것은 완전히 파괴되어야 한다. 그러나 여호와의 말씀은 변함이 없고 언제나 진리일 뿐만 아니라 여호와께서 언약을 완전히 거부하실 수 없으므로, 예언자는 새 언약의 수립을 선포한다. 새 언약에 관한 서술은 예레미야 30, 31장에 나타난다. 이 단락은 위로의 책(렘 30-33장) 안에서 발견되는 한 단락이다.

> 여호와의 말씀이니라 보라 날이 이르리니 내가 이스라엘 집과 유다 집에 새 언약을 맺으리라 이 언약은 내가 그들의 조상들의 손을 잡고 애굽 땅에서 인도하여 내던 날에 맺은 것과 같지 아니할 것은 내가 그들의 남편이 되었어도 그들이 내 언약을 깨뜨렸음이라 여호와의 말씀이니라 그러나 그 날 후에 내가 이스라엘 집과 맺을 언약은 이러하니 곧 내가 나의 법을 그들의 속에 두며 그들의 마음에 기록하여 나는 그들의 하나님이 되고 그들은 내 백성이 될 것이라 여호와의 말씀이니라 그들이 다시는 각기 이웃과 형제를 가리켜 이르기를 너는 여호와를 알라 하지 아니하리니 이는 작은 자로부터 큰 자까지 다 나를 알기 때문

이라 내가 그들의 악행을 사하고 다시는 그 죄를 기억하지 아니하리라 여호와의 말씀이니라(렘 31:31-34).

이 본문에서 편집자는 새 언약을 이집트로부터 도망 중에 맺은 옛 언약과 연관지어 언급한다. 최초의 출애굽 후에, 언약은 깨어졌다. 옛 언약은 돌판으로 만들어졌지만, 새 언약은 인간의 마음에 새겨질 것이다. 비록 여호와께서 백성에 대한 자신의 헌신을 확인해 준 재료는 다르지만, 약속은 동일하다. 여호와께서는 유다 백성의 하나님이시며, 그들은 여호와의 백성이 될 것이다. 언약에 접근하는 수단만 달라졌을 뿐이다.

하나님과의 관계는 각 사람을 개별적으로 중재하여 성립되는 마음의 갱신을 통해 가능하다. 예레미야의 새 언약은 여호와와 친밀하고 개인적인 관계를 가능하게 한다.

"그들 중에 가장 작은 자로부터 가장 큰 자에 이르기까지 그들 모두가 나를 알게 될 것이다."

예레미야서에는 멸망의 메시지와 회복의 메시지가 번갈아 나타난다. 비록 심판 예언은 그 크기가 포괄적이고 폭이 넓지만, 구원 신탁은 재앙 너머 미래를 약속한다. 처음에는 소필적일기라도, 구원 약속 수령자의 범위는 예언자의 메시지를 받아 새롭게 해석하는 공동체의 선택된 소수에게 한정된다. 회복 공동체에 제안된 새 언약은 하나님과 백성 사이에 지속적인 관계를 공고하게 해줄 것이다.

2. 에스겔

에스겔은 예레미야와 동시대 예언자였다. 기원전 598년에 최초로 신-바빌로니아가 침략할 때까지, 에스겔은 예루살렘에 살았다. 그 당시에, 에스겔은 여호야긴과 함께 포로로 끌려갔다. 에스겔서의 연대기적 틀에 따르면, 에스겔의 사역은 기원전 592/1년(겔 1:2-3)부터 기원전 571/0년 (렘 29:17),[1] 즉 예루살렘 멸망 직후까지 지속되었다. 재앙 전에, 에스겔은 포로민들에게 예루살렘 도시에 다가오는 심판에 관하여 메시지를 전했다. 이 무서운 사건 후에, 그는 일련의 선포와 환상을 통해 미래 갱신과 회복의 희망에 집중하였다.

에스겔에 관한 침멀리(Walter Zimmerli)의 견해는 우리가 에스겔의 예언 활동을 이해하는 방식에 모종의 영향을 미친다.

> 에스겔은 예레미야와 공통되는 특징이 많음에도 불구하고… 근본적으로 다른 인물이다. 에스겔에게는 예레미야를 뒤흔든 그 어떤 고통도 드러나지 않는다. 에스겔 3:9에 의하면, 여호와는 그의 이마를 "화석보다 굳은 금강석같이" 만든다. 이 또한 에스겔의 메시지의 특성이다. 그리고 예레미야의 강력한 웅변도, 훨씬 더 직접 예레미야에게 다가서게 해 주는 인간 감정의 그 어느 것도 가지고 있지 않다. 대신에 제사장적 배경을 가진 이 예언자는 여호와께서…이 백성에게만 아니라 온 세상의 열국에 자신을 계시하는 과정 속에 있다는 특별한 감각을 지니고 있다(Zimmerli 1978: 207).

침멀리가 말했듯이, 예언자 에스겔은 예레미야와 상당히 다르다. 사실, 에스겔서는 예레미야서를 비롯한 대부분의 다른 예언서와 달리 신탁과 같은 특성보다는 문학적 특성을 더 많이 지니고 있다. 다른 예언서에서는 입말(구어)에 초점이 있다. 여러 공식은 입말인 연설과 서사를 구분한다.

---

[1] 에스겔서에서 연대는 해석자들에 따라 일 년 차이가 발생한다. 이는 히브리 성경이 두 종류의 연대 계산법을 채택하고 있기 때문이다. 첫 번째는 일 년 중에 포함된 달들을 가을부터 가을까지 산정하는 더 오래된 히브리 관습을 반영한다. 두 번째는 연대를 봄부터 봄까지 산정하는 신-바빌로니아의 관습에 따른다. 예레미야와 열왕기하는 바빌로니아 체계에 따라 연대를 산정한다. 에스겔이 어느 체계를 사용하였는지에 관하여는 일부 의견 충돌이 있다.

게다가, 비난이나 위협처럼 고대 이스라엘의 예언에 전형적이라 여겨지는 다른 예언자들의 연설은 나타나지 않는다. 대신에 에스겔의 예언 메시지는 길면서도 깊이 숙고한 문헌 작업을 통해 전달되며, 에세이나 담화와 더 비슷하다(겔 16, 18, 20, 23장).

비록 에스겔을 예언서에 포함할지라도, 그의 사역은 문학적인 특성이 뚜렷하다. 에스겔서를 이사야서나 예레미야서와 구별되게 하는 또 다른 특징은 예언 활동에 적용된 정교하면서도 조직적인 연대 체계이다.

우리는 예언 스펙트럼의 측면에서, 에스겔이 어떤 면에서는 다른 예언서와 비슷하지만, 다른 면에서는 그들과 같지 않음을 인지할 수 있다. 우선, 에스겔은 제사장 혹은 제사장 계보 출신으로 구별된다. 마찬가지로 아버지가 제사장이었던 예레미야의 글과는 달리 에스겔에 사용된 많은 언어는 제사장이 사용한 언어와 비슷하다(겔 18:5-18의 법률에 입각한 명령처럼). 더 나아가, 에스겔은 제의 문제, 특히 정통적 제의와 비정통적 제의 둘 다 포함하여 종교적 제의 규정에 상당한 관심을 보여 준다.

에스겔이 부적절한 예배에 초점을 두는 가장 분명한 예는 그 유명한 성전 환상(temple vision)에 나타난다. 거기서 성소 주변과 성소 내에서 일어나는 불법적인 제의 행위를 그에게 보여 준다(겔 8-11장). 그렇지 않으면, 예언자는 다른 신들을 숭배하는 행위에 대해 빈번하게 비난한다. 제의 문제에 대한 초점은 정화된 성전에 대한 예언자의 비전을 담고 있는 결론 장(겔 40-48장)에 이르기까지 계속 유지된다.

제사직의 용어와 관심을 실어 기록된 예언으로서 에스겔서의 두드러진 특징은 에스겔이 제사장으로서 예언적 계보에 난입했다는 생각을 낳았다. 그러나 호세아 또한 예배 관행에 관하여 상당한 언급을 했다는 사실은 예언자와 제사장 사이에 지나친 간격을 두지 않도록 조심해야 함을 말해 준다.

주제에 근거하여 에스겔서 자체를 두 개의 주요 단락으로 나눌 수 있다. 에스겔 1-24장에 해당하는 첫 번째 단락은 다가오는 예루살렘 멸망과 국가 붕괴에 관심을 둔다. 에스겔 25-48장에 해당하는 두 번째 단락은 예루살렘 회복과 종교 공동체로서 국가 회복이란 중심 주제를 집중적으로 다룬다. 문학적 구분에 따라 네 단락으로 나눌 수 있다.

장	내용
1-24장	유다 백성과 예루살렘에 선포한 다가오는 예루살렘 멸망과 국가 붕괴.
25-32장	열국 심판 신탁.
33-39장	포로민을 대상으로 한 희망과 회복 약속.
40-48장	예루살렘에 귀환한 공동체에게 준 특별한 희망 약속; 이들의 관심사는 성전, 성전 재건, 성전 일꾼에 대한 규정, 회복 공동체 안에서의 성전의 위상.

에스겔서의 저작은 오랫동안 논의의 대상이었다. 이미 기원후 1세기에 요세푸스는 에스겔이 두 권의 책을 남긴 것으로 전하고 있다. 18세기에 두 권의 책에 대한 요세푸스의 언급은 에스겔 1-39장과 40-48장과 관련된다. 후자는 가짜로 알려졌다. 그 이후로, 에스겔서의 문학적 통전성에 관하여 오랜 세월에 걸쳐 논의가 이어져 왔다.

전통적 관점에서는 에스겔을 책 전체의 저자로 본다(대표 학자로는 그린버그가 있다[Greenberg 1983]). 이 견해에 대한 더 명백한 이유 중 하나는 수집 자료의 동질성과 연관이 있다. 신학적 관점과 문학 구조의 측면에서, 에스겔서는 통일성을 지닌 저작이라는 것이 잘 들어맞는다. 에스겔서의 예언들은 수집 자료의 전반부에 담긴 심판과 파멸의 주제로부터 후반부에서는 구원과 회복의 주제로 바뀐다. 문학적 특성과 연대 공식의 체계적 흐름은 단일 저자를 선호하는 주장을 뒷받침한다. 이와 유사하게, 핵심 어구의 반복은 전반적인 통일성에 기여한다.

비록 에스겔의 예언이 얼핏 보면 단일 저자에 의한 통일성을 갖춘 저작처럼 보일지라도, 반대 상황을 암시하는 여러 증거가 있다. 예레미야서처럼, 체계적인 연대기의 등장은 책의 배열 배후에 목적이 있음을 드러내는 모종의 증거를 보여 준다. 세 곳에 나타난 숫자의 연속성이 혼란을 준다. 흥미롭게도 그 연속성은 열국 신탁이 나타나는 단락에서만 깨진다.

열국 신탁(oracles against the nations)을 시간적인 틀보다는 주제에 따라 한 묶음으로 만들었다는데 일반적인 의견 일치가 있다. 편집 작업의 또 다른 표시는 책을 소개하는 이중 표제어(dual superscription)에 있다. 에스겔은 자신의 예언 사역과 관련되는 두 표제어로 시작한다.

에스겔 1:1에 나타나는 첫 번째 표제어는 1인칭 관점에서 소명 경험을 이야기한다.

> 서른째 해 넷째 달 초닷새에 내가 그발 강 가 사로잡힌 자 중에 있을 때에 하늘이 열리며 하나님의 모습이 내게 보이니(겔 1:1).

두 번째 표제어는 3인칭 관점에서 소명을 서술한다.

> (여호야긴 왕이 사로잡힌 지 오 년) 그 달 초닷새라... 여호와의 말씀이 에스겔에게 임하고...(겔 1:2-3).
> (개역개정판에는 1인칭 인칭대명사인 '나'가 에스겔 이름 앞에 포함되어 있으나 ["나 에스겔"], 본서와 히브리 원문을 존중하여 제외했다-역자주)

표제어들 사이의 차이는 다른 자료로부터 기원했을 가능성을 시사한다. 그뿐 아니라, 두 개의 다른 연대 산정 방식을 반영한다. 첫 번째 구절은 예언자의 나이 아니면 다른 것을 가리킬 수 있는 모호한 30년에 대해 말한다. 반면, 두 번째 구절은 여호야긴 왕이 사로잡혀 간 시대에 따라 시간을 서술한다. 표제어와 관련하여 다른 자료를 나타내는 또 다른 특징은 인칭 변화에 있다.

열국 신탁을 주제에 따라 배열하고 편집 해설의 등장이란 두 가지 요인을 함께 묶으면, 에스겔의 현재 형태가 편집자로부터 기원했을 가능성이 있음을 나타낸다. 편집자를 선호하는 추가적 주장은 수집 자료의 전반부에서 발견되는 완전하고 전적인 멸망 심판이 희망 예언 때문에 완화되어 있다는 점이다. 완전한 멸망에 관한 단락 끝부분에는 재앙 너머 미래 의식을 심어 주는 구절들이 나온다. 멸망 단락에서 구원의 표현이 갑자기 등장하는 것은 에스겔의 예언에 뭔가 보태졌음을 나타낸다.

에스겔 16장에 한 예가 나온다. 여기서 에스겔은 의인화된 예루살렘 도시 이야기를 들려 준다. 젖먹이처럼 버려진 예루살렘을 하나님께서 구원하여 양자로 삼으셨다. 예루살렘이 성적으로 성숙해질 정도로 성장하자, 여호와께서 결혼을 시키시고 아름다운 옷과 좋은 음식을 제공하셨다. 그러나 예루살렘은 자기 남편을 배신하였다. 우상을 만들어 그 우상에게 인신 제사와 아동 제사를 드리고, 아시리아, 바벨론, 이집트와 같은 낯선 나라들과 연대 관계를 맺었다.

이에 대한 반응으로, 여호와께서 예루살렘의 연인들이 모여 성난 군중처럼 배역한 예루살렘을 향하여 돌을 던지고 토막을 내고, 그 집을 태워 잿더미로 만들 것을 선포하신다. 희망의 말(겔 16:42-43)이 과격한 풍류를 중단시키면서 단락은 구원의 말로 끝이 난다(겔 16:53-63). 예루살렘에 대한 하나님의 심판을 설명하기 위한 풍류의 의도를 고려할 때, 결론의 메시지는 이상해 보인다. 더구나, 회복 단락은 책 후반부의 구원 신탁과 더 잘 어울린다. 심판 언어가 지배적인 가운데 긍정적인 구절을 삽입한 것은 편집 활동을 시사한다.

이와 같은 특징은 후대의 누군가가 이 예언서를 편집했음을 시사한다. 침멀리(1979)는 편집 증거에 근거하여 공통 사상을 지닌 어떤 학파가 에스겔의 예언을 편집했다고 주장했다. 클레멘츠(Ronald Clements)는 침멀리의 주장을 더 다듬어 편집자를 레위기 17-26장의 성결법전을 초래한 학파와 사경 속의 제사장의 저작과 연관시켰다(1982). 클레멘츠는 편집자가 아마 페르시아 제국이 부상하던 때인 기원전 538년경에 자신의 편집을 완성시켰을 것이나 늦어도 기원전 516년까지는 확실히 편집을 완성했을 것으로 본다. 체계적인 연대 공식과 제의적 관심은 특별히 제사장의 저작과 연관이 있었음을 말해 준다.

책의 마지막 장들(겔 40-48장)에서 성전과 회복된 공동체에서 성전의 중추 역할에 통일된 초점을 맞추는 내용은 오랫동안 첨가로 간주되어 왔다. 여기서 제사장의 역할과 제사장직의 거룩성에 대한 관심은 에스겔의 최종 편집을 제사장의 저작과 동일시하는 클레멘츠의 시도를 추가적으로 뒷받침해 준다.

비록 에스겔서가 최종 형태에 대한 분석을 가능하게 해 주는 주제와 목적의 통일성을 지니고 있을지라도, 에스겔서의 마지막 장들은 이 책의 다음 장에서 다루어질 것이다. 왜냐하면 이 마지막 장들은 제2이사야와 함께 재앙 너머 미래를 분명하게 해 주는 기능을 했기 때문이다. 그런데도, 에스겔의 메시지는 심판과 희망 예언과 잘 어울린다.

1) 돌이킬 수 없는 파멸

에스겔은 예레미야처럼 다가오는 심판 메시지를 전한다. 그러나 예레미야와는 다르게, 재앙을 피할 수 있는 회개의 가능성을 절대 제시하지 않는다. 대신, 에스겔은 '파수꾼'(겔 3:17; 33:2), 즉 도시 성벽에서 서서 주민들에게 다가오는 적의 군대에 대해 경고하는 자로 지칭된다. 예언자는 파수꾼처럼 회개를 요구하기보다는 임박한 재앙의 궁극성과 전면성을 알리는 자이다. 에스겔이 바빌론의 포로민 사이에서 예언한다는 사실은 심판이 돌이킬 수 없다는 사실을 알려 준다.

에스겔의 메시지는 유다에 있는 공동체에 전달하려고 의도된 것이 아니다. 그보다는 자신의 고향과 친척에 관하여 멀리서 걱정하고 있는 사람들에게 고국의 상황을 설명하려는 뜻에서 나온 것이다. 하나님의 분노를 가라앉히기 위해 뒤에 남아 있는 사람들을 대신한 회개의 가능성은 전혀 없다.

여호와께서 사명을 맡긴 다른 예언자들처럼, 특별한 임무를 위해 에스겔을 부르셨다(겔 1:1-3:15). 에스겔에게 사명을 위임한 사건을 이사야의 사명 위임과 비교하는 것이 유익하다. 왜냐하면 두 사람은 보좌에 계신 하나님에 대한 환상을 체험했기 때문이다. 자신이 여호와를 보았다고 주장하는 이사야의 소명과 사명 위임(사 6장)과는 달리, 에스겔은 반복된 풍류와 비교를 통해 하나님의 형상을 본 사실을 분명히 한다. 이를 통해 에스겔은 여호와께서 비교할 수 없는 분이심을 전달한다.

이사야는 예루살렘 성전에서 여호와와 그의 임재를 목격했다. 에스겔의 환상에서는 하나님의 형상이 바벨론에서 에스겔에게 찾아오신다. 에스겔서의 처음 몇 장들은 여호와의 이동성을 강조한다. 특별히, 바벨론에 있는 포로민들에게 하나님의 임재를 경험할 수 있음을 강조한다. 환상 속에서 하나님의 수레에 달린 바퀴들은 여호와께서 특정 장소에 얽매여 있지 않는다는 사실을 나타낸다(Kutsko 2000; Klein 2002).

하나님은 백성이 언약을 위반하여 초래한 오염으로부터 떠날 자유를 가지고 계신다. 거룩한 하나님께서는 부정한 백성 가운데 존재할 수 없다. 소명 이야기를 통해 본 에스겔은 권면하는 예언자라기보다는 선포하는 예언자로 비친다. 변화와 회개의 가능성은 전혀 없다. 재앙에 대해 미리 조처할 방법도 전혀 없다. 백성은 파멸이 정해져 있다(참조: 겔 2:3-7).

백성이 말을 듣든 듣지 않든, 에스겔이 부담한 의무는 메시지를 전달하는 데 있다. 게다가, 에스겔은 자신에게 주어진 두루마리를 먹음으로 사명 위임을 그대로 받아들인다. 두루마리의 정확한 내용은 드러나 있지 않지만, 그 내용은 분명하다. 두루마리에 "애가와 애곡과 재앙의 말"(겔 2:10)이 기록되어 있었다. 에스겔에게 전하도록 요구한 내용은 즐거운 것이 아니다. 파멸과 멸망을 암시한다. '주님의 날'(day of the LORD) 혹은 이전 예언자들이 말한 여호와께서 자기 백성을 심판하시는 때의 도래를 예언한다.

이처럼 제사장 에스겔은 파멸의 예언자가 된다.

에스겔은 자신의 메시지를 전하는 중에 상징 행위(sign-acts)를 실행한다. 이 상징 행위를 통해 포로 생활 중인 자신의 동시대인들에게 다가오는 재앙을 실연한다. 한 상징 행위(겔 37:15-28)를 제외한 에스겔의 모든 상징 행위는 예루살렘을 압도하고자 하는 재앙을 시각적으로 상징하는 기능을 한다. 여기에 일부 예를 소개한다.

겔 4:1-3	에스겔은 흙벽돌을 활용하여 포위를 시각적으로 상징한다.
겔 4:9-17	포위 상황을 묘사하려고 부정한 떡을 구워 먹는다.
겔 5:1-4	자신의 머리카락을 잘라 나라의 운명을 상징한다. 인구의 삼 분의 일은 죽임을 당하고, 삼 분의 일은 질병으로 죽고, 나머지 삼 분의 일은 포로로 사로잡혀 갈 것이다.
겔 12:1-11	많은 유다인들이 피난민이 될 것을 보여주려고 짐을 싸 가지고 길을 떠난다.

책의 전반부에 있는 각각의 상징 행위는 문학적으로 예루살렘 멸망에 대한 선포 앞에 놓여 있다. 이 각각의 상징 행위는 다가오는 여호와의 심판으로 인해 초래되는 비참한 결과를 설명한다. 흥미롭게도, 상징 행위는 바벨론에 있는 주민에게 전하는 보고 기능을 한다.

이처럼 상징 행위를 포함하여 에스겔을 파수꾼과 연관시킨 언급을 확인해 준다. 에스겔은 바벨론에 있는 자신의 청자에게 여러 상황을 실연해 보임으로 예루살렘과 유다에 임할 고통이 어떤 것이 될지를 시각적으로 보여주고자 한다. 텔레비전이 없는 세상에서, 에스겔의 상징 행위는 생생한 재앙을 그려냈다.

또한 에스겔은 자신이 예루살렘으로 이송되어 거기서 일어나는 죄악을 목격하게 되는 환상을 체험했다. 예루살렘에 심판을 내려야 할 필요성을 가장 극적으로 나타내는 예는 에스겔 8-11장에 있는 소위 가증스러운 성전 환상 사건 속에서 나타난다. 에스겔 8장에서 하늘의 사자(使者)는 에스겔을 바벨론으로부터 예루살렘으로 이송시킨다. 거기서 하나님의 영이 여러 사람이 여호와 이외의 다른 신들을 예배하는 네 장면을 그에게 보여 준다.

하나님의 영에 의하면 각각의 행위는 바로 전에 언급된 행위보다 더 가증스럽다. 성전 경내에서 다른 신을 예배하는 것은 성소가 더럽혀졌음을 시각적으로 확인해 주며, 그렇기에 심판은 당연하다는 점을 설명해 준다. 예루살렘에 기주하는 악인을 대표하는 블라댜의 죽음이 재앙의 불가피성을 확인해 준다(겔 11:13). 또한 여호와의 임재가 성전의 지성소로부터 떠나 예루살렘 외곽을 배회한다는 사실도 재앙을 피할 수 없다는 사실을 말해 준다(겔 11:22-24). 하나님의 임재가 제공하는 보호막이 사라진 채, 이 도시는 멸망할 운명에 처해 있는 것이다.

여호와의 심판이 전면적으로 실행되는 것은 피할 수 없는 현실이다. 백성이 개인적으로 공동체적으로 죄를 지었기에 용서는 전혀 없다. 예언자는 사회 전반이 언약의 의무를 등한히 했다고 선언한다. 에스겔은 장황하게 파멸을 선포하면서 모든 사람을 포괄한다. 여기에는 지도자, 제사장, 정부 관리, 예언자와 그 땅의 백성(시골의 귀족)이 포함된다(겔 22:23-31). 그 밖에 에스겔 13장은 남성 예언자와 여성 예언자를 언급한다. 시드기야 왕은 가장 심각한 고발을 당한다. 그는 '최종 심판'(final punishment)을 받을 '이스라엘의 악한 지도자'로 공표된다(겔 21:25-27; 비교: 겔 30-32장).

에스겔은 멸망 받을 특정 사회 집단을 골라낼 뿐만 아니라 공동체 전체에도 메시지를 전한다. 예언자는 죄가 된 행동, 즉 출애굽 때도 발생한 일반적인 죄의 역사를 이야기한다. 에스겔 16장에서 에스겔은 예루살렘을 시들어가고 있는 포도나무와 창녀가 되어버린 고아와 같이 묘사한다. 에스겔 23장에서 에스겔은 북왕국과 남왕국을 성적인 음행에 빠진 자매로 그린다. 이집트를 떠난 세대로부터 현세대에 이르기까지 모든 세대가 저지른 일련의 죄악에 대한 반응으로 여호와께서 터뜨리신 분노는 포괄적이다. 이 때문에 잘 알려진 것처럼 여호와께서는 이렇게 말씀하신다.

> 인자야 가령 어떤 나라가 불법을 행하여 내게 범죄하므로 내가 손을 그 위에 펴서 그 의지하는 양식을 끊어 기근을 내려 사람과 짐승을 그 나라에서 끊는다 하자 비록 노아, 다니엘, 욥, 이 세 사람이 거기에 있을지라도 그들은 자기의 공의로 자기의 생명만 건지리라 나 주 여호와의 말이니라(겔 14:13-14).

에스겔서의 전반부는 하나님의 파괴적인 의도에 초점을 맞추고 있다. 백성의 부정은 여호와의 행동을 자극한다. 에스겔의 사명은 다가오는 재앙을 선포하는 것이다. 그는 파수꾼처럼 최종 판결을 선언하고 그것이 다가옴을 경고한다. 그러면서도 그것을 피할 수 있는 어떤 희망도 제시하지 않는다. 불시에 고국을 덮칠 여호와의 분노가 다가오고 있다. 에스겔의 상징 행위는 예루살렘과 유다에 임할 되돌릴 수 없는 파멸을 시각적으로 묘사한다.

여호와께서 인간의 죄를 심판하실 자리에 서신다는 사상은 새로운 것이 아니다. 중요하고 놀라운 점은 에스겔이 미래 심판 대상자로 공동체 일부만을 지목하고 있다는 것이다. 그는 목소리를 높여 유다와 예루살렘에 남아 있던 사람들을 비난한다. 비록 에스겔서 전반부에 있는 대부분 언어가 유다에 남은 사람들을 비난하고 있는 것이 명백하지만, 개인 책임에 관한 구절은 바벨론에 가 있던 포로민도 고발하고 있다는 주장이 있다 (겔 14:12-20; 18:20-21) (Fishbane 1987).

에스겔은 바벨론에 있는 공동체에 말을 전하면서 그들이 끌려 간 것과 예루살렘이 멸망한 것은 이전 세대의 죄나 그 땅에 남아 있는 유다 사람의 죄가 아니라 바로 자신들의 죄로 말미암은 것임을 조심스럽게 설명한다("아들은 아버지의 죄악을 담당하지 아니할 것이요"[겔 18:20]). 그러나 포로민에 대한 심판은 그들이 포로로 끌려감으로써 성취되었다. 미래 심판은 유다에게만 임하게 될 것이다.

에스겔에게 예루살렘에 대한 심판은 그 어떤 인간 군대가 아니라 오직 여호와로 인한 것이다. 이와 같은 여호와의 개입에 대한 에스겔의 이해는 하나님의 위엄에 대한 깊은 의식에 의해 영향을 받았다. "내가 여호와인 줄을 너희가 알리라" 또는 "내가 말한 줄을"과 같은 많은 어구는 하나님께서 그 땅에 남은 백성을 능동적으로 파멸시키려 하는 점을 묘사하고 있는 구절의 결론 부분에서 나타난다.

> 이와 같이 내 노가 다한즉 그들을 향한 분이 풀려서 내 마음이 가라앉으리라 내 분이 그들에게 다한즉 나 여호와가... 말한 줄을 그들이 알리라 내가 이르되 또 너를 황무하게 하고 너를 둘러싸고 있는 이방인들 중에서 모든 지나가는 자의 목전에 모욕 거리가 되게 하리니... 내가 멸망하게 하는 기근의 독한 화살을 너희에게 보내되 기근을 더하여 ... 내가 기근과 사나운 짐승을 너희에게 보내 외롭게 하고 너희 가운데에 전염병과 살륙이 일어나게 하고 또 칼이 너희에게 임하게 하리라 나 여호와의 말이니라(겔 5:13-17).

최근에 성경에 나타난 독설에 대한 우려가 제기된 것은 놀라운 일이 아니다(Darr 1992; Blumenthal 1993).

에스겔은 마지막 평가를 하면서 거룩한 하나님은 더 이상 죄로 얼룩진 백성과 교류할 수 없다고 주장한다. 고국에는 아무런 희망이 없다. 여호와의 우선적인 이미지는 도시를 파멸시키는 신적 전사(divine warrior) 이미지이다. 시인이 여호와를 공격자와 버리고 떠난 자로서 묘사한 예레미야애가처럼, 에스겔은 하나님의 임재가 어떻게 예루살렘 도시를 저버렸는지를 보여 주고 있다. 그러나 예레미야애가와는 달리, 에스겔은 여호와의 임재의 상실을 오로지 제의적인 관심사와만 연관시킨다.

에스겔 11장에서 여호와의 임재는 성전을 떠난다. 그 이유는 여호와께서 백성을 위해 행동하시기를 거부하셨기 때문이 아니라, 성전이 더럽혀지고 백성의 행동이 여호와께서 임재하시지 못하게 만들었기 때문이다. 재앙 하나하나의 직접적 원인은 여호와의 의도와 행동에서 비롯된다.

하나님에 대해서는 깊은 존경심으로, 인간에 대해서는 최대한 낮춤으로 나아갈 때, 어찌 에스겔이 희망을 내밀지 않을 수 있겠는가?

2) 에스겔의 희망

예루살렘 함락의 소식을 들은 후, 에스겔은 자신의 메시지를 희망으로 바꾼다. 특히 이것은 에스겔 33-39장에 나타난다.

> 우리가 사로잡힌 지 열두째 해 열째 달 다섯째 날에 예루살렘에서부터 도망하여 온 자가 내게 나아와 말하기를 그 성이 함락되었다 하였는데 그 도망한 자가 내게 나아오기 전날 저녁에 여호와의 손이 내게 임하여 내 입을 여시더니 다음 아침 그 사람이 내게 나아올 그때에 내 입이 열리기로 내가 다시는 잠잠하지 아니하였노라(겔 33:21-22).

이 구절은 분명히 에스겔 1-3장에 언급된 에스겔의 소명 이야기와 중첩된다. "여호와의 손이 내게 임하여"라는 표현과 예언자가 말을 못 하게 된다는 주제가 반복되기 때문이다(Wilson 1972). 여호와께서 예언자에게 미래 회복에 관한 새 메시지를 전할 수 있는 권위를 부여하신다. 회복의 희망에는 그 땅으로의 귀환, 다윗계 왕의 복위(復位), 성전 회복, 이스라엘과 유다의 통일이, 그리고 표면상으로는 나라의 정치, 사회, 종교 생활이 재개되는 것이 포함된다.

에스겔이 보여 준 오직 한 상징 행위만이 긍정적인 메시지를 보여 준다. 이 상징 행위는 두 막대기를 한데 묶는 행위로 표현되는데(겔 37:15-28), 이는 다윗계 왕의 통솔 아래 다시 통합된 왕국과 연관된다. 게다가, 에스겔은 여호와를 생명의 회복자로 그리고 있다. 하나님께서 이루시는 회복의 모습에는 양 떼의 생명을 보호하고 길을 잃고 헤매는 양 떼를 한

데 모으는 선한 목자로서의 여호와(겔 34장)와 마른 뼈를 다시 살리는 하나님(겔 37장)이 포함된다. 또한 포로 중에 있는 백성이 고국으로 귀환하는 모습을 묘사하고 있다(겔 36:22-32). 일단 그들이 고국에 돌아와 있게 되면, 그 땅은 여호와의 임재와 보호의 표징으로서 생명의 필수품을 풍성하게 생산하게 될 것이다. 희망은 귀환과 회복을 가져오시는 생명을 주시는 하나님의 성품 속에 들어 있다.

에스겔의 예언 안에 있는 두 개의 중요한 회복 개념이 미래 가능성을 시사한다.

첫째, 죄에 대한 개인의 책임성을 강조한다.

각 사람의 운명에 대한 이해는 여태까지 에스겔의 심판 메시지와 연관하여 언급되기는 했지만, 긍정적인 측면을 지니고 있다. 사람들이 더 이상 자신들의 조상의 죄 때문에 심판받지 않는 경우에, 죄와 용서는 개인적 문제가 된다(겔 14:12-20; 18:20-21). 각 사람은 자신의 반응에 근거하여 여호와와 관계를 맺을 수 있다. 이 개념은 예레미야 31:29-30과 잘 연결된다. 그러나 에스겔은 하나님 앞에 있는 개인을 특별히 강조한다. 에스겔에게 말을 걸 때, 하나님은 다음 속담을 반복하여 집단 책임 사상에 의문을 제기하신다.

> 또 여호와의 말씀이 내게 임하여 이르시되 너희가 이스라엘 땅에 관한 속담에 이르기를 아버지가 신 포도를 먹었으므로 그의 아들의 이가 시다고 함은 어찌 됨이냐 주 여호와의 말씀이니라 내가 나의 삶을 두고 맹세하노니 너희가 이스라엘 가운데에서 다시는 이 속담을 쓰지 못하게 되리라(겔 18:1-3).

에스겔의 개인 책임 개념은 각 사람이 자신의 악하거나 의로운 행동에 대해 책임을 진다는 확언으로 압축된다.

그런데 너희는 이르기를 아들이 어찌 아버지의 죄를 담당하지 아니하겠느냐 하는도다 아들이 정의와 공의를 행하며 내 모든 율례를 지켜 행하였으면 그는 반드시 살려니와 범죄하는 그 영혼은 죽을지라 아들은 아버지의 죄악을 담당하지 아니할 것이요 아버지는 아들의 죄악을 담당하지 아니하리니 의인의 공의도 자기에게로 돌아가고 악인의 악도 자기에게로 돌아가리라(겔 18:19-20).

유다의 어떤 남자나 여자도 자신들 조상의 죄 때문에 비난받지 않으리라는 사상은 신명기역사서에서 발견되는 주기적인 반역의 역사와 모순된다. 이 사상은 본질에서 각 사람을 세대 간의 죄 짐으로부터 해방해 준다.

① 이 개념이 뜻하는 바는 예루살렘 멸망을 겪고 있는 현세대는 그것이 붕괴하면서 자신들이 기소되었다는 것이다.
② 이 개념은 개인은 자신의 행위에 근거하여 하나님과 관계를 이룰 수 있음을 나타낸다.

둘째, 내면의 영적 갱신은 개인 책임 사상과 연관된다.
에스겔은 하나님께 충성을 유지하는 데 대한 책임은 궁극적으로 여호와께 있음을 간파한다. 왜냐하면 여호와께서 이 백성에게 새 마음과 새 영을 허락하실 것이기 때문이다. 이 개념에 대한 요약은 에스겔 36:26-27에 나타나 있다.

또 새 영을 너희 속에 두고 새 마음을 너희에게 주되 너희 육신에서 굳은 마음을 제거하고 부드러운 마음을 줄 것이며 또 내 영을 너희 속에 두어 너희로 내 율례를 행하게 하리니 너희가 내 규례를 지켜 행할지라 (비교: 겔 11:19; 18:31; 렘 31장).

비록 각 사람은 하나님의 임재에 직접 반응할 수 있을지라도, 강조점은 여호와의 대리 역할에 있다. 왜냐하면 여호와께서는 관계가 존재할 수 있도록 기회를 만드시고 또 그것을 가능하게 하시는 분이기 때문이다.

예언자 에스겔은 나라의 멸망을 설명하고 재앙 너머 긍정적인 미래를 가리키는 일에 집중했다. 그러나 에스겔을 고전 예언자 사이에 위치시키는 문제는 논쟁의 대상이 되어 왔다. 그 이유는 세 가지이다.

첫째, 신탁보다는 문학 형식을 통해 자신의 예언을 중재했기 때문이다.

둘째, 백성의 비정통적 예배 관행에 대한 고발은 일반적으로 생각하는 에스겔서의 연대보다는 (대체로 므낫세의 통치와 연관된) 요시야 개혁 이전 시대를 반영할 수 있기 때문이다.

셋째, 에스겔의 육체적인 위치가 자주 논란이 되어 왔기 때문이다(에스겔은 유다에게 있었는가 아니면 바벨론에 있었는가?).

개괄적으로 볼 때, 에스겔은 분명히 자신의 동시대 예언자인 예레미야와 잘 어울린다. 또한 자신보다 앞선 예언자들의 노선을 잘 따르고 있다. 그러나 에스겔서는 다른 예언 문학과 구별되는 한 가지 특징이 있다. 에스겔서는 성전 건축에 관한 규정들과 성전 사역자들, 심지어는 열두 지파조차 포함하여 새 성전에 대한 정교한 환상으로 끝을 맺는다. 클레멘트가 제안한 대로 재건된 성전에 대한 희망을 예레미야가 제시할 수도 있지만, 모든 고전 예언자 중에서 오직 에스겔만이 실행을 위한 분명한 규정을 담고 있는 미래 환상을 창조한다.

이 점에서, 에스겔은 제2이사야의 미래 환상과 궤를 같이한다. 그러므로 에스겔 40-48장은 본서의 다음 장의 초점이 될 것이다. 다음 장에서 미래 환상은 통치권의 변화를 암시하는 세상 사건들을 감안하고 있으며, 그 결과로 인간의 반응에 더 깊이 의존하게 된다.

3. 예레미야와 에스겔의 비교

몇 가지 점에서 예레미야와 에스겔의 예언은 매우 비슷하다. 두 책은 모두 심판과 구원에 관해 언급한다. 또한 자신들의 메시지를 전달하는 수단으로 상징 행위를 실행한다. 게다가 두 사람은 포로민들이 유다 땅으로 귀환하는 것을 새 출애굽으로 간주하고, 새 언약을 묘사하며, 우상 숭배를 비난하고, 비도덕적 행위와 사회 불의를 책망하며, 다윗계 왕의 복귀를 예고한다.

제1성전 시대의 고전 예언자들, 예를 들면, 아모스와 호세아 같은 이들처럼, 예레미야와 에스겔은 예루살렘과 유다의 멸망을 여호와의 날의 예언 성취로 간주한다. 아모스와 호세아에 따르면, 여호와의 날에 고집 센 백성을 향하여 하나님의 분노가 완전히 실행될 것이다. 예레미야에게 그 날은 재앙의 날이다.

> 내가 그들을 그들의 원수 앞에서 흩어 버리기를 동풍으로 함 같이 할 것이며 그들의 재난의 날에는 내가 그들에게 등을 보이고 얼굴을 보이지 아니하리라(렘 18:17).

에스겔 7장에서, 예언자 에스겔은 이렇게 말한다.

> 이 땅 주민아
> 정한 재앙이 네게 임하도다
> 때가 이르렀고 날이 가까웠으니
> 요란한 날이요 산에서 즐거이 부르는 날이 아니로다
> 이제 내가 속히 분을 네게 쏟고
> 내 진노를 네게 이루어서
> 네 행위대로 너를 심판하여

> 네 모든 가증한 일을 네게 보응하되
> 내가 너를 불쌍히 여기지 아니하며 긍휼히 여기지도 아니하고
> 네 행위대로 너를 벌하여
> 너의 가증한 일이 너희 중에 나타나게 하리니
> 나 여호와가 때리는 이임을 네가 알리라
> 볼지어다 그 날이로다 볼지어다 임박하도다
> 정한 재앙이 이르렀으니(겔 7:7-10).

다른 측면에서는, 예레미야와 에스겔의 예언 메시지는 다르다. 예레미야는 고통의 예언자지만, 에스겔은 감정에 흔들리지 않는 파수꾼이다. 게다가 두 사람의 소명 이야기는 각자가 전달하도록 부여된 예언 유형이 다르다. 여호와께서는 예레미야에게 뽑고, 무너뜨리고, 세우고, 심는 일을 포함하여 부정적인 메시지와 긍정적인 메시지를 모두 전달하도록 사명을 맡기신다. 이는 애통, 애도, 저주로 규정되는 에스겔의 메시지와는 좋은 대조를 이룬다. 예레미야와 에스겔에 관한 전기적 정보에 따르면, 비록 두 사람 모두 제사장 가문 출신일지라도, 에스겔은 정통 예배와 제의의 정화 문제에 훨씬 더 관심이 많다.

그뿐만 아니라, 무성전 시대의 두 예언자의 사상은 여러 점에서 크게 다르다. 예레미야에 따르면, 하나님의 사랑과 자비, 사실상 용서(렘 31:34)는 고대 이스라엘 백성을 구속하고자 하는 하나님의 뜻에 대한 근거를 제공한다. 이와는 대조적으로, 에스겔의 사상 속에서는 하나님께서 백성을 자기 땅으로 회복시켜 오로지 하나님의 명성에 대한 관심 때문에 그들 가운데 거주하신다. "너희가/그들이 내가 여호와인줄 알게 하려고"라는 표현은 에스겔서에서 거의 80번이나 나타난다. 두드러진 점은 에스겔은 하나님의 사랑이나 보살핌에 대해서는 결코 언급하지 않는다는 것이다.

여러 요인이 복합적으로 하나님의 심판을 예고하는 에스겔의 메시지가 다른 예언자들의 그것보다 더 암울하게 느끼게 한다. 그 요인에는 백

성이 듣든 듣지 않든 심판을 선포하라는 사명을 받은 것과 유다에 대한 심판을 선포하면서도 자신과 함께 포로가 된 동포들에게 메시지를 전하는 바벨론에 있는 에스겔의 위치와 하나님을 백성과 거리를 두게 하려는 하나님의 거룩에 대한 에스겔의 높은 의식이 포함될 수 있다.

가나안 땅에 들어가 가나안 주민들과 접촉하여 비-여호와적인 (non-Yahwistic) 종교 의식이 이스라엘에 스며들게 되었다는 신명기의 관점과는 달리, 에스겔은 죄로 인한 타락이 출애굽 당시에도 있었다고 본다. 에스겔이 유다에 대한 하나님의 심판을 암울하게 그리고 있으며, 인간에 대한 비관주의적 관점을 지니고 있기에, 최근의 연구는 에스겔의 예언에 대해 더 부정적 관점을 검토하는 쪽으로 방향을 틀었다(Schwartz 2000을 참조하라).

두 책 사이의 또 다른 중요한 차이는 하나님의 임재 개념에 있다(Clements 1965; Mettinger 1982를 참조하라). 신명기역사서처럼 예레미야는 여호와께서 하늘에 계시지만 지상에서도 하나님의 이름을 통해 접촉 가능함을 보여 주고 있다. 이와는 대조적으로, 여호와의 임재에 대한 에스겔의 사상은 제1성전의 카보드(kabod) 신학과 현현 전승에 바탕을 둔다. 히브리어 카보드는 '영광'(glory)을 뜻한다. 여호와의 영광은 에스겔서의 주요 세 단락에서 언급된다.

그 세 단락에는 에스겔의 소명 이야기(겔 1-3장)와 부정한 성전 환상(겔 8-11장)과 회복된 성전 환상(겔 40-48장)이 있다. 이 뼈대 역할을 하는 본문들은 문자적으로 '여호와의 영광'(glory of Yahweh)을 가리키는 하나님의 임재가 이동성을 지닌 것으로 제시한다. 소명 이야기에서 여호와의 영광은 이스라엘 땅 바깥에 임재하신 하나님을 나타내려고 바벨론에 있는 에스겔에게로 이동한다(겔 1:28; 3:12, 23).

부정해진 성전에 관한 환상에서, 카보드는 성전에서 떠올라 천천히 이동하면서 올리브산이 있는 예루살렘 교외를 선회한다. 이는 거룩한 장소에서 벌어지는 비정통적인 제의 관행에 신물을 느낀 게 분명함을 나타낸다(겔 10:18-19; 11:22-25). 하나님의 임재의 이동은 상징적으로 성소의 운명을 결정한다. 왜냐하면, 하나님의 보호와 섭리가 없다면 성전과 도시는 파멸이 정해져 있기 때문이다.

에스겔서의 결론을 맺는 단락에 나타난 회복되고 정화된 성전 환상에서 여호와의 카보드는 다시 성소로 돌아온다(겔 43:4-5; 44:4). 그리고 예루살렘 도시는 "여호와 삼마"(The LORD is There)라는 새로운 이름으로 불려진다(겔 48:35). 에스겔서에 있는 여호와의 임재에 관한 보다 최근의 명쾌한 연구 중의 하나는 쿠츠코(Kutsko)에 의해 이루어졌다. 그는 여호와의 활발한 임재와 우상의 무용성을 대조할 뿐만 아니라 하나님의 임재의 긍정적 측면과 부정적 측면을 드러낸다(2000). 에스겔서의 여호와의 임재는 동시대 예언자인 예레미야가 이해한 대로 신명기의 이름신학에 담긴 하나님의 현현을 통해서가 아니라 하나님의 영광을 통해 지상에 제시된다.

예루살렘 멸망을 둘러싼 비참한 사건들을 견디며 살았던 두 예언자 예레미야와 에스겔은 권위가 있고 시의에 적절한 메시지를 전했다. 예언자 예레미야로부터는 하나님의 말씀이 시간이 지나면서 여러 다른 상황 속에서 어떤 효력을 미치는지를 알 수 있다. 역사상의 여러 다른 시기에 서로 다른 청자가 예레미야의 메시지를 사용할 수 있다는 사실은 변화하는 상황 속에서 하나님의 가능성을 어떻게 경험할 수 있는지를 알려 주는 긍정적인 표시이다.

여호와의 말씀은 먼 과거에 머물러 있는 것이 아니라 새로운 상황에 창조적으로 대응한다. 예언자 에스겔은 그 맥락의 측면에서는 동일하게 중요하지만 약간 다른 메시지를 발전시킨다. 여호와의 카보드는 에스겔의 예언 속에서 파괴적이면서도 건설적인 힘을 가지고 있었다. 다시 말하면, 하나님의 임재의 상실은 예루살렘의 멸망에 대한 신호를 보냈다. 반면에, 다시 돌아온 하나님의 임재는 새 시대의 회복을 나타냈다. 궁극적으로 에스겔에게, 거룩한 하나님은 백성에게 언약 규정을 헌신적으로 준수하도록 요구하시는 분이다.

제5장

희망으로의 전환 (I)

하나님의 반전에 대한 예언적 이상

지금까지 우리는 이스라엘 가운데 하나님의 임재를 구하고(시편과 예레미야애가), 그 역사를 기록하며(신명기역사서), 하나님의 심판 행위와 사회의 완전하고 전면적인 붕괴로부터 미래 가능성에 대한 믿음이 무엇인지를 설명하는 문헌에 초점을 맞추었다. 무성전 시대가 끝날 무렵, 즉 본국으로의 귀환에 대한 꿈이 보다 더 현실적이거나 혹은 실현되었을 때, 메시지는 여호와의 회복의 목적을 깨닫고 사라진 공동체의 반응에 대해 언급하는 쪽으로 방향을 전환했다.

학자들은 무성전 시대가 끝날 무렵에 발생한 초점의 변화를 기원전 562년에 제1차 바빌로니아 침공 때 바벨론으로 사로잡혀 간 여호야긴 왕이 감옥에서 풀려난 사건이나 기원전 550년에 신-바빌로니아 왕국의 유력한 계승자로서 페르시아의 고레스 왕의 등장과 연관시키려는 경향이 있다. 어느 사건이 되었든, 무성전 시대 후반부에 분명한 희망의 메시지를 담은 문헌이 있다. 미래에 대한 시각은 긍정적이면서 심지어는 환희에 넘치기까지 한 제2이사야의 메시지와 여호와의 새로운 행위를 인식하고 언약 갱신을 북돋우려고 행동을 규제하는 쪽으로 방향을 바꾸는 에스겔 40-48장에 표현된다.

이 시대의 문헌 기록에 관하여 혁명적인 점은 성경 저자들이 그들의 출발점으로서 여호와께서 그들 가운데서 구원 역사를 펼치고 계신 현실을 받아들인다는 데 있다. 그들은 고대 이스라엘이 여호와의 신실한 행위에 어떤 반응을 보였는지에 집중한다. 제2이사야는 이와 같은 믿음에 대한 근거를 희망에 집중시키고 있는 예언에서 찾고 있다. 비슷한 시각이 담긴 에스겔 40-48장은 사람들이 하나님의 주권과의 관계성 속에서 어떻게 신실하게 살 수 있는지를 보여 주기 위한 지침을 주는 쪽으로 방향을 바꾼다. 에스겔서의 마지막 장들을 제2이사야가 제안한 비전의 대안이 되는 회복 비전으로 여겼다.

종합하면, 회복의 두 가지 이상은 다음에서 다룰 학개, 스가랴, 성결법전과 같은 문헌이 출발점으로 채택하고 있는 관심사를 제공한다.

1. 제2이사야(사 40-55장)

전통적으로 학자들은 이사야 40-55장을 제2이사야로 지칭한다. 왜냐하면 예루살렘에 대한 심판이 자신에게는 과거 사건이 되어 버린 무명의 예언자가 전한 일련의 신탁들을 가리키기 때문이다. 그의 메시지는 비난에 대해서는 거의 언급이 없고, 대신에 미래 회복(future restoration)과 구속(redemption) 사상으로 방향을 튼다. 제2이사야는 상황 변화에 대한 믿음을 장려한다. 비극적인 과거는 기억에 지나지 않으며, 밝은 미래가 가시화된다.

이사야서는 그 내용을 "아모스의 아들 이사야"(사 1:1)에게 돌리는 표제어로 인해 실제로 66장까지 계속된다. 전체 책은 전통적으로 한 사람, 즉 기원전 8세기에 아하스와 히스기야 왕에게 예언한 예루살렘의 이사야의 저작으로 알려졌다. 그러나 18, 19세기에 이미 유대-기독교 학자들 사이에서 이사야 1-39장은 40-66장과 분리되어야 한다는 인식이 있었다. 두 단락 사이의 구분은 중세 랍비 주석가인 이븐 에즈라(Ibn Ezra)에게로 거슬러 올라갔다. 이븐 에즈라는 주제와 역사에 의거하여 구분했다. 이사야서의 마지막 장들은 다른 이슈를 취급하고 유다로 하여금 정치적인 함정을 피할 수 있게 하려는 1-39장과는 다른 시대를 반영한다.

1892년에 독일 학자 둠(Bernard Duhm)은 이사야 56-66장을 40-55장과는 다른 손길과 시대에서 나온 모음집으로 이해할 만한 주요 근거를 제시했다. 둘로 나눈 다음에는 이사야의 전승을 세 개의 주요 단락으로 나누기도 한다. 이사야 1-39장, 40-55장, 56-66장으로 나눈다. 이사야 1-39장은 예루살렘의 이사야(원[原]-이사야 또는 제1이사야)와 연관이 있고, 이사야 40-55장은 무명의 예언자 혹은 제2이사야로 불리는 예언자에 의해 저작되었다. 이사야 56-66장은 무명의 제3이사야가 성전 재건 무렵에 저작한 제3의 모음집이다. 게다가, 이사야 24-27장(이사야 묵시록[Isaiah Apocalypse]이라 불림)에 있는 종말의 비전은 훨씬 더 후대로 간주된다. 최종 형태의 이사야서는 4세기에 걸친 문헌 기록을 포함하고 있다(보수적으로 어림잡을 때, 기원전 8세기부터 4세기까지).

제2이사야의 독립성은 부분적으로는 이사야 40-55장 속에 들어 있는 이사야 1-39장에 대한 수많은 암시에 달려 있지만, 의미에는 약간 차이가 있다. 이에 도움을 주는 두 개의 분석이 있다. 하나는 눈이 먼 사람과 듣지 못하는 사람에 관한 주제를 연구한 클레멘츠(Ronald Clements)의 분석이고, 다른 하나는 제1이사야에 기록된 유다와 예루살렘에 대한 심판 예언을 지칭하려고 제2이사야가 사용한 표현인 "이전 일"(the former things)을 연구한 윌리암슨(Hugh Williamson)의 분석이다(1994).

여러 다른 상황을 암시하는 의미 변화와 함께, 이사야 1-39장에 사용된 단어, 구, 주제를 거론하며 재적용한 것은 예루살렘 이사야의 예언이 새로운 상황에 호소하고자 하는 제자 또는 제자 학파에 의해 전해졌다는 시각에 유리한 증거가 된다.

비록 이사야서의 주요 모음집 세 개의 예언 메시지를 (각 시대별로 주제를 강조하려고 이 장에서 다루듯이) 개별적으로 분석하는 것이 유익할지라도,

1980년대에 시작하여 현재까지도 각 단락이 목적의 통일성에 기여하도록 하는 데 더 큰 비중을 두었다. 확실히 제2이사야서는 이사야서의 처음 몇몇 장들(특히, 사 1-6장에 위치한 내용, 예를 들면 사 1:29-31)에 본문을 추가한 최종 편집자의 작품인 것 같다.

왜냐하면 예언 메시지를 종결하는 한 방식으로써 사용하고 있는 주제와 어휘가 종결 장(특히, 사 66:18-24)과 공통되기 때문이다. 이와 같은 통합적 접근 방식 때문에 이사야서를 하나로 묶어 연구할 수 있다. 클레멘츠가 주장한 것처럼, 심지어 예언적 권위가 실린 일종의 시차를 두고 발전된 전집처럼 간주되기도 한다. 그러므로 제2이사야서를 이사야서의 나머지와 분리된 단락으로 취급할 때, 기원전 8세기 이후 이사야서의 전체 신탁 시리즈의 일부로서 권위 있는 역할을 한다는 점을 명심하는 것이 좋다.

제2이사야의 예언은 도발적인 세계적 사건이 전개되고 있던 때에 발생했다. 여호야긴의 석방과 고레스의 성공은 기대감의 원인이 되었다. 대다수의 학자가 이사야를 바벨론 포로민들 사이에 위치시킨다. 본국 귀환에 대한 예언이 바빌로니아 기원을 시사한다. 사실, 제2이사야는 본국 귀환을 제2출애굽처럼 광야를 통한 귀환으로 묘사한다. 그러나 이집트에서 나온 이전 출애굽보다 그 규모는 더 웅장하다. 게다가, 제2이사야의 예언에 등장하는 열국에 대한 유일한 신탁은 바벨론을 비난한다(사 47장). 이 시대의 역사 문헌에 대한 면밀한 분석을 하면서 립쉿츠(Oded Lipschits)는 제2이사야에서 발견된 것과 같은 바벨론에 대한 증오는 포로기의 일반적 반응과 일치한다는 사실을 보여 주었다(2005: 356-57).

최근에 적지만 점점 더 많은 학자가 제2이사야서를 포로민들 사이에 위치시키는 것에 대해 도전을 제기하였다. 지리에 대한 혼돈으로 말미암아 바벨론에서의 배경에 관한 의심이 제기되었다. 예를 들면, 포로민들이 바벨론으로부터 왔다기보다는 온 지역으로부터 온 것으로 묘사되고 있다(사 43:5-6; 49:12). 게다가, 고레스와 페르시아인들이 바벨론의 해방자로 온 것을 "북방에서... 해 돋는 곳에서"(사 41:25; 비교: 41:2) 그리고 "먼 나라에서"(사 46:11) 온 것으로 언급한다. 이런 방향 제시는 저자가 골라 일원이었다면 다소 이상하다. 왜냐하면 페르시아는 바벨론의 동남쪽에 위치하고 있기 때문이다.

장소에 대한 혼란 외에도, 제2이사야의 모음집 안에 있는 주제가 바빌로니아를 배경으로 한다고 여기기에는 어울리지 않는 점이 있다. 예를 들면, 야곱/이스라엘이 제사를 드리지 못한 것에 대해 불평하는 내용은 포로민들과는 별로 관련이 없다. 왜냐하면 이방 땅은 제사를 드리기에 부정하고 부적절한 땅으로 여겨졌기 때문이다(사 43:22-24). 더구나 이스라엘이 "도둑 맞으며 탈취를 당하며… 굴 속에 잡히며"(사 42:22)는 포로 상황을 머리에 떠올리게 하지 않는다. 그리고 이사야 49-55장에서 시온/예루살렘에 초점을 맞출 뿐만 아니라 유다(사 40:9; 44:26)와 성전 재건에(사 44:28) 초점을 두는 것은 본국의 관점을 암시한다.

가장 노골적으로 제2이사야를 유다에 위치시키는 제안을 한 학자는 바스타드(Hans Barstad)이다. 그는 이 문제에 관하여 두 권의 연구서를 저작하였다(1989; 1997). 그는 방금 제기된 문제 외에도 이사야 40-55장에서 육로를 통한 새 출애굽 모티브(new exodus motif)는 은유로 기능하며 물리적인 성취를 위해 의도된 것은 아니라고 주장한다. 더구나, 그는 유다가 본국에 공동체가 존재했다는 최근 증거에 근거한 신탁을 위한 자리라고 주장한다.

그러나 이사야 40-55장 전부의 자리를 유다로 보는 것에는 틀림없이 문제가 있다. 유다를 배경으로 보려고 제시한 증거 가운데 그 어느 것도 결코 논쟁에서 자유롭지 못하다. 지리 혼돈에 관한 문제도 저자가 실제로 거기서 예언하지 않았어도 유다의 관점에서 말할 수 있다. 비록 에스겔이 저작할 당시에 여호야긴이 더 이상 통치하지 않았을지라도, 에스겔은 자신의 신탁 연대를 여호야긴 왕의 통치 연도에 따라 정한다. 또한, 에스겔 자신이 육체적으로 거기에 가 있지 않았을지라도 유다를 마음속으로 그려 낸다.

제2이사야서의 모음집에서 분명한 점은 이사야 40-48장의 신탁들은 이사야 49-55장에서 발견되는 신탁들과 어조, 표현, 이념에서 확연히 다르다는 것이다. 이 두 단락 사이에 강조점의 변화는 두 배경을 반영한다는 의견이 있었다. 전자는 바벨론이고, 후자는 유다라는 것이다. 이 관점은 이사야 40-48장(고레스의 선택, 바벨론에 반[反]한 신탁, 우상 논박)의 역사적인 관심사를 바빌로니아라는 배경에 맞추기에 이점이 있다. 후자(사 49-55장)는 논란의 여지가 있지만 아마 유다가 배경일 것이다.

고난의 종(Suffering Servant)이 여인으로 의인화된 예루살렘과 번갈아 가며 나타나는 현상(사 49-55장)은 그 밖의 다른 곳에서는 예레미야애가에서만 유일하게 나타난다는 점을 주목하라.

예레미야애가에서는 여인 예루살렘(애 1, 2장)과 고난당하는 굳센 자(애 3장)가 나란히 나타난다.

그러나 해석자들은 이 점에 주목하지 않았다. 왜냐하면 예레미야애가 3장에 나오는 인물은 고난의 종이 아니라 굳센 자(strong man)로 지칭되기 때문이다. 그럼에도 불구하고, 이 인물에 대해 사용된 언어는 소이어(John Sawyer [1989])와 윌리(Patricia Willey [1995, 1997])가 보여 준 대로, 제3, 제4종의 노래와 겹치는 부분이 상당히 많다. 예레미야애가는 거의 만장일치로 유다에서 기록된 것으로 보고 있고, 제2이사야는 이와는 다르게 본국이란 배경에 더 잘 적용될 수 있는 예언을 전달하고 있기에, 이사야 49-55장 또한, 거기서 기록되었을 가능성이 있다.

저작이란 입장에서, 제2이사야서는 예언 메시지를 복잡하고 불명확한 구조로 나타내고 있다. 제2이사야서가 어떻게 하여 현재 형태를 지니게 되었는지에 관한 광범위한 견해가 있다. 이에 대한 훌륭한 연구는 블렌킨소프(Joseph Blenkinsopp)의 주석에 나타난다(2002). 이 문제에 대한 다른 유익한 입문서로는 알베르츠(Rainer Albertz)의 저서가 있다. 알베르츠는 특별히 편집 활동에 토대를 두고 내용을 서술한 독일 학계에서 내놓은 많은 저작 이론들을 다루고 있다(2003: 376-433).

알베르츠는 여러 견해를 주의 깊게 분석한 다음에 이사야서 본문의 52장과 55장에 두 결론이 뚜렷이 나타남을 시사한다. 결론부는 각각 구별되는 메시지를 지닌 두 자료가 있었다는 증거를 보여 주고 있다. 알베르츠는 첫 번째 판을 DtIE1(제2이사야 제1판)로 지칭하면서 그 내용이 포로민들에게는 기쁨에 넘친 귀환과 예루살렘에는 위로의 메시지를 선포하는데 집중하고 있음을 보여 준다.

DtIE2(제2이사야 두 번째 판은)라 일컬어지는 제2판은 여호와의 말씀 능력과 인내를 강조한다. 편집 비평적 관심은 제2이사야서의 저작 과정을 더 잘 이해하게 해 준다. 알베르츠는 유럽에서 활동하는 자신의 동료들이 이룬 매우 상세한 작업을 진지하게 수용한다

최근에 호응을 얻고 있는 또 다른 접근 방법은 각각의 다른 저자들에게 돌리기보다는 전반적인 주제에 따라 내용을 조직하는 것이다. 이런 관점에서 볼 때, 이사야 40-55장을 주제에 근거하여 두 개의 주요 단락으로 나눌 수 있다. 이는 반드시 두 사람의 다른 손길이 개입된 결과로 볼 필요는 없다. 처음 아홉 장(사 40-48장)은 문체와 주제로 볼 때 마지막 일곱 장(사 49-55장)과 다른 것 같다.

40:1-48:22	역사적 관심사에 초점을 맞추고, 야곱/이스라엘 신탁, 바벨론과 우상 논박, 예루살렘과 고레스 찬양을 포함함.
49:1-6	종의 노래로 분류되며, 예언자에게 새로운 사명을 맡기는 연결 기능을 하는 단락.
49:7-55:13	비역사적인 관심사로 전환하고 예루살렘/시온에 대한 구원신탁, 고난의 종에 관한 찬양시, 회복의 시를 통해 전형적인 인물 강조.

'야곱'과 '이스라엘'이란 용어가 빈번하게 등장하기에 이사야 40-48장을 자주 야곱 혹은 이스라엘 단락이라고 부른다. 야곱/이스라엘은 이스

라엘 백성에 대한 호칭이며 15차례 발견된다. 이 단락은 이사야 49-55장에 발견되는 신탁과 다르게 역사적 사항에 더 큰 초점을 둔다. 이 단락의 두드러진 메시지는 바벨론의 임박한 멸망에 초점을 맞추고 있다.

> 처녀 딸 바벨론이여 내려와서 티끌에 앉으라 딸 갈대아여 보좌가 없어졌으니 땅에 앉으라…(사 47:1).

또 다른 중요한 예언은 백성의 구원에 관한 것이다. 이사야 40-48장에서, 백성은 12차례나 '종'으로 불린다(사 41:8, 9; 42:19; 43:10; 44:1, 2, 21; 45:4; 48:20 등). 여호와는 야곱 혹은 이스라엘과 특별한 관계를 상기시키며 미래 가능성에 대한 희망 의식을 불어넣는다.

> 나의 종 야곱, 내가 택한 이스라엘아 이제 들으라(사 44:1).

이 장들의 또 다른 독특한 특징은 우상에 대한 논박이 포함된 구절이 등장한다는 점이다(사 40:19-20; 41:6-7; 42:17; 44:9-20; 45:16-17, 20; 46:1-7; 48:5). 우상에 관한 예언은 우상을 변화를 일으킬 어떤 능력도 없는 단지 지어진 물건으로 간주하여 여호와를 제외한 신들의 신적 지위를 강등시킨다.

이사야 49-55장에서 발견되지 않는 이사야 40-48장의 마지막 발전은 페르시아의 통치자 고레스를 지상에서 여호와의 백성을 구속할 자로 지칭하고 있다는 점이다.

> 고레스에 대해는 이르기를 내 목자라 그가 나의 모든 기쁨을 성취하리라(사 44:28; 비교: 고레스를 여호와의 기름부음을 받은 자로 부르고 있는 사 45:1).

하나님의 회복 계획 안에서 고레스의 긍정적인 역할을 나타내는 것은 놀랄 만한 일이다. 왜냐하면 지금까지 예언 속에 나타난 이방인 통치자들은 여호와의 멸망의 대리인으로서 부정적으로 그려졌기 때문이다. 여기에서 처음으로 이방인 통치자가 여호와의 기름부음 받은 자로 불리고 있다. 여호와는 속박 아래 눌린 백성을 해방하기 위해 고레스를 임명하시고, 이사야 42:1-4에서 고레스는 하나님의 의로운 통치를 실현하기 위해서 부름을 받는 인물이 될 수 있다.

두 번째 단락은 이사야 49-55장에 나타난다. 이 단락은 도시에 주목하기에 예루살렘 혹은 시온 단락으로 불린다. 고레스의 선택, 우상 논박, 포로민의 역사적 상황, 바벨론 멸망, 이전 일과 새 일 사이의 대조와 같은 이사야 49-55장의 두드러진 주제들은 제2이사야서의 후반부에는 전혀 모습을 드러내지 않는다. 더구나 야곱이란 인물은 두 단락 사이에 연결고리 역할을 하는 이사야 49:1-6에만 나타난다. 이사야 49-55장은 이사야 40-48장에서 선포된 회복의 희망을 계속 펼쳐 보여 준다. 그러므로 예언자는 점점 더 비역사적인 문제에 관심을 기울인다. 특히, 공동체의 내적 삶과 연관된 문제에 관심을 기울인다.

이 단락의 주제에는 여호와의 백성 모임, 이스라엘의 미래, 시온을 하나님의 새 왕국의 중심지로서 높이는 일과 같은 내용이 포함된다. 이 외에도, 자주 애도 중인 여인으로 묘사되는 예루살렘(사 49:14-50:3; 51:9-52:12; 54:1-17)에 전하는 구원 신탁과 예루살렘에 관한 구원 신탁이 고난 받는 인물에 관한 시와 번갈아 가며 나타난다(사 49:1-13; 50:4-11; 52:13-53:12). 전형적인 인물이 여호와의 계속된 관심과 고통의 중요성을 드러낸다. 예언자는 회복의 성취를 여호와께서 광야를 통해 길을 내는 육로를 통한 출애굽으로써 떠올린다.

야곱/이스라엘(사 40-48장)과 예루살렘/종(사 49-55장) 단락은 여호와께서 예언자에게 두 번째로 사명을 맡기는 이사야 49:1-6에 의해 하나로 연결된다(Williamson 1998). "내가 헛되이 수고하였으며 무익하게 공연히 내 힘을 다하였다"(사 49:4)라는 언급 때문에, 예언자의 이전 사명은 실패로 여겨진다. 이사야 49장 이후부터 여호와는 예언자를 이방의 빛으로 명한다. 야곱/이스라엘의 구속을 통해, 하나님은 온 세상에 신적인 전능을 보여주신다. 예언적 사명을 통해 온 세상에 대한 여호와의 주권을 분명하게 하신다.

> 그[여호와]가 이르시되 네가 나의 종이 되어
> 야곱의 지파들을 일으키며
> 이스라엘 중에 보전된 자를 돌아오게 할 것은 매우 쉬운 일이라
> 내가 또 너를 이방의 빛으로 삼아
> 나의 구원을 베풀어서 땅끝까지 이르게 하리라(사 49:6).

이사야 40-55장의 문학 구성을 논의할 때, 중요한 이슈는 둠이 자신의 이사야서 주석에서 구분해 낸 종의 노래로 분류되는 자료와 관련이 있다. 네 개의 찬양 시는 여호와께서 특별한 역할을 위해 지명하시는 인물에 대해 거론한다. '종'(servant)이란 용어는 세 개의 시에 등장한다(사 42:1-4; 49:1-6; 52:13-53:12). 반면, 다른 시(사 50:4-9)는 종이란 용어가 더 나중 구절에 나온다(사 50:10).

둠은 이 구절들을 제2이사야와는 별개로, 하나의 묶음으로 돌아다니던 불특정한 개인에 관한 노래로 간주하였다. 이 인물에게 적용된 역할은 승리의 언어가 사용되고 있는 그 밖의 다른 곳에 나타난 '한 종'/'그 종'에 대한 언급과 첨예하게 대립한다.

> 너희는 바벨론에서 나와서 갈대아인을 피하고
> 즐거운 소리로 이를 알게 하여 들려주며
> 땅 끝까지 반포하여
> 이르기를 여호와께서 그의 종 야곱을 구속하셨다 하라(사 48:20).

두 번째 노래부터 네 번째 노래까지 종은 점점 더 풀이 죽은 채 결코 환희를 외치지 못하는 인물이다. 게다가, 종의 구절들에 등장하는 인물은 그 밖의 다른 곳에서 더 일반적으로 사용되는 종과는 첨예하게 대립하는 이상적인 인물로 여겨지는 경향이 있다. 일반적인 종은 신실하지 못하고 격려가 필요한 자로 묘사된다(예를 들면, 사 42:18-25).

일부 학자들은 둠의 분석에 근거하여 종의 노래들이 제2이사야의 메시지의 필수적인 부분이 아니었으며, 그렇기에 예언자의 사상에 별로 기여하지 못했다고 결론지었다. 그러나 이 이후의 연구는 종의 노래들이 그 맥락에 잘 통합이 된다는 사실을 보여 주었다(Mettinger 1983).

그러므로 최근 연구는 종의 노래(Servant Song)들이 제2이사야서의 전반적인 메시지에 어떻게 기여하는지에 집중하였다. 이 종의 노래들이 이사야 40-55장에서 어떤 기능을 하는지는 어느 정도 인물의 정체성에 달려 있다. 하나님께서는 소위 첫 번째 종의 노래에서 열국에 대한 사명을 맡은 불특정한 개인에게 말씀을 건네신다.

> 내가 붙드는 나의 종,
> 내 마음에 기뻐하는 자 곧 내가 택한 사람을 보라
> 내가 나의 영을 그에게 주었은즉
> 그가 이방에 정의를 베풀리라(사 42:1).

청자의 정체성에 대한 제안에는 고레스, 예언자, 이스라엘 국가 혹은 공동체가 포함된다. 두 번째 종의 노래에서, 종은 열국에 말을 건네고 (두 번째) 사명 위임에 대해 언급한다.

> 섬들아 내게 들으라
> 먼 곳 백성들아 귀를 기울이라
> 여호와께서 태에서부터 나를 부르셨고

내 어머니의 복중에서부터 내 이름을 기억하셨으며(사 49:1).

연관될 가능성 있는 정체성에는 예언자와 이스라엘이 포함된다. 세 번째 종의 노래에 등장하는 종의 독백(Servant's soliloquy, 종을 화자와 동일시하는 내용은 사 50:10-11에 나온다)은 메시지를 전한다는 이유로 예언자 혹은 나라가 어떻게 거절당하고 매도당했는지를 설명한다

> 주 여호와께서 학자들의 혀를 내게 주사
> 나로 곤고한 자를 말로 어떻게 도와 줄 줄을 알게 하시고
> 나를 때리는 자들에게 내 등을 맡기며
> 나의 수염을 뽑는 자들에게 나의 뺨을 맡기며
> 모욕과 침 뱉음을 당하여도 내 얼굴을 가리지 아니하였느니라(사 50:4, 6).

마지막 종의 노래에서 하나님은 마치 나라의 고난이 그러하듯, 그의 고난이 구속의 가치를 지니고 있는 한 개인에 대해 언급하신다.

> 그가 자기 영혼의 수고한 것을 보고 만족하게 여길 것이라
> 나의 의로운 종이 자기 지식으로 많은 사람을 의롭게 하며
> 또 그들의 죄악을 친히 담당하리로다(사 53:11).

마지막 두 종의 노래에서는 죽기까지 고난을 당하는 사람을 예언자와 그 백성과 동일시하였다. 비록 종의 노래들이 어느 정도 다양하지만, 제2이사야의 전반적인 메시지를 전달하는 본문 속에 배치된 형태에는 어떤 구도가 담겨 있다. 더구나, 종의 노래들은 궁중 언어를 빌려 세상 속에 여호와의 역사를 실행하게 하려고 한 개인(또는 그룹)을 지명한다.

예언자는 이 노래들을 통해 여호와의 계속된 보살핌과 공급을 예시한다. 여호와의 구원 여명이 시작되는 데 초점을 두고 있는 장들에 나타나

는 첫 번째 찬양시는 하나님의 목적을 이루려고 대리인을 지명했음을 기록한다.

두 번째 노래는 하나님께서 예언자에게 맡기신 사명을 확장하여 온 세상에 대한 여호와의 목적을 포함하게 하는 연결 고리로서 역할을 한다(사 49-55장에서). 남은 두 구절은 애도하는 여인 예루살렘에게 구속의 메시지를 전하는 단락에 나타난다. 이 구절들은 예루살렘 붕괴 후의 공동체의 경험이 회복에 도움이 된다는 점을 설명하는 수단으로써 고통의 구속적 특성을 말한다.

제2이사야서의 기원과 저작을 연구하면서, 우리는 일부 예언자의 메시지를 검토했지만, 이 다양한 자료 모음집이 일관성 있는 메시지를 전달하는지는 여전히 과제로 남아 있다. 아크로이드(Peter Ackroyd)는 이 자료를 두 유형으로 나누었다(1994: 118-37).

첫째, 하나님의 정의 실행에 초점을 맞추느냐에 주목한다.
둘째, 미래 회복을 향한 방향 선회에 주목한다.

제2이사야에게 여호와의 심판이 과거의 일이며 희망은 하나님의 개입에 달려 있는 것이 분명하다면, 제2이사야 서의 언어를 이런 식으로 볼 수 있다.

그러나 몇 가지 점에서 있어서 아크로이드의 구분은 예레미야와 에스겔에 더 잘 들어맞는 범주에 해당한다. 왜냐하면 이사야 40-55장의 무명의 예언자는 주로 절망에 빠진 백성을 위해 의기양양한 희망의 메시지를 선포했기 때문이다. 다양한 문학 양식은 일관성을 지닌 예언을 전달한다. 두 가지 내용은 다음과 같다.

첫째, 여호와는 곧 기적적으로 개입할 것이다.
둘째, 고난받는 백성을 구속할 수 있는 신(神)임을 신뢰할 수 있다

(Kaperlud 1982; Albertz 2003).

제2이사야는 사상을 분명하게 발전시키는 대신, 하나의 포괄적인 메시지 속에 중요한 사상들을 합쳐서 엮고 있다. 모음집을 여는 도입 말은 되풀이되는 주제들을 드러내고 있다.

> 너희의 하나님이 이르시되
> 너희는 위로하라 내 백성을 위로하라
> 너희는 예루살렘의 마음에 닿도록 말하며
> 그것에게 외치라
> 그 노역의 때가 끝났고
> 그 죄악이 사함을 받았느니라
> 그의 모든 죄로 말미암아 여호와의 손에서 벌을
> 배나 받았느니라 할지니라 하시니라
> 외치는 자의 소리여 이르되
> 너희는 광야에서 여호와의 길을 예비하라
> 사막에서 우리 하나님의 대로를 평탄하게 하라
> 골짜기마다 돋우어지며
> 산마다, 언덕마다 낮아지며
> 고르지 아니한 곳이 평탄하게 되며
> 험한 곳이 평지가 될 것이요
> 여호와의 영광이 나타나고
> 모든 육체가 그것을 함께 보리라
> 이는 여호와의 입이 말씀하셨느니라
> 말하는 자의 소리여 이르되 외치라
> 대답하되 내가 무엇이라 외치리이까 하니 이르되
> 모든 육체는 풀이요

> 그의 모든 아름다움은 들의 꽃과 같으니
> 풀은 마르고 꽃이 시듦은
> 여호와의 기운이 그 위에 붊이라
> 이 백성은 실로 풀이로다
> 풀은 마르고 꽃은 시드나
> 우리 하나님의 말씀은 영원히 서리라 하라(사 40:1-8).

'위로하라,' '말하라,' '외치라' 같은 동사들은 복수 형태로 되어 있기에, 예언자가 하늘 법정에서 열린 신적 회의에서 여호와께서 말을 건네는 소리를 엿들은 환상을 경험한 것으로 간주된다. 이와 같은 환상은 이사야 (사 6장)와 에스겔(겔 1-3장)과 같은 다른 예언자의 소명 이야기와 일치한다. 두 예언자는 소명을 받았을 때 하늘과 땅의 영역이 교차되는 상황을 마음속에서 경험하였다.

제2이사야가 하늘 법정에서 이루어진 논의를 주시하였다는 것은 다음과 같은 사실을 드러내 주고 있다. 심판은 과거의 일이 되고, 여호와께서 인간 역사에 개입하시고, 하나님의 개입은 온 세상에 대한 여호와의 주권을 드러내고, 하나님의 말씀이 세상을 흔들고 세상을 변화시키는 사건을 성취하고, 하나님께서 그를 예언자로 지명하시고 있다는 사실이다.

예언은 예루살렘에 대한 비난을 넘어 여호와께서 회복 계획을 세우고 세상에 개입하심으로써 새 일을 행하시려 한다는 인식으로 나아가는 데 집중한다. 그뿐 아니라, 소명은 인생의 덧없음과 대조시킴으로써 여호와의 말씀의 항구성을 강조한다.

제2이사야의 마지막 구절(사 55:6-16)은 하나님의 신뢰성에 대한 주제를 반복적으로 언급한다.

> 이는 비와 눈이 하늘로부터 내려서…
> 내 입에서 나가는 말도 이와 같이

헛되이 내게로 되돌아오지 아니하고
나의 기뻐하는 뜻을 이루며
내가 보낸 일에 형통함이니라(사 55:10-11).

소명 이야기와 제2이사야의 마지막 메시지는 예언자에 의해 중계된 하나님의 담화의 힘과 권위를 강조한다(사 50:4-11을 참조하라). 여호와의 말씀은 참될 뿐만 아니라, 역사에 놀라운 변화를 일으킨다.

제2이사야의 기본 전제는 여호와께서 인간 역사에 들어와 자기 백성을 회복시키려 하신다는 것이다. 브루그만(Walter Brueggemann)은 이사야 40-55장에 대한 연구에서 포로와 귀향이란 주제를 분석한다(1992: 90-108). 그의 견해에 따르면, 제2이사야서가 귀향 중심으로 조직되어 있지만, 사실은 이 주제가 이 모음집의 전제이기에 예언자의 메시지를 강조한다. 그렇기에 귀환과 회복 사상은 전반에 걸쳐 등장한다고 볼 수 있다.

> 네 자손을 동쪽에서부터 오게 하며
> 서쪽에서부터 너를 모을 것이며
> 내가 북쪽에게 이르기를 내놓으라
> 남쪽에게 이르기를 가두어 두지 말라
> 내 아들들을 먼 곳에서 이끌며
> 내 딸들을 땅 끝에서 오게 하며
> ...모든 자...
> 그를 내가 지었고 그를 내가 만들었느니라(사 43:5-7).

> ...너희를 위해 내가 바벨론에 사람을 보내어
> 모든 갈대아 사람에게 자기들이 연락하던 배를 타고 도망하여 내려가게 하리라(사 43:14; 15-21절을 참조하라) (개역개정판과는 달리, 저자의 책에서 두 번째 행은 "모든 문빗장을 깨뜨리리라"로 되어 있다-역자주).

너희는 바벨론에서 나와서 갈대아인을 피하고
즐거운 소리로 이를 알게 하여...
이르기를 여호와께서 그의 종 야곱을 구속하셨다 하라(사 48:20).

너희가 노년에 이르기까지 내가 그리하겠고
백발이 되기까지 내가 너희를 품을 것이라
내가 지었은즉 내가 업을 것이요
내가 품고 구하여 내리라(사 46:4).

새 출애굽으로 그려지는 귀환 모티브는 제2이사야서에서 귀향의 중심성을 뒷받침한다. 그뿐만 아니라, 예언자는 예루살렘에 위로의 메시지를 전한다. 도시와 성전의 재건에 대해 말한다.

[여호와께서] 예루살렘에 대해는 이르기를 거기에 사람이 살리라 하며 유다 성읍들에 대해는 중건될 것이라 내가 그 황폐한 곳들을 복구시키리라 하며... 예루살렘에 대해는 이르기를 중건되리라 하며 성전에 대해는 네 기초가 놓여지리라 하는 자니라(사 44:26b, 28b).

다른 예언에서, 하나님은 여인 예루살렘에게 직접 위로의 메시지를 전한다. 여인은 하나님의 팔에 안긴 양들처럼 포로민들을 안고 도시로 행진하는 여호와의 귀환에 관하여 외치라는 말을 듣는다.

아름다운 소식을 시온에 전하는 자여
너는 높은 산에 오르라
아름다운 소식을 예루살렘에 전하는 자여
너는 힘써 소리를 높이라
두려워하지 말고 소리를 높여

유다의 성읍들에게 이르기를
너희의 하나님을 보라 하라
보라 주 여호와께서 장차 강한 자로 임하실 것이요(사 40:9-10a).

이사야 40:9에서 동사들은 여인에게 말을 건네는 명령형으로 되어 있지만, 주석가들은 때때로 사자(使者)를 예루살렘에게 말을 건네는 자로 여긴다. 여인으로 의인화된 도시에 대한 구원 신탁은 이사야 49-55장에 나타나고(수도로서의) 예루살렘은 유다의 가장 중요한 도시이었기에, 본문을 기록된 것과 달리 이해할 필요는 없다. 그 밖의 다른 곳에서 예언자는 위로의 말로 여인 예루살렘의 애가에 응답한다.
"여호와께서 나를 버리시며, 주께서 나를 잊으셨다"(사 49:14)라는 시온의 걱정에 대해 하나님께서는 어머니의 깊은 사랑을 끌어 들여 다음과 같이 응답하신다.

여인이 어찌 그 젖 먹는 자식을 잊겠으며
자기 태에서 난 아들을 긍휼히 여기지 않겠느냐
그들은 혹시 잊을지라도
나는 너를 잊지 아니할 것이라(사 49:15).

부인 예루살렘, 즉 예레미야애가에서 바빌로니아 사람들이 입힌 피해를 살펴 보며 자신을 위로할 이가 아무도 없어 울어도 진정이 되지 않았던 여인은 자신의 자녀가 회복되는 것을 알게 된다.

자식을 잃었을 때에 낳은 자녀가
후일에 네 귀에 말하기를
이곳이 내게 좁으니(사 49:20).

잉태하지 못하며 출산하지 못한 너는 노래할지어다…
이는 홀로 된 여인의 자식이
남편 있는 자의 자식보다 많음이라 여호와께서 말씀하셨느니라
(사 54:1; 비교: 사 51:9-52:12; 54:2-17).

예언자를 통해 매개된 하나님의 말씀은 그 주민은 없고 그 하나님에 의해 버려졌던 도시(사 50:1에서 이혼 은유[metaphor of divorce]로 묘사되어 있다)에 기쁨 가득한 소식을 선포한다.

예언자는 여호와께서 고난받는 백성을 회복시키기 위해 하시려는 새 일을 선포하면서도, 하나님의 약속을 믿을 수 있는 근거를 강조하여 그 약속을 폄하하는 사람은 누구든 침묵시키고 있다. 여러 특징이 한데 합하여 청자에게 예언자의 선포 진실성을 확신시키고 있다. 제2이사야는 여호와께서 지상뿐만 아니라 우주를 만드신 창조주 하나님이심을 보여 주고 있다.

여호와를 전능하신 분으로 묘사하는 것은 여호와께서 구원할 수 있고 구원할 것이라는 예언자의 주장을 뒷받침하는 증거로 볼 수 있다. 여호와의 전능에 대한 믿음을 북돋우는 한 방법은 논쟁 구절로 분류되는 본문을 통해 이루어진다. 논쟁은 전형적으로 예언자가 하나님께서 하시려는 것이라고 주장하는 것을 과연 여호와께서 할 수 있는 능력을 가지고 있느냐의 문제를 취급한다. 한 논쟁 구절에서, 여호와를 자신의 손바닥 안에 온 세상을 잡을 수 있는 엄청난 거인에 비유한다.

> 누가 손바닥으로 바닷물을 헤아렸으며
> 뼘으로 하늘을 쟀으며
> 땅의 티끌을 되에 담아 보았으며
> 접시 저울로 산들을,
> 막대 저울로 언덕들을 달아 보았으랴(사 40:12).

이처럼 여호와의 구원 능력에 대해 강조하려고 수사적 질문을 사용하는 예는 이사야 40장 전반에 걸쳐 나타난다(사 40:13-17, 18-26, 27-31절).

예언자는 여호와의 창조 능력을 생명이 없는 우상의 창조 능력과 대조하여 창조주로서의 여호와의 개념을 강화시킨다. 여호와께서는 예루살렘의 붕괴 때까지 수많은 신 가운데 최고의 신으로 간주되었다(유일신론[monotheism]이라기보다는 단일신론[monolatry]). 문학적 전략을 통해 신들의 신적 지위를 절묘하게 부인한 에스겔과는 대조적으로(Kutsko 2000를 참조하라), 제2이사야는 노골적으로 이를 드러낸다. 제2이사야는 여러 구절에서 다른 민족의 신들은 독립적으로 존재하거나 행동할 수 없는 우상이나 조각상에 지나지 않음을 보여 준다.

제의적 이미지를 사용하는 것에 대해 논박하는 표현이 이사야 40-48장의 특징이다. 우상은 인간의 손에 의해 만들어졌으며(사 40:19-20; 42:17), 운반하는 자 없이는 이리저리 움직일 수 없고(사 46:1-7), 사건 실행을 예언하거나 가능하게 할 수 없다(사 48:5). 또한 조각하거나 부어 만든 이미지를 신으로 간주하는 사람들은 어리석은 자이다(사 42:17; 45:16, 20).

긴 이야기체 본문에서 예언자는 우상을 만들고, 그것을 만든 손을 조롱한다(사 44:9-20). 예언자는 목수가 나무를 잘라 하나님의 피조물을 만들고 그것의 반을 사용하여 고기를 굽고 자신의 몸을 덥게 해 줄 불을 지피는 행위를 묘사한다(사 44:18). 나무로 지어진 물건이 자신을 지어낼 수 없는 것은 자명한 이치이다.

더욱이, 여호와께서는 누구와도 견줄 수 없는 분이라는 사실은 열국에 대한 재판 담화(trial speeches)에서 명확히 드러난다. 재판 담화는 법률 소송이 제기된 법정이나 장로 회의를 배경으로 하는 장르를 나타낸다(사 41:1-5, 21-29; 42:18-25; 43:22-28). 또한 우상은 아무런 효능이 없음을 보여 준다.

> 나 여호와가 말하노니 너희 우상들은 소송하라
> 야곱의 왕이 말하노니 너희는 확실한 증거를 보이라

장차 당할 일을 우리에게 진술하라

또 이전 일이 어떠한 것도 알게 하라

우리가 마음에 두고

그 결말을 알아보리라

혹 앞으로 올 일을 듣게 하며

뒤에 올 일을 알게 하라

그리하면 너희가 신들인 줄 우리가 알리라

또 복을 내리든지 재난을 내리든지 하라

우리가 함께 보고 놀라리라

보라 너희는 아무것도 아니며

너희 일은 허망하며

너희를 택한 자는 가증하니라(사 41:21-24).

이 재판 담화에서는 다른 신들이 고대 이스라엘의 하나님의 도전에 대응할 수 없다는 사실을 통해 여호와의 우월성을 보여 준다. 재판 담화에서 공언한 유일신 사상은 여호와의 말씀에 대한 신뢰성과 미래에 대한 고대 이스라엘의 희망에 관한 예언자의 주장에 도움을 준다.

하나님의 구원 능력과 의도에 대한 믿음을 뒷받침하는 알맞은 증거가 있다. 제2이사야 시대의 예배에서 하나님의 주권과 힘에 대해 결코 의심을 품지 않는다. 그보다 공동체가 궁금해 했던 점은 여호와께서 다시 자신들과 관계를 맺으실 수 있느냐 하는 것이었다. 제2이사야의 두 번째이면서 아마 더 강력한 메시지는 여호와께서 왜 고대 이스라엘을 구원하셔야만 하는지 그 이유를 보여 주는 쪽으로 방향을 튼다는 사실과 연관된다.

우선, 여호와께서는 창조의 신으로서 어떤 백성과 모종의 관계를 맺으셨다. 국가 몰락의 사건을 통해, 여호와의 활동에 관한 전승은 하나로 엮여 하나님과 인간과의 관계에 대한 새로운 이해를 제시하고 있는 것으로 여겨진다(우리는 시편에서 이런 경향의 예들을 이미 살펴보았다). 제2이사야서는 왕국의 붕괴 전에 별개로 돌아다니던 개념으로 간주되는 창조와 선택 전승(traditions of creation and election)을 결합했다(Von Rad 1966). 예언자는 여호와께서 (때때로 '혼돈과 싸움'을 뜻하는 독일어 카오스캄프[chaoskampf]로 지칭되는) 바다 괴물과 싸움을 벌이신다는 창조 신화(creation myths)를 이용하여 자신의 권위를 세우고자 한다.

'혼돈과 싸움' 모티브에 대한 묘사와 나란히, 여호와께서 (출애굽을 통해) 한 백성, 한 왕, 한 수도(시온)를 선택하신 일을 포함한 선택 전승이 나타난다. 예를 들면, 하나님의 우주 조성과 한 백성에 대한 선택을 한 데 엮는 이야기가 예언자가 라합과 싸우고 갈대 바다를 단숨에 건너는 이야기를 할 때 이루어지고 있다.

> 여호와의 팔이여
> 깨소서 깨소서 능력을 베푸소서
> 옛날 옛 시대에 깨신 것같이 하소서
> 라합을 저미시고
> 용을 찌르신 이가
> 어찌 주가 아니시며 바다를,
> 넓고 깊은 물을 말리시고
> 바다 깊은 곳에 길을 내어
> 구속받은 자들을 건너게 하신 이가
> 어찌 주가 아니시니이까(사 51:9-10; 비교: 사 44:24, 43:15-21).

예언자는 '이스라엘의 창조주'와 연계된 '세상의 창조주'라는 호칭을 사용하여 창조와 선택 사상을 연결한다(사 43; 44:2, 21; 비교: 사 44:24; 54:5). 또한 민주화된 왕권 언어가 여러 구원 신탁 속에서 발견된다. 이 구원 신탁은 "두려워하지 말라"는 표현으로 시작되거나 이 표현을 포함하는 경향이 있다(사 41:8-13, 14-16; 43:1-7; 44:2-5; 54:1-8). 구원 신탁은 원래 제사장이 고난을 겪고 있는 예배자를 축복하던 제1성전의 제의에서 유래한 것으로 이해되었다. 콘라드(Edgar Conrad[1985])는 다른 설명을 내놓았다. 보다 더 정확하게 말하면, 구원 신탁은 전쟁이란 사회적 배경에서 유래된 것으로 주장한다. 그래서 원(原)-이사야(사 7:4-9; 37:6)에서 아합과 히스기야 왕에게 전하던 신탁처럼 승리를 선언하는 전쟁 신탁(war oracles) 같은 기능을 한다. 제2이사야서에서 공동체는 전쟁 신탁의 수령자가 된다. 콘라드에게 공동체는 왕이다.

예언자는 하나님의 헌신이 확실함을 나타내려고 여호와께서 선택하시는 장소로서의 시온과 연관된 또 다른 전승을 이용한다. 시온을 강조하려고 회복을 예언하는 도시에 대한 신탁에 집중한다. 시온은 재건되고 (사 44:26; 45:13; 49:14-15), 여호와의 흩어진 백성의 미래 고향이 되며(사 49:22; 45:14), 종말에 열국이 순례하러 오는 도시가 되게 운명 지어져있다(사 45:14-15; 49:22-23; 52:1-2).

공동체는 둘 사이의 친밀한 관계 때문에 자신들의 미래에 대한 여호와의 목적을 신뢰할 수 있다. 제2이사야는 하나님의 구원 의도를 전면에 내세우는 하나님에 대한 표현을 만들어 낸다. '구속자'란 용어는 이사야 1-39장에서는 전혀 나타나지 않지만, 제2이사야서 전체 모음집에서는 17번 나타난다(예를 들면, 41:14; 43:14; 44:6, 24; 54:5, 8). 구속자에 대한 히브리어 고엘(goel)은 가족법에서 유래하며 친척을 종살이/고용 계약에 따른 노동으로부터 해방시키거나 채무로 상실한 재산을 건지는 가족 구성원을 가리킨다.

이에 대한 좋은 예가 룻기에 나온다. 여기서 보아스는 룻의 '기업 무를 자' 역할을 한다. 여호와께 적용한다면, 하나님께서 이스라엘을 이방의 종살이로부터 구원하는 경향이 있음을 주장하려고 가족 용어를 사용한다. 구속자 여호와께서는 인간 대리인을 지명하여 자신을 대신하여 행하게 하신다.

여호와께서 그의 기름 부음을 받은 고레스에게 이같이 말씀하시되
내가 그의 오른손을 붙들고
그 앞에 열국을 항복하게 하며
내가 왕들의 허리를 풀어
그 앞에 문들을 열고
성문들이 닫히지 못하게 하리라
내가 너보다 앞서 가서
험한 곳을 평탄하게 하며
놋문을 쳐서 부수며
쇠빗장을 꺾고
네게 흑암 중의 보화와
은밀한 곳에 숨은 재물을 주어
네 이름을 부르는 자가
나 여호와 이스라엘의 하나님인 줄을 네가 알게 하리라
내가 나의 종 야곱,
내가 택한 자 이스라엘 곧 너를 위해(사 45:1-4a).

 예언자는 포로민들에게 하나님의 구원 계획이 실현되기 시작했다는 점을 인식시킬 수 있게 하려고 여호와를 고레스의 선택과 연관 지어서 탁월한 구속자로 규정한다.
 제2이사야는 바벨론의 포로민을 구하기 위한 여호와의 능력과 목적을 확신시키기 위한 근거를 제시할 때 여러 전승을 이용하고 창조하며 결합했다. 제2이사야가 여호와에 관하여 강력한 영향력을 끼친 메시지를 전달한 것은 특히 창조와 선택 전승의 결합에서 드러난다.
 그뿐만 아니라 시온 전승 단독으로도 이런 영향력이 잘 드러난다. 혼돈의 물에 대한 자신의 승리를 기념하는 연례 제의에서 신의 왕권이 갱신되는 바빌로니아의 마르둑 제단과는 구별되게, 예언자는 여호와를 시간

의 흐름을 통해 구원 행위를 하시는 분으로 묘사했다.

제2이사야서에서 원시 창조는 여호와께서 역사 속에서 행하신 첫 번째 일이기는 하지만 유일한 행위는 아니다. 여호와께서는 특별한 백성과의 상호 작용의 역사를 통해 이스라엘에 대한 자신의 왕권을 드러내신다. 사실 창조주로서의 여호와의 역사는 이스라엘의 선택과 다윗 왕의 선택 및 시온에 대한 길을 열어 주었다. 지금의 예언 모음집에서, 여호와의 주권 개념은 온 세상을 포괄한다.

전통적으로 (그리고 이전에) 다윗계 왕에게 적용되던 선택 전승의 방향이 바뀌어 공동체가 여호와의 임재를 세상에 중재하는 역할을 떠안게 된다는 강력한 메시지가 백성에게 전달된다. 다윗 언약 어휘는 복수 형태 명령형(3절)과 "내가 너희(복수)를 위해 영원한 언약을 맺으리니 곧 다윗에게 허락한 확실한 은혜이니라"라는 신적인 선언 때문에 민주화되어 있다(사 55:3-4). 예언자는 왕에게 제시된 양식의 공급과 구원의 영원한 언약을 공동체로 확장한다. 다윗 왕은 왕정 시대에 하나님의 임재를 백성에게 중재해 주는 역할을 하였다. 새 출애굽 이후에 백성은 세상에 대한 하나님의 대표자로서 왕의 역할을 떠맡아야 한다. 그들은 열국에 여호와의 임재에 대한 지식을 중재하게 된다.

그런데도 인간을 위한 하나님의 목적 속에서 열국이 차지하는 위치에 관한 제2이사야의 사상은 획일적인 것이 아니었음을 기억해야 한다. 비록 예언자가 땅끝이 여호와를 향해 마음을 돌림으로 구원받을 가능성을 제시하고(사 45:22) 하나님의 구원을 땅끝까지 확장했지만(사 49:6), 보다 더 민족주의 정서가 나타나기도 한다.

열국이 이스라엘에 굴종하고(사 45:24-25; 49:22), 사슬에 매여 예루살렘에 건너와서 굴복하며(사 45:14; 49:17), 심지어 예루살렘의 발의 티끌을 핥으며 경의를 표하기까지 한다(사 49:23)는 서술 내용이 이 견해에 잘 부합된다. 공동체가 비추는 빛으로 인해 열국이 여호와의 주권을 인정하게 되겠지만 열국은 하나님의 약속에는 포함되지 못할 것이다. 제2성전 시대 문헌은 이방인에 대한 보편적인 태도를 보이면서도 민족주의 개념을 계속 추구하고자 한다(요나와 룻의 포용적 메시지와 에스라와 느헤미야의 배타적 노선을 비교하라).

1) 제2이사야의 결론

제2이사야는 자신의 시의적절한 예언을 통해 하나님의 개입 주장을 설득력 있게 펼쳤다. 그 과정에서 본국 귀환의 탄력을 제공하는데 이바지하는 희망에 찬 비전의 여러 특징을 엮었다. 또한, 제2이사야의 메시지는 신의 정당성을 옹호하는 신정론 기능을 했다. 마지막 두 개의 종의 노래는 고난의 구속적 가치를 묘사하였다. 이를 통해 하나님께서 분노하심으로써 문제가 많은 인간을 자기 신에게로 회복시키기 위한 수단을 제공했다는 사실을 보여주고자 하였다.

더구나, 예언자는 고대 이스라엘 백성에게 자신들의 포로 생활이 헛되지 않았다는 점을 보여 주려고 그들을 다윗계 왕의 지위로 올려놓았다. 포로 생활과 추방 사건이 굴욕으로 간주되기보다는 건설적 목적에 이바지하게 될 것이다. 이를 통해 고대 이스라엘은 온 세상에 여호와의 주권을 드러내며, 이방의 빛이 될 것이다(사 42:6; 49:6; 비교: 사 51:4).

제2이사야는 재앙 너머로 나아가며, 멸망을 대가를 완전히 지불한 죄에 대한 심판으로 설명하고, 회복 계획을 강조하여 여호와의 의도에 대해 주의를 환기한다. 또한 그는 여호와께서 공동체를 위해 행동하실 것임을 재확인시킨다. 제2이사야는 강력한 미래 구원의 이상 속에서 신개념의 토대를 신화와 구원사에 둔다.

제2이사야의 메시지는 여호와께서 사로 잡혀간 이스라엘을 위해 세상 속에서 실행하실 새롭고도 놀라운 행위에 대해 의식하느냐 그렇지 않느냐에 달려 있다. 그는 하나님의 반전 역사를 예견하고 신실하게 예언하였다. 그러나 그의 미래 비전은 묘사된 사건이 어떻게 발생할 것인지 그것이 미래에 무슨 일을 수반할 것인지를 구체적으로 설명하는 데 실패하였다. 자연히 그것은 그 당시의 다른 예언자의 과제가 되었다.

2. 에스겔 40-48장

에스겔서의 마지막 장들은 에스겔 1-39장과 밀접히 관련되나, 별개의 예언 묶음으로 간주해야 한다는 데 광범위한 의견 일치가 있다. 무성전 시대의 마지막과 관련된 회복의 이상(異像)을 살펴보기 위해, 에스겔 40-48장의 회복된 성전과 공동체에 대한 에스겔의 이상을 제2이사야와 연관 지어 검토할 것이다.

에스겔의 마지막 장들은 공동체의 심장부에 있는 성전에 중점을 둔 회복의 이상을 포함한다. 성소 재건과 성소의 사용에 관한 규례에 관심을 둔 에스겔 40-48장은 사상과 언어의 관점에서 오경의 제사장 문서와 가깝다. 그렇기에 에스겔 40-48장의 연대를 에스겔의 예언보다 약간 더 늦다고 보거나 심지어 다른 사람이 기록한 것으로 보기도 한다. 그린버그(Greenberg)는 에스겔의 마지막 장들을 다른 부분과 분리하는 것에 반대한다. 그는 에스겔은 제사장으로서 성전 회복에 대한 관심을 보여 주고자 했을 것이며, 사실 보다 더 이른 시기의 자료에서 성전 회복을 예언했을 것(겔 20:40; 37:24-28)이라고 강조하였다.

그뿐만 아니라, 에스겔의 결론 장들은 에스겔 1장에서 시작된 하늘 성전에 관한 이상과 에스겔 8-11장에 묘사된 타락하여 파괴될 필요가 있는 지상 성전에 관한 이상을 보완해 준다. 에스겔서에 관한 논의에 이 결론 장들을 포함하는 것이 유익할 수도 있지만, 그 논조와 관심사는 약간 다르다. 이 결론 장들은 재앙 너머의 때를 바라보는 이상적인 그림을 제시한다. 이는 이사야 40-55장의 그림을 보완해 준다.

제2이사야는 여호와께서 포로가 된 이스라엘을 위해 금방 결정적인 방식으로 개입하시려 했다는 우주론적 변화를 인식할 수 있는 근거를 제시하였다. 하나님의 반전에 대한 제2이사야의 강조와 더불어, 에스겔은 여호와께 초점을 두고 공동체가 어떻게 재조직이 되어야 하는지와 하나님께 영광을 돌리려고 예배를 어떻게 세심하게 통제해야 하는지 실제적인 메시지를 제시한다.

회복된 성전에 관한 자료는 세 개의 주요 단락으로 나누어진다.

겔 40:1-43:12   미래 성전에 관한 이상.
겔 44:1-46:24   성전과 제의 활동에 대한 접근을 통제하는 규례들.
겔 47:13-48:35   백성에게 땅 분배.

지상 성전에 대한 에스겔의 이상에서 그랬던 것처럼, 에스겔은 하나님의 손길에 의해 예루살렘 도시를 내다보는 아주 높은 산으로 옮겨진다. 이 이상 속에서 어떤 하늘의 존재가 새로운 건축 현장 주변의 동쪽 문으로부터 에스겔을 안내한다. 이 이상에는 건축 현장의 크기와 그곳에 거주하려고 돌아오시는 여호와의 영광과 번제가 재개되는 이야기가 포함된다. 뿐만 아니라, 이 이상은 성소 입장과 사역 제사장의 복장과 행위에 대한 규례 목록을 제시한다. 회복된 성전의 중심을 차지하고 있는 재건된 성전에서 생명수가 흘러나온다.

에스겔 40-48장에서 예루살렘을 여호와의 임재의 자리로 받아들이는 믿음은 거룩과 세속에 관한 제사장적 염려와 관련 있다. 이 둘은 필요에 의해 얽혀져 있다. 여호와의 영광(카보드, *kabod*)은 모든 부정으로부터 성소를 보호할 수 있을 때에만 다시 성전으로 돌아와 이스라엘 내에 거주할 수 있다(겔 43:1-12). 그러므로 에스겔서의 마지막 장들은 성전 건축과 제의 사역자에 대한 규례에 초점을 맞춘다. 흥미롭게도, 재건된 성소에 대한 묘사는 성소의 건축 도안이 정결을 확보하고 있음을 보여 주고자 한다.

예를 들면, 거룩의 정도를 명확히 구분하려고 벽과 계단을 이용하여 성소를 세 개의 공간으로 나눈다. 다양한 수준의 거룩으로 들어가는 것은 안뜰과 바깥뜰에 접근하는 것을 제어하는 일련의 문들을 통해 이루어진다. 문들은 크기가 장대해 최근에 발굴된 요새화된 도시 문의 차원을 넘어선다. 문들 자체만으로 전달되는 전반적인 인상은 요새와 다를 바가 없다. 성전의 가장 내밀한 곳에 있는 지성소에 대한 접근은 그 신성함과 여호와의 임재를 보호하려고 엄격하게 통제된다.

성소의 거룩을 보호하려는 다른 방안도 마련된다. 제의 사역자에 대한 엄격한 규례가 있으며, 역할에 있어 서열을 지키도록 된다. 게다가, 성소는 여러 면에서 솔로몬 성전처럼 묘사되지만, 규모 면에서는 훨씬 더 장대하다. 크기는 더 크고 높이는 더 높다. 이전 성전과 달리, 에스겔서의 회복된 성전은 왕궁 가까이 있지 않다. 별도의 거룩한 땅에서 왕궁과는 떨어진 곳에 위치한다. 왕정 시대에는 왕궁과 단 하나의 복합 건물을 구성하였다. 회복된 성전의 배치 구도는 성전이 왕에 의해 오염되는 것을 막고자 한다. 흥미롭게도 왕궁과 성소를 분리한 것은 예언자가 회복된 예루살렘에서 왕권을 어떻게 이해했는가와 상관 관계가 있다.

에스겔은 왕의 권력을 완전히 부정하지는 않았다. 대신, 그 권력을 축소했다. 특히, 왕이 예배에 참석하고 예배를 인도할 때, 즉 제1성전 시대의 상황과 비교할 때 그렇다. 용어조차도 축소된 책임을 말하려고 변경된다. 에스겔 40-48장은 통치자의 이름으로 '왕'을 뜻하는 멜렉(*melek*) 대신에, '족장 혹은 지도자'를 뜻하는 나시(*nasi*)로만 표현한다. 나시라는 용어는 주로 왕정 이전 시대의 문헌에서 발견되는데, 거기서 지파 지도자를 가리킨다(Speiser 1963의 고전적 연구를 참조하라).

하나님이 통치하는 새 시대에 대한 에스겔의 이상 속에서 왕의 정치적 권위는 감소한다. 마찬가지로, 왕은 더 이상 제1성전 시대처럼 제의 중재자가 아니다. 성전 경내에서 왕의 접근은 제한되며, 평신도 사이에 포함된다(겔 46:10).

레벤슨(Jon Levenson)은 에스겔 40-48장 분석을 통해 회복된 성전 이상은 시내 사건(Sinai event)에 관한 제사장 문헌과 상당한 정도로 중첩된다고 주장하였다. 모세는 이 시내 사건에서 하나님의 임재의 이상을 보았고 성막 건축에 대한 상세한 지침을 받았다(출 24-31장) (1976). 모세가 해방된 노예들에게 거룩한 백성의 개념을 강조하였던 것처럼, 에스겔은 바벨론으로부터 막 귀환하려고 했던 사람들에게 미래에 여호와의 임재를 체험할 수 있다는 사실을 구체적으로 서술하였다. 에스겔의 체험은 포로민들에게 예루살렘으로 귀환할 때 올바른 행위가 무엇인지에 관한 잘 계획된 이상을 제시하였다.

하나님의 성소는 물리적인 면, 혹은 영적인 면에서나 중심을 차지할 것이다. 열두 지파는 성전을 중심으로 동심원 형태로 기업을 재분배받을 것이다. 게다가, 에스겔서의 율법은 모세의 입에 두지 않은 히브리 성경의 유일한 율법 모음집이다. 에스겔서 마지막 장들에 있는 율법 자료들은 예언자의 메시지를 비준해 주며 미래를 위해 계획된 이상의 기능을 한다. 규례는 예루살렘에 회복된 공동체에 여호와와의 언약 관계를 어떻게 갱신할 수 있는지를 보여 준다.

3. 결론

제2이사야와 에스겔 40-48장의 회복 이상은 다 같이 출발점을 여호와께서 곧 개입하시리라는 점으로 인식하고 있다는 데 있으며, 또한 상호 보완적이다. 제2이사야는 두 가지 메시지를 전달하는 데 주력하였다.

첫째, 공동체가 귀향을 불러일으키는 데 있었다.
둘째, 절망 중인 백성을 위로하는 데 있었다.

예언자의 메시지는 어떤 점에서는 백성이 어떻게 귀향해야 하는지를,

그리고 일단 거기서 무엇을 해야 하는지를 구체적인 사항을 알려주지 않았다는 점에서 비현실적이었다. 여호와께서 골짜기를 높이고 산을 낮춤으로써 광야를 통해 인도하신다는 출애굽 행진에 대한 제2이사야의 묘사는 영감을 불어 넣은 것은 틀림없지만, 실제적인 세부 사항을 거의 제시하지 않았다.

이와는 대조적으로, 에스겔은 고국에서의 미래 삶은 분명한 가르침이 없이는 불가능하다고 인식했다. 에스겔은 여호와께 영광을 돌리고 하나님의 은혜 가운데 거주하기 위해서는 공동체가 어떻게 조직되어야 하는지에 집중하였다. 여호와의 거룩을 진지하게 받아들이는 개인의 행동이 그런 것처럼, 성전을 중심에 두고 사회를 올바른 질서 속에 조직하는 것이 절대적이었다.

제2이사야서와 에스겔 40-48장의 예언 메시지는 무성전 시대 문헌에서의 중대한 변화를 나타낸다. 여호와께서는 곧 역사 속에서 새로운 행동을 실행하실 것이다. 제2이사야서는 하나님의 임박한 개입에 대한 응답 차원에서 믿음을 북돋운다. 반면, 에스겔 40-48장은 공동체가 여호와의 백성으로서 어떻게 행동하고, 어떻게 여전히 여호와의 백성이 될 수 있는지에 초점을 맞춘다. 그러나 둘 다 여전히 이상주의에 머무른다.

다음 장에서 우리는 하나님의 반전에 대한 제2이사야의 이상과 종교-사회적 규례에 대한 에스겔의 관심이 성전 회복 때부터 나온 문헌 속에서 어떻게 받아들여지고 있는지를 살펴보게 될 것이다.

제6장

희망으로의 전환 (II)

언약에 대한 헌신

제2이사야서와 에스겔 40-48장의 예언을 뒤덮은 열기는 학개와 스가랴 1-8장과 제사장의 성결법전(H)에서 새롭게 표현되었다. 이 문헌들은 여호와의 새로운 행동을 언급하며 언약 갱신을 북돋우려는 노력 속에서 행동을 통제하는 쪽으로 방향을 바꾼다.

이 당시 문헌에서 획기적인 점은 여호와께서 자신들 가운데서 구원을 위해 움직이고 계신다는 현실을 출발점으로 삼고 있다는 데 있다. 이 문헌들은 고대 이스라엘이 여호와의 신실한 행동에 어떻게 응답해야 하는지에 초점을 둔다. 제2이사야서와 에스겔 40-48장은 이 같은 생각의 토대를 귀향과 회복에 초점을 맞추고 있는 예언과 연관시킨다.

이들의 예언은 무성전 시대가 끝날 무렵의 문헌이 공유하는 두 가지 출발점을 제시한다. 학개와 스가랴 1-8장의 예언 기록은 여호와의 목적이 역사 안으로 뚫고 들어오고 있다는 믿음과 하나님의 헌신에 비추어 이스라엘이 응답해야 할 필요성을 그 출발점으로 삼는다. 성결법전은 신적 주권자이신 여호와와의 관계에서 백성이 어떻게 신실하게 살 수 있는지 보여 주려는 지침을 제시하려고 착수한다.

1. 예언적 격려

1) 학개

학개서는 열두 소예언서 중 하나이며, 소위 열두 권의 책으로 함께 편집된 예언 모음집이다(Nogalski 1993). 짧은 열두 예언서의 통합이 이루어질 때까지(페르시아 시대의 어느 시점에), 학개의 예언은 연대기적 틀에 의거하여 스가랴서(1-8장)와 묶여진다. '나의 축제'(my festival)를 뜻하는 학개는 기원전 520년의 4개월 동안 예언 활동을 했다. 농사에 대한 염려와 일반 백성을 대상으로 한 권면 때문에 학개는 나라 멸망 후에 유다에 남아 있었던 사람으로 여겨졌다(Beuken 1967; Bedford 2001). 자신과 동시대에 활동한 스가랴와 달리, 학개는 예루살렘 붕괴 후에 그 땅에 남아 있던 유다 사람의 관점을 대변하였다.

학개서는 단지 두 장밖에 안 되지만, 일련의 비평적 연구 대상이 되었으며, 그 결과는 어떤 학개서 개론을 막론하고 여전히 중요하다. 학개의 신탁들은 오랫동안 편집 틀에 의해 둘러싸여 있다고 인식되어 왔다(Ackroyd 1951, 1952; Mason 1977; Beuken 1967; Tollington 1993). 예언자가 백성과/또는 그들의 지도자들에게 직접 말을 건네는 구절은 학개 1:2, 4-11, 13b; 2:3, 6-9, 11-14, 15-19, 21-23에 나타난다. 편집 틀은 여전히 논란이 되는 학개 2:2, 4-5과 더불어 학개 1:1, 3, 12, 13a, 14, 15; 2:1, 2, 4-5, 10, 20에 나타난다.

편집 때문에 첨가된 부분은 특징과 어휘가 역대기, 에스라, 느헤미야와 비슷하다. 역대기사가(즉, 역대기와 아마 에스라서와 느헤미야서의 저자)가 학개서를 편집했다는 견해가 제시됐다. 대신, 뷰켄(Willem Beuken)은 자신의 연구서에서 학개서와 스가랴 1-8장이 역대기적 맥락 속에서 편집되었다고 주장했다(1967). 메이슨(Rex Mason)은 역대기에 있는 레위 사람의 설교 언어를 면밀하게 분석하면서 예언자와 역사의 관계를 바라보는 대안적 방법을 제시하였다(1990). 메이슨은 학개와 스가랴의 편집 틀은 언어와 주제에 있어 설교라기보다는 보다 더 적절하게 역대기의 연설이라 여기는 것과 공통점이 있다는 결론 내린다.

게다가, 이 편집 틀은 학개의 예언이 "백성의 역사의 중대한 시기, 즉 모든 면에서 모세와 다윗의 때와 평행되는 시기에 매우 중요한 역할을 한 설교자 중의 한 사람으로 자신을 주장하는 집단 속에서 보존되었다"라고 암시한다(Mason 1990: 194). 학개(그리고 나중에 스가랴)의 예언은 제사장들에 의해 수집, 편집, 전달이 이루어졌다. 이 제사장들은 제2성전 설교자로서 성소에 있는 공동체에 거룩한 전승을 설명한 사람들이었다.

편집 틀은 학개의 예언을 제의에서 사용했다는 사실을 암시하는 차원을 넘어 학개의 등장에 대한 정확한 연대를 제시해 준다. 학개는 다리우스 왕 통치 2년(기원전 520년) 4개월 동안 예언 활동을 하였다. 책의 연대는 편리하게 네 부분으로 나누어져 있다. 즉, 학개 1장; 2:1-9; 2:10-19; 2:20-23이다. 첫 번째 단락에서, 예언자는 공동체에 성전을 재건하도록 권면한다(학 1:1-15). 그는 조심스럽게 백성이 성소를 짓지 않았기에, 기근과 가난 형태로 하나님의 언짢음과 계속된 심판이 초래되었다고 설명한다. 백성은 학개를 참 예언자라고 응답하며 성전 재건에 착수한다.

> 여호와께서... 남은 모든 백성의 마음을 감동시키시매 그들이 와서 만군의 여호와 그들의 하나님의 전 공사를 하였으니(학 1:14).

그 후에 두 번째 단락에서 예언자는 성전 재건을 수반하는 하나님의 회복에 주의를 집중시킨다(학 2:1-9). 여호와께서 이와 같은 노력을 신적 임재로 축복하심으로써 은혜를 보여 주신다.

> 일할지어다 내가 너희와 함께 하노라 만군의 여호와의 말이니라 너희가 애굽에서 나올 때에 내가 너희와 언약한 말과 나의 영이 계속하여

너희 가운데에 머물러 있나니 너희는 두려워하지 말지어다(학 2:4-5).

하나님께서 들려주신 안심시키는 말은 건축자들을 북돋우어 주었고, 더 나아가 성전을 아름답게 꾸미려고 열국의 보물을 가져올 것이라는 미래 약속을 덧붙인다(학 2:6-9).

세 번째 단락에서, 예언자는 제사장들에게 호소하여 성전이 회복되면 저주받아 더러워진 백성이 축복을 받을 것을 상징하기 위한 수단으로 정결과 부정에 관한 결정을 내리게 한다(학 2:10-19).

마지막 네 번째 단락에서 학개는 세상 질서를 뒤흔들어 유다의 왕좌에 다윗계 왕을 복위시키려는 하나님의 계획을 선포한다(학 2:20-23). 예를 들면, 스룹바벨을 향한 예언은 제1성전 시대와 고대 근동의 다른 문헌에서 나타나는 왕권과 성전 건축의 전형적인 순서를 뒤바꾸고 있다는 점에서 관심을 끈다. 여호와께서 신적인 보좌를 차지한 후에야 유다를 통치할 지도자가 지명될 것이다. 그 밖의 다른 곳에서 왕은 신이 거주할 장소를 마련한 성전 건축자 역할을 하였다. 학개서에서는 하나님과 공동체가 성전 건축자들이다.

두 가지 주요 주제가 학개서 전체를 관통한다.

첫 번째 주제는 성소 건축의 중요성과 관련된다.

두 번째 주제는 성소의 기초를 마련한 후에, 여호와께서 갱신과 회복을 약속하시는 장면을 보여 준다.

여호와의 통치에 관한 학개의 신탁은 종말 혹은 종말에 있을 미래 이상의 측면에서 논의되어 왔다(Childs 1979; Ackroyd 1994). 그러나 그의 신탁은 하나님의 임재 장소가 다시 재건된 자연스러운 결과로 간주되는 것이 더 낫다(Bedford 2001). 그러므로 하나님의 임재와 섭리에 대한 학개의 예언은 명시되지 않은 종말보다는 역사의 시간 속에서 구체화할 것이다.

요약하면, 학개의 예언은 여호와께서 회복과 성전 재건을 독려하는 쪽으로 방향을 선회한 점에 대한 인식을 촉진하는 실제적인 역할을 한다.

성소에 약속한 번영이 물질적인 소유와 연결되어 있었지만, 학개는 자신의 이전 예언자들처럼 예루살렘 성소가 하나님의 처소이며, 그렇기에 하나님의 임재와 영광이 스며들어 있다고 생각한다(학 1:3). 기근을 성전 재건의 실패와 상관시킨 것, 즉 심판과 불순종을 상관시킨 것은 학개에게 성전 재건이 하나님과 백성 사이의 관계와 더 깊은 연관 관계가 있음을 보여 준다. 베드포드의 제안처럼, 학개는 백성에게 하나님의 분노를 실행시키는 기간이 차츰 가까워지고 있다는 경각심을 불러일으킨다.

하나님의 뜻에 대한 순종은 언약의 재체결과 하나님의 임재의 회복을 가져올 것이다. 그러므로 성전 건축은 단순히 하나님과 물질적 부를 연관시키기보다는 여호와의 은혜를 받아들이는 일과 더 깊이 관련된다. 여호와의 은혜를 받은 백성은 더 이상 파멸의 심판을 겪지 않을 것이다. 여호와의 임재가 공동체를 뒷받침하듯이 성전에 대해서도 그러할 것이다. 학개 사상은 신명기적 원리와 매우 흡사하다. 하나님의 대변자인 예언자에게 불순종하면 멸망과 심판을 초래되는 반면, 순종은 하나님의 공급하심을 통해 할당된 여호와의 선의를 초래할 것이다.

『해석자의 성경 시리즈』(The Interpreter's Bible series) 주석에서 토마스(David Winton Thomas)는 "학개는 예언 직무에서 자신이 자신의 위대한 전임자들과 나란히 서야 한다고 요구한 적이 없다"(Thomas 1956: 1039)라고 주장했지만, 학개는 혼자서 성전 재건을 고무하였다. 그의 예언은 공동체에 주의를 환기시켜 여호와의 은혜가 임하고 하나님의 분노가 끝나고 있음을 알려 주었다. 학개의 활동이 짧음에도 불구하고, 제2성전 시대의 역사는 그에게 상당한 빚을 지고 있다.

2) 스가랴 1-8장

스가랴의 예언은 학개의 예언과 불가분하게 연관된다. 그 또한 성전 재건을 회복된 예루살렘의 필수불가결한 요소로 간주하였다. 스가랴

9-14장(제2스가랴서)이 사고의 계속성을 증거하지만, 일반적으로 스가랴 1-8장만 기원전 6세기 말에 활약하던 예언자의 글(때때로 원[原]-스가랴서 혹은 제1스가랴서로 알려진)로 보는 견해가 받아들여지고 있다(Childs 1979: 355-72; Mason 1976; Smith 1995: 124-25, 133-38).

스가랴의 예언 활동은 학개와 겹치지만 더 길게, 기원전 520년부터 518년까지 계속된다. 스가랴는 제사장 가계에 속하며(슥 1:1; 비교: 스 4:1; 6:14), 스룹바벨과 함께 바벨론 포로에서 귀환한 것으로 여겨진다(느 12:4, 16, 스가랴의 조상 이름인 잇도를 통해). 그가 최초 얼마간의 귀환자 물결에 포함된 것은 그의 예언이 학개와 다른 일면을 잘 설명해 준다. 포로민의 귀환에 대해 결코 명시적으로 언급하지 않았던 자신의 동시대인과는 대조적으로, 스가랴는 하나님께서 포로민의 귀환을 요구하신다는 데 초점을 맞춘다.

스가랴 1:1, 7과 7:1의 연대에 관한 서술은 원-스가랴서를 세 개의 단락으로 나눈다. 스가랴 1:7-6:15의 열광적이며 저 세상의 이상에 관한 긴 단락은 스가랴 1:1-6의 도입 단락과 이상을 공동체와 연관시키는 스가랴 7:1-8:23의 메시지에 의해 둘러싸여 있다. 도입 단락은 이스라엘의 과거 불성실을 낱낱이 말할 뿐만 아니라, 현재 세대에게 여호와께서 그들의 조상을 심판했던 것처럼, 그들의 죄를 심판하실 것임을 경고하는 역할을 한다.

그들의 희망은 뉘우침과 회개에 달려 있다. 도입 단락 다음에는 예언자가 한밤중에 받은 여덟 개의 이상을 소개한다(슥 1:7-6:15). 이 이상들은 성전과 예루살렘 도시에 부여된 중요한 역할을 명확하게 밝혀 준다. 도시의 확립과 함께 제사장직의 정화, 바벨론으로부터 포로민의 귀환, 성전 재건이 서술된다.

마지막 두 장(슥 7-8장)은 심판과 회복의 주제를 결합한다. 과거에 백성이 여호와와의 언약을 지키지 못하여 하나님의 심판을 받아 열국에 흩어지는 결과를 초래한 사실에도 불구하고, 하나님께서는 예루살렘으로 돌아오실 것이다. 예루살렘에 하나님의 임재(카보드, '영광')의 귀환과 거주의 결과로서 도시에는 평화가 있을 것이고, 성전은 재건되고, 땅은 결실을 보게 되며, 공동체는 의로워지고, 모든 열국이 여호와의 백성을 통해 축복받을 것이다.

학개처럼, 스가랴 1-8장은 편집되었다. 어떤 곳에서는 예언자를 3인칭으로 지칭한다(슥 1:1, 7; 7:1, 8). 스가랴 1:1과 7에서는 이름 다음에 '예언자' 칭호를 덧붙이며, 연대기적 틀이 그 내용을 조직한다. 게다가, 밤의 이상에 첨부된 해설 신탁은 또 다른 해석을 바로잡는 기능을 하는 듯하다.

스가랴 3:6-10의 대제사장 여호수아의 정화, 스가랴 4:6b-10a의 스룹바벨에게 주는 연설, 스가랴 6:9-15의 전체 이상 시리즈의 부록 등이 그러하다. 메이슨은 학개서의 첨가처럼 스가랴서에 첨가된 자료(슥 1:1-6; 3:6-10; 4:6b-10a; 6:9-15; 7:4-7, 8-10, 11-14; 8:1-8, 9-13, 14-17, 18-23)는 예언자의 시대보다 약간 늦은 연설의 상황을 반영하고 있음을 보여 주었다(Mason 1990: 197-234).

학개서의 편집 틀처럼, 이 구절들은 사상적 측면에서 역대기의 연설에 가깝다. 이 구절들은 구원의 시대를 미래로 넘김으로써 하나님의 개입에 관한 학개와 스가랴의 약속이 실패로 돌아간 것을 이해해야 하는 도전에 맞서고 있다.

스가랴의 밤의 이상은 예언자에게서 나와 예루살렘과 열국을 향한 하나님의 목적을 보여 준다.

첫 번째 이상은 다른 이상들 속에서 드러나야 할 주요 주제들에 대한 개관을 제시한다. 땅을 두루 다니며 살펴보는 네 명의 말을 탄 자들(슥 1:8-13)과 뒤따르는 해설 신탁(슥 1:14-17)에 대한 이상을 통해, 예언자는 하나님의 분노 시대가 끝났음을 밝힌다. 여호와께서 예루살렘에 오셔서 자비를 베푸시며 자신의 분노를, 유다를 멸망시킬 때 매우 가혹하게 다룬 열국에 돌린다.

두 번째 이상은 네 뿔로 묘사된 열국과 네 대장장이 또는 여호와의 대행자에 의해 집행되는 그들의 심판에 대해 더 상세하게 언급한다(슥 2:1-4

= 한글 성경, 슥 1:18-21).

세 번째 이상은 예루살렘에 대한 여호와의 헌신, 즉 영속적인 임재로 예루살렘을 보호하시고 또 그 안에 거하심을 말한다(슥 2:5-9 = 한글 성경, 슥 2:1-5). 스가랴 2:10-17(= 한글 성경, 슥 2:6-13)의 신탁은 처음 세 이상에서 발견된 주제를 되풀이하여 언급한다. 그 주제에는 여호와께서 바벨론의 포로민들이 돌아오도록 소리치시고, 고대 이스라엘을 위해 열국의 힘을 제한하려고 행동하시고, 예루살렘으로 돌아오시며, 그런 후에 우주적인 통치를 확립시키시는 것이 포함된다.

첫 번째 세 이상에 뒤이어, 스가랴는 제사장적 통치자인 여호수아(슥 3:1-10, 일반적으로 후대 삽입으로 여겨짐)와 다윗 가문의 스룹바벨(슥 4:1-6a, 10b-14)에게 입혀진 권위를 바라본다. 날아가는 두루마리 이상(슥 5:1-4)과 날개 달린 짐승에 의해 바벨론으로 운반되는 뒤주(에파, *ephah*) 속의 여인 이상(슥 5:5-11)을 통해, 예언자는 여호와께서 통치하시는 새 시대에 적합한 공동체 행위를 분명히 밝힌다. 두루마리는 사회 규정을 지키지 못한 사람들을 찾아내 제거하는 반면, 뒤주 이상에서의 여호와의 대행자는 의인화된 우상을 메소포타미아로 돌려보낸다. 뒤주 속의 여인이 정확히 무엇을 가리키는지는 모호하지만, 여신임이 틀림없다.[1]

스가랴 6:1-8의 마지막 이상은 네 가지 색깔을 지닌 말들을 묘사함에 있어 첫 번째 이상과 아주 유사하다(여기서는 병거와 함께 등장하기는 하지만). 비슷한 내용과 이념을 다시 등장시킴으로, 이상들만을 따로 떼어 놓는 봉투 구조를 만든다. 스가랴 1:8-13에서처럼, 기수는 여호와의 신적 주권의 표시로서 땅을 두루 살핀다.

피터슨(David Petersen)은 이런 이상한 장면들이 예언자의 메시지 일부로서 어떤 역할을 하는지에 관해 유익한 분석을 하였다(Petersen 1984).

---

1 흥미롭게도 유다에서 여신 예배를 없애야 한다는 수사(修辭)는 당시의 물질문화의 명백한 현상과 부합한다. 소위 유다의 기둥 조각상, 즉 기원 목적으로 사용된 여인 조각상의 제작은 기원전 5세기 초에 중단되었다.

첫째, 이런 장면들은 당시 깊이를 알 길 없는 최악의 문제에 대한 하나님의 반전이 이미 우주적 차원에서 일어나고 있음을 보여 준다.

스가랴는 하나님의 계획을 의식하고 고대하며 공동체를 격려하고 성전 작업을 계속하게 한다.

둘째, 이 이상들과 에스겔 40-48장 사이의 다양한 접촉점을 비교한 후에, 스가랴는 밤의 이상들의 초점이 실용적인 사회적인 문제로 옮겨져 대안적(아마 보완적) 회복 프로그램을 만들어 내고 있다고 시사한다. 이상들은 공동체가 스스로 재조직될 수 있는 다양한 방안을 제시해 준다.

밤의 이상에 대한 또 다른 유익한 분석은 마이어(Carol and Eric Meyers) 부부에 의해 이루어졌다(1987). 스가랴 3장의 네 번째 이상은 후대의 삽입이며 처음 세 이상은 주제 면에서 마지막 세 이상과 상응한다는 보편적인 생각에 근거하여, 마이어 부부는 삽입된 네 번째 이상과 함께 중앙에 위치하고 있는 다섯 번째 이상(등잔대와 두 감람나무)에 초점을 맞춘 동심원 구조를 찾아냈다. 이 구조는 대제사장인 여호수아의 정화와 임직에 주목하게 한다. 여러 장면의 일정 구조를 찾아냄으로써 성전과 공동체의 지도력이 (편집된) 예언자의 메시지 속에서 주안점이었음이 드러난다.

그뿐 아니라, 스가랴서 내에서 스가랴의 메시지를 전하는 수단으로 이상들이 기능하는 방식은 무성전 시대가 저물 때의 예언 특성에 관하여 흥미로운 점을 보여 준다. 마이어 부부는 다음과 같이 주장한다.

> 모든 것을 감안할 때, 이상들이 복합적으로 조직됨으로써 스가랴서가 예언적 이상에 대한 히브리 전승에 독특한 기여를 한 것으로 두드러져 보인다(1987: lviii).

고전 예언자들 가운데, 아모스, 예레미야, 에스겔에 이상이 담겨져 있다. 그러나 이 이상들은 다른 예언과 더 잘 어울리는 유형의 자료 내에 산재된다. 스가랴의 이상은 더 정교하며 자신의 메시지를 전달하는 유일한 수단이다. 이와 같은 변화의 원인은 분명하지 않지만, (예언자를 하나님과의 직접적인 접촉으로부터 떨어뜨려 놓으려는) 여호와의 초월성에 대한 의식이 증가하는 데서 그 근거를 찾을 수 있다.

이러한 의식의 증가는 고대 이스라엘과 고대 근동의 그 밖의 다른 곳에서 발견되거나(Meyers and Meyers 1987: lviii; Bedford 2001을 참조하라) 혹은 스가랴를 여호와의 참 예언자로 인정하는 수단으로써 신적 계시와 성전 건축 사이의 연관성[2] 속에서 찾을 수 있다.

원-스가랴서는 묵시 문학의 전조(前兆)로 간주되어야 한다. 왜냐하면 이상과 이상을 해석하기 위한 사자로써 천사가 등장하고 하늘의 이상에 대한 난해한 상징 표현과 같은 몇몇 특징이 중심적 위치를 차지하기 때문이다. 하늘의 이상에 대한 상징주의에 있어, 스가랴는 지상에 있는(이사야는 성전에서, 에스겔은 바벨론 포로민들 가운데서) 하나님의 표상을 본 이사야(사 6장)와 에스겔(겔 1-3장)과는 다르다.

그는 묵시문학처럼 하늘에 있는 상징적인 장면들을 보기 때문이다. 그러나 스가랴서는 하나님의 통치와 보상을 먼 미래로 투사한 묵시 사상과 다르다. 스가랴 1-8장은 고대 이스라엘에 대한 여호와의 구원이 불특정한, 가까운 미래에 금방 일어날 것이라고 보았다.

학개가 성전 재건 작업을 끝어내는 데 성공했기에, 스가랴는 재건 작업을 계속하도록 격려하는 데 초점을 둔다. 스가랴의 예언은 학개의 예언과 앞뒤 순서를 바꾸어 메시지를 전달한다. 학개는 하나님의 임재와 섭리의 시대가 성전 건축 후에 시작되는 것으로 이해했지만, 스가랴는 여호와의 개입이 시작된 다음에 성전 건축을 지시하는 것으로 이해했다. 스가랴의 메시지의 기초는 예루살렘의 물리적 회복이 여호와의 임재와 연관된

---

2 히브리 성경의 출 25:8-9에서는 여호와께서 모세에게 성막 건축 계획을 계시하셨고, 왕상 3:5-14에서 솔로몬은 기브온 성소에 대한 꿈을 꾸었다.

모든 것의 영적인 회복을 초래한다는 데 있다. 여호와의 영광이 예루살렘으로부터 땅 위의 모든 열국으로 퍼져나갈 것이다.

2. 무성전 시대의 사상에 대한 예언의 기여 요약

앞장에서 다룬 예언서들 가운데, 제2이사야서의 신탁은 포로민의 귀환과 예루살렘의 회복이 어떤 식으로 일어날 것인지에 대해 열린 태도를 보인 반면에, 에스겔 40-48장의 신탁은 여호와께 대한 올바른 예배와 연관지어 회복에 대해 이상적인 그림을 그렸다. 분명한 연속성을 띤 학개와 스가랴는 여호와의 심판 시대가 끝났음을 선포하고, 이 사실에 대한 인식에 근거하여 공동체가 성전을 재건하도록 격려한다.

학개의 주장은 스가랴의 주장과 다르다. 학개는 성전 완공이 여호와의 임재와 그로 인한 축복에 요구되는 전조라고 이해했다. 이와는 대조적으로, 스가랴는 이런 시대가 이미 밝아오고 있기에 공동체가 그와 같은 노력이 가시화되도록 계속 진척시킬 것을 촉구했다.

다양한 연구들은 학개서와 스가랴서를 활용하여 무성전 시대를 마감하는 시기에 존재했던 공동체의 성격을 확인하려는 역사적인 일에 관심을 기울여 왔다. 일부 학자들은 귀환자와 유다에 남아 있었던 사람들 사이의 차이점에 근거하여 공동체 안에서 분열이 증증하는 것을 목격하고 (Hanson 1975; Meyers and Meyers 1987; Weinberg 1992; Lipschits 2005), 성전 건축에 대한 매우 그럴듯한 근거를 찾고자 한다(Meyers and Meyers 1987; Weinberg 1992).

게다가, 학개와 스가랴에 대한 최근의 일부 연구는 스룹바벨의 행방에 관하여 계속 회의적인 발언을 내놓았다. 다윗 가문이 종적을 감춘 점(원-스가랴서에서 더 명시적으로 설명된 특징)은 일부에게 스룹바벨이 페르시아 당국의 지지를 얻지 못해 실각했을 가능성을 시사했다. 스룹바벨이 학개와 스가랴의 예언에서 중요한 역할을 했기에, 페르시아에 대항하여 공개 반란을 획책하고자 한 것이 아닌가 하는 더 큰 의구심이 제기되었다. 그러나 이 문제에 대한 베드포드의 최근 연구는 각 이론마다 일부 사항이 빠져 있다는 점을 알게 해 주었다.

베드포드는 논란이 되는 여러 이론을 논박하면서, 학개서와 스가랴 1-8장이 활용한 이념 해석 유형을 보다 더 상세히 보여 주었다. 우선 그는 학개와 스가랴가 제안한 구상이 나라가 무너질 때 고취했던 재앙 사건들의 역전과 모순되지 않는다는 사실을 보여 준다.

두 사람은 각자 여호와의 예루살렘 귀환을 추구한다(학 1:8; 슥 1:16; 2:14, 16-17=한글 성경 2:10, 12-13; 8:3). 또한, 온 땅에 대한 하나님의 주권을 나타내려고 하늘과 땅과 왕국들의 진동이 수반되는 여호와의 임재의 회복을 말한다(학 2:6-7, 22; 슥 2:13=한글 성경 2:9). 하나님의 왕권의 회복을 인간 왕의 복귀와 관련시킨다(학 2:20-23; 슥 3:9b; 6:13). 그리고 여호와의 통치 회복으로 인해 성전과 땅과 백성이 축복받음을 말한다(학 2:6-9, 18-19; 슥 8:4, 12-13).

반면, 스가랴는 포로민의 예루살렘 귀환 내용을 추가시킨다(슥 2:10-14=한글 성경 2:6-10; 8:7-8) (Bedford 2001: 232-33). 학개와 스가랴는 하나님의 분노의 표징이 와해되었다는 말을 하면서, 왕정 시대의 시온신학에서 널리 퍼졌던 전승을 활용한다(Bedford 2001; 또한 Mason 1990을 보라). 예를 들면, 학개와 스가랴는 시온시(시 46, 48, 76편)와 즉위시(시 47, 93, 96-99편) 및 하나님의 왕권에 관한 다른 시편(시 24, 29편)에서 발견되는 여호와의 왕권 개념을 성전 재건과 연결시킨다.

학개와 원-스가랴가 왕정 시대의 성전과 왕권 이데올로기를 활용하지만, 그들은 이 전승의 다른 측면들을 강조한다. 학개는 시편뿐만 아니라, 바다 괴물(얌)을 물리치고 자신의 통치를 확립시키는 북서 셈족의 (통상적으로 우가릿의 바알과 연관되어 있는) 폭풍의 신 신화를 활용한다. 또한 열국 신탁의 예언 전승도 활용한다(비교: 암 1-2장; 사 13-23장; 렘 25:24-38; 46-51

장; 겔 25-32장).³ 에스겔서로부터는 열국에 대한 심판 주제를 끄집어낸다.

이와는 달리, 스가랴는 열국에 대한 주권이나 열국에 대한 심판을 확립하려고 시편에서 나온 폭풍의 신 싸움 신화에 호소하는 대신, 예루살렘/시온에서 열국이 여호와를 예배하러 모인다는 다른 예언 전승과 부합하는 언어를 사용한다. 두 예언자는 성전 건축을 계속할 올바른 때임을 암시하려고 예언 전승을 통해 왕성 시대의 왕권 이데올로기의 변화를 꾀한다. (탄식시와 예레미야애가에서 발견되듯이) 이 시대의 문학의 관심사 중의 하나는 하나님께서 자신의 분노를 얼마나 오랫동안 고집할 것인가에 있었다. 이 질문에 대해 학개와 스가랴는 하나님의 심판의 종식과 여호와의 은혜의 역사가 밝아오고 있음을 선언하여 답변을 준다.

베드포드가 학개와 스가랴의 성전 재건 이데올로기의 전통적 특성을 이해하는데 공헌한 점은 여러 면에서 중요하다. 그러나 우리의 목적과 관련하여, 그의 공헌은 기원전 6세기 말엽의 예언들이 제1성전 시대에 유포되었던 전승들과 함께, 에스겔 40-48장과 제2이사야의 예언과 어떻게 잘 부합하는지를 보여 준다. 그러므로 그들의 활동은 제2성전 시대보다는 무성전 시대와 더 잘 들어맞는다. 두 예언자는 공동체로 하여금 예루살렘에 성전을 재건하도록 격려하려고 노력했다는 점에서 제2성전 시대로 이어주는 다리 역할을 한다. 그러나 그들은 에스라와 느헤미야의 고유 사상과 일치하는 점은 거의 없다.

학개나 스가랴 중에 그 누구도 백성 사이에 분열이 있었다는 것을 알아차렸다고 보기 어렵다. 공동체를 언급할 때 그런 낌새를 보여주지 않았기 때문이다. 두 사람 다 용어와 회복 공동체에 대한 이상에서 포괄적이다. 두 책이 함께 묶였다는 사실조차도 그 시대의 특성에 관하여 무언가를 알려 준다. 학개는 그 땅의 관점을 대변했고, 스가랴는 포로민의 관점

---

3 폭풍의 신의 승리는 자시의 신전을 건축하여 표현된다. 자신이 선택하는 산 위의 이 신전에서 왕위에 앉게 된다. 가나안 신화에서, 바알의 거룩한 산은 자폰산이다.

을 대변했다. 그 땅에 남아 있던 유다인들과 귀환자들은 단일 목적으로 함께 합쳤다.

스가랴의 금식 문제에 관한 이야기에 대한 호프만(Yair Hoffman)의 분석은 이 견해를 어느 정도 뒷받침해 준다(2003). 스가랴는 신-바빌로니아 지배 시대에 일어났던 네 번의 금식 문제를 언급한다.

> 만군의 여호와가 이같이 말하노라 넷째 달의 금식과 다섯째 달의 금식과 일곱째 달의 금식과 열째 달의 금식이 변하여 유다 족속에게 기쁨과 즐거움과 희락의 절기들이 되리니 오직 너희는 진리와 화평을 사랑할지니라(슥 8:19).

전승에 따르면, 금식은 예루살렘에 대한 포위 공격, 성벽 파괴, 왕궁과 왕의 파멸, 그달리야의 살해 사건을 기념한다. 호프만은 바벨론에 있던 포로민들은 그달리야의 죽음을 추모하지 않았기에, 금식은 포로민들이 귀향했을 때 귀환자와 유다 땅에 남아 있던 자들의 예배 관행이 조화를 이루도록 만들려는 노력이 있었음을 나타낸다. 호프만은 분열된 사회를 배경으로 하여 국가 정체성을 만들어 내려는 시도가 있었다는 견해를 밝힌다. 그러나 학개와 스가랴는 에스라 1-6장에서 가져온 사상을 고려하지 않고 봤을 때, 분열의 어떤 증거도 보여주지 않는다.

제2이사야는 바벨론 포로로부터 예루살렘으로 귀환하는 꿈을 꾸는 데 박차를 가했다. 신뢰를 가능하게 하는 여호와의 성품을 강조하고 포로로 끌려가는 고통과 상실이 어떻게 구속의 가치를 지녔는지를 설명하여 자신의 회복 선언을 뒷받침하였다. 그러나 그의 이상은 추상적 차원에 머물렀다. 학개와 스가랴는 여호와의 은혜의 시대가 밝아 오고 하나님의 구원에 대한 인간의 반응이 요구됨을 내비침으로 제2이사야가 중단한 곳에서 다시 시작한다.

구원 시대에, 학개와 스가랴는 공동체를 촉구하여 여호와의 회복 목적을 가슴에 품음과 그들 가운데 계신 하나님의 임재에 부합되는 언약 백성으로 살 것을 요구한다. 학개는 성전에 우선권을 둘 것을 촉구하는 반면, 스가랴는 사회 관계에 눈을 돌린다. 학개와 스가랴의 예언은 공동체로 하여금 여호와의 관계성 속에 사는데 적합한 태도를 갖출 것을 요구한다는 점에서 에스겔 40-48장과 부합되는 새로운 희망으로 가득 찬 이상이 된다.

3. 토라

1) 성결법전

포로기 시대를 소개하는 개론에는 이 시대의 문헌 가운데 제사장 법전(제사장의 여러 일과 관련이 있는 자료로 간주하는 창세기부터 민수기에 있는 자료)을 포함한다. 제사장 문서(P)는 고대 이스라엘 역사를 창세기 1:1의 세상 창조로부터 약속의 땅에 들어가기 바로 전까지를 개략적으로 설명한다. 벨하우젠(Julius Wellhausen)이 원래 P를 오경의 네 자료 중 하나로 규정한 이래로, 논의의 방향이 매우 새롭게 바뀌었다. P의 이야기 단락과 율법 자료가 함께 묶여 있으므로, 전통적으로는 바빌로니아의 포로민들과 연관시켰다. 그 내용이 계보, 연대, 율법 및 제의적 규정과 같은 제사장적 관심사를 보여 주었기 때문이다.

P는 율법과 종교 제의를 공동체의 시작 때로 배치하여 이전 자료(J와 E)에 대한 대안 역사를 제공한다고 여겨졌다. 저작은 여호와와 백성인 이스라엘 사이에 관계를 확립하고, 정체성 형성에 참여하며, 이스라엘이 거룩한 하나님의 임재 앞에서 흠 없이 지낼 수 있도록 법률 자료를 제공하는 기능을 하는 이야기를 포함한다. 사실 P의 밑바탕에 있는 사상의 기원은 아마 예루살렘의 붕괴와 땅의 상실 경험에서 비롯된다고 볼 수 있다.

그런데도, 최근의 이론들은 제사장 문서의 결론을 기원전 6세기보다 훨씬 더 늦은 시기로 본다. 예를 들면, 페르시아의 행정 정책이 이 문서의 형성에 영향을 미쳤을 가능성에 관한 문제에 초점을 맞추는 해석자들이 점점 늘어나고 있다.

오경의 최종 형성은 무성전 시대를 훨씬 지난 시기로 볼 수 있으므로, 이번 분석에서는 다루어지지 않을 것이다. 그러나 비록 P를 하나의 역사로 간주하더라도, 그 저자는 자신의 이야기를 구성하려고 이전 자료를 활용했을 것이 분명하다. 토라의 중심에 레위기가 있다. 이 레위기는 포로에 대한 군대의 책략을 경험한 사람들에게 특별한 관심을 쏟으면서 예루살렘의 멸망 경험에 대한 해설 형태로 다듬어진 이전의 독립 자료들을 포함한다.

성결법전은 기원전 6세기와 연관시키는 경우가 아주 많은 일부 P 자료를 말한다. 성결법전 또는 H는 레위기 17-26장에 있는 쉽게 식별할 수 있는 자료 덩어리를 가리킨다. H는 초지일관 여호와의 거룩과 고대 이스라엘 내에서 올바른 사회 관계에 필수적으로 요청되는 사항에 초점을 둔다. 이 용어 자체는 1877년에 이 법전을 '거룩의 법'(*das Heiligkeitsgesetz*)으로 규정한 클로스터만(August Klostermann)에게서 나왔다.

제사장 문서 안에 포함된 별개의 율법 모음집으로서 H의 개념은 최근에 지지자를 상실했지만(특히, Rendtorff 1986: 145; Gerstenberger 1996: 17-19), 대부분 학자는 계속해서 H를 쉽게 확인될 수 있는 법전으로 간주한다. 유스턴(Joosten)은 H에서 백성과 땅을 가리키는 수사법을 검토하면서, H를 분명히 구별되는 하나의 모음집으로 보는데 유리한 네 가지 주장을 제시하였다.

① 다른 율법 모음집처럼, 제사 장소에 관한 규정으로 시작한다(레 17장).
② 일련의 축복과 저주로 결론을 맺는다(레 26장).[4]

---

[4] 비교가 되는 다른 율법 모음집에는 구약성경에서 가장 오래된 율법 모음집으로 간주되는 '언약의 책'(출 20:22-23:3)과 신명기(특별히 신 12-26장)와 겔 40-48장이 포함된다.

③ 현세대에게 율법을 설명하기 위한 권면의 내용이 전반적으로 나타난다.
④ 어휘, 문체, 신학이 레위기17-26장을 하나의 독립된 개체로서 구별되게 만든다(Joosten 1996: 6-7; 또한 Driver 1891: 43-55도 참조하라).

또한 H에는 예루살렘 붕괴와 그 땅에서의 재정착 사상에 대처하려고 최종 편집자에 의해 배열되고 해설이 붙여진 옛 자료가 포함된다.

성결법전에 대해 언급하는 것은 가능하지만, 학자들은 그 연대와 기원과 창세기, 출애굽기, 레위기(1-16, 27장), 민수기에서 발견되는 제사장 자료와의 관계를 규명하는 데 어려운 문제에 봉착하였다.

노트(Martin Noth)이래로, 일반적으로 합의를 보고 있는 사항은 H에는 무성전 시대에 바빌로니아에 있던 포로민들에 의해 하나의 단락으로 구성된 이전의 율법 자료가 포함되어 있다는 것이다. 예루살렘 멸망을 둘러싸고 벌어지는 사건들(대량으로 포로로 끌려가는 사건을 포함하여)과 함께 그 결론 장에서 마지막 세 번에 걸쳐 단계적으로 강화되는 저주들의 유사성뿐만 아니라 여호와의 타자성과 거룩성을 묘사하고 있는 데서 드러나는 에스겔과의 공통점이 이 시대를 암시한다.

이와 같은 의견 일치에 대한 주요 도전은 크놀(Israel Knohl)의 박사학위 논문에서 나왔다. 현재, 그의 견해는 밀그롬(Jacob Milgrom [1991, 2000, 2001; 비교: Ross 2002])에 의해 확장되었을 뿐만 아니라 옹호된다. 크놀은 H가 기원전 8세기에 속하며 히스기야의 개혁에 영향을 미쳤다고 주장하였다 (왕하 18장). 이는 한 세기 후에 신명기가 요시야의 종교 개혁을 위해 선전 기능을 한 방식과 흡사하다(왕하 22-23장).

크놀은 제사장 문서에 대한 자신의 분석에서, 출애굽기 6:6-8; 31:13-17; 레위기 11:44-47; 민수기 일부를 포함하여 H와 접촉점을 가진 본문들에 주목하였다. 그는 이 본문들을 제사장 토라를 다시 손질하고 오경의 최종 편집 작업을 한 거룩학파(Holiness school)의 저작으로 간주한다.

밀그롬의 지지에도 불구하고, P가 H보다 선행하고 H가 P를 편집했다는 사실은 대부분 학자의 견해를 바꾸지는 못했다. 이 문제에 관한 의문을 제기하는 두 가지 사항은 여기서 언급할만하다. 레빈(Baruch Levine 2003)은 레위기 23장(9-11, 14, 15-17, 20-22절)에서 '보여주기' 예물(display offerings)을 바치는 것에 관한 원래 본문이 P의 절기 의식과 일치시키기 위해(12-13, 18-20절을 첨가하여; 비교: 레 1-7장) 수정되었다는 사실을 입증하였다. 레빈은 태우는 제물과 절기 연표를 포함시키는 것처럼, 제사장 전승과 일치하는 자료를 제시하면서, 벨하우젠이 H의 저작을 제사장 문서가 완성되기 이전으로 제시한 주장을 잘 방어해 주었다.

마찬가지로, 올드(Graeme Auld [2003])는 크놀의 견해가 지닌 한 가지 문제점을 제기하였다. 그는 (각 책의 메시지를 평가할 목적으로) 출애굽기, 레위기, 민수기를 별개의 덩어리로써 검토하면서, P보다 H가 먼저라는 관점의 분명한 근거를 제시한다. 올드는 책 전체(민 1, 2, 3, 4, 7, 16, 17, 18, 26, 31, 35장)에 두루 나타나며, 또한 그들의 고유 직무를 보아 민수기에서 레위 사람의 역할이 증가한다는 사실은 레위기에서 이들이 거의 완전히 자취를 감춘다는 사실과 상충된다는 사실에 주목하였다. H에서 레위 사람에 대한 언급은 레위 사람의 재산과 연관된 레위기 25:32-34에만 나타난다.

문헌 자료 속에서 레위계 제사장에 대한 관심에 있어 변화가 일어난다. 역대기, 에스라, 느헤미야의 시대쯤에, 보다 더 큰 관심이 제의에서의 그들의 역할에 쏟아진다. H에서 레위 사람에 대한 언급이 드문 것과 대조적으로, 민수기에서 레위 사람에 대한 언급이 증가한 것은 H가 제사장 문서의 저작 이전에 기록되었음을 시사한다. 올드의 통찰력은 민수기(그리고 P의 계속적인 편집 작업)를, 레위계의 사상과 일치하는 문헌에 속하지만, 레위 사람 자신들에 대한 큰 관심을 담아내지 못한 H보다 더 후대에 위치시킨다.

P보다 H가 먼저라는 통일된 견해는 지지를 받을 수 있지만, 그 기원에 대해서는 좀 더 많은 생각이 필요하다. 크놀과 유스턴은 그것을 제1성전

시대의 산물로 간주하나, 여러 주장에 따르면, 이 견해는 사실이 아님을 시사한다.

에스겔과 H 사이에는 주제가 비슷하다는 점 외에, 드라이버(S. R. Driver)의 말대로 어휘도 놀라울 정도로 비슷하다(1891). 게다가, 침멀리(Walter Zimmerli)는 H를 형성한 '집단'을 에스겔서의 최종 형태를 전달한 그룹과 연계시킬 만한 이유가 있음을 보여 주었다(1979: 52). 침멀리는 양자를 이종(異種) 소통과 교배의 관점에서 다룬다.

더 나아가, 에스겔서의 마지막 장들(40-48장)은 기원전 515년에 성전을 봉헌한 후에는 결코 존재하지 않았던 제사장적 계급 조직을 보여 주기에, 에스겔서가 완성된 마지막 연대는 제사장들이 자신들의 직무를 재개한 예루살렘 성전의 재건 연대보다 앞서야 한다(Clements 1982). 에스겔과 H 사이에 언어의 일치와 발상의 상관성은 이들을 동시대에 위치시킨다.

에스겔과 H 사이에 발상의 표면적 호환성뿐 아니라, 레위기 26장의 권면 메시지는 포로 상황을 말함이 분명하다. 이미 아크로이드(Peter Ackroyd)가 인식했듯이, 레위기 26장(특히, 33-39절)은 포로 상황을 마음에 그리고 있으며, 그것에 대한 해석도 제시한다(1994: 85-86). 마지막으로, 성결법전은 성전 재건 이전 시기를 암시하는 회복에 관한 미래 이상을 간직한다. 단 한 군데서만 공동체를 위한 여호와의 미래 계획을 명시적으로 선언하는데, 그것은 땅과 관련된다(레 26:42).[5]

아크로이드는 성결법전 구조에 대해 다음과 같이 언급했다.

"단락 전체는 결코 통일성을 지니지 못하고 있다"(1984: 88).

왜냐하면, 많은 작은 단위들과 독립적인 율법 모음집들을 포함하기 때

---

[5] Kratz 2005: 109-14는 성결법전이 이른 시기에 제사장 문서에 첨가된 부분이라고 주장한다. 그의 견해에 따르면, H는 제2성전 시대에 유래하며 제2성전 시대의 신학적 입장을 제공한다. 그의 견해는 H를 무성전 시대의 문헌에 포함시킨 것과 완전히 모순되는 것은 아니다. 비록 H의 최종 형태와 그것을 P에 포함시킨 것은 기원전 6세기보다 더 늦은 시기에 유래한다 할지라도, H의 저작은 예루살렘 멸망에 의해 영감을 받았고 실제로 그것과 연관된다.

문이다. 성결법전에 최종적으로 편집되기 이전 시기에 속한 율법을 포함시킨다면 조직을 위한 제목을 붙이기 어려울 수도 있다. 그럼에도 불구하고, 스미스(Christopher Smith)는 레위기에 대한 최근의 분석에서 레위기 8-10장(제사장의 위임식 이야기), 레위기 16장(속죄일), 레위기 24:10-23(여호와에 대한 모독 이야기)에 나타나는 이야기 단락들은 율법 내용을 식별 가능한 단락들로 나눈다고 주장했다(Smith 1996). 그의 견해로는, 율법 내용은 앞에서 언급한 세 단락의 이야기체에 의해 분리되어 모두 네 단락으로 나누어진다(레 1-7장; 11-15장; 17장-24장 9절; 25-27장).

스미스가 제안하는 구조의 유익한 점은 율법 내용이 사고 단위별로 조직되어 있어 나머지 제사장 문서에 두드러지게 사용된 기법과 상응한다는 데 있다. 그의 이론에 대해 반대하는 것 하나는 레위기 27장을 H에 포함시킨다는 점이다. 일반적으로는 H가 레위기 26장에서 끝난다는 견해가 주를 이룬다. 레위기 25장과 26장이 서로 연결된 것은 분명하다. 레위기 17-27장 내의 다른 장들과는 대조적으로 레위기 26장만 도입문을 포함하지 않는다. 그런 이유로 레위기 25장과 연결되어 있음을 시사한다.

게다가, 레위기 25장은 독특한 도입문으로 시작한다. 다른 데서는 히브리어 본문에 따라 각 장을 "여호와께서 말씀하여 이르시되"(레 17:1; 18:1; 19:1; 20:1; 21:1;[6] 22:1; 23:1; 24:1; 27:1)로 시작한다. 레위기 25장은 "여호와께서 시내산에서 모세에게 말씀하여 이르시되"로 시내산을 언급하는 말로 시작한다. 레위기 25:1에서 시내산을 언급한 것은 레위기26장의 맺음문과 수미상응을 형성한다.

> 이것은 여호와께서 시내 산에서 자기와 이스라엘 자손 사이에 모세를 통해 세우신 규례와 법도와 율법이라(레 25:1).

---

[6] 레 21:1은 약간 확장된 도입문 형태를 담고 있다. 히브리어 본문은 이렇게 기록된다. "여호와께서 모세에게 이르시되 아론의 자손 제사장들에게 말하여 이르라 그의 백성 중에서 죽은 자를 만짐으로 말미암아 스스로를 더럽히지 말려니와."

이와 같은 세부 사항은 레위기 25장과 26장이 하나의 문학 단위임을 보여 준다.

스미스는 레위기 27장이 레위기 25장부터 나오는 구속 주제를 계속 잇고 있다고 주장했지만, 이 개념의 의미는 분명히 서로 다르다. 레위기 27장에서, 구속은 서원 규례에 초점을 두는 단락에 포함된다. 또한 '거룩한'이란 용어를 포함하고 있지만, 그 용어에는 레위기 17-26장에서 발견되는 다른 사람/사물과의 관계에 관한 뉘앙스가 들어 있지 않다. 서원 형식과 함께, 거룩과 구속에 대한 레위기 27장의 이중 초점은 레위기 전체의 부록 역할을 한다는 사실을 나타낸다. 그러므로 레위기 27장은 주제들을 H와 제사장 문서 모두로부터 도출해 낸다. 이렇게 볼 때, 레위기 27장을 결론으로 간주하는 대다수 학자의 견해는 그 타당성이 인정된다.

그런데도, 스미스의 레위기 분석은 성결법전의 주요 두 단락(레 17장-24장 9절과 25-26장)의 서로 다른 강조점을 부각해 준다는 점에서 유익하다. 레위기 17장-24장 9절에서, 거룩과 부정 문제에 초점을 둔다. 그러나 레위기 25-26장은 구속 사상으로 관심을 옮긴다. 이 개념은 히브리어 용어인 고엘(goel), '친족 구속자'(기업 무를 자)로부터 유래하며, 여호와의 그 땅에 대한 기억과 아브라함, 이삭, 야곱과의 언약과 연관된다(레 26:42). H의 율법은 주로 제의 문제(올바른 제사, 제사장과 절기, 여러 절차에 관한 규례)와 사회적인 관심사(영주 이방인, 이방인, 채무 노예, 기타 종에 대한 공정한 대우뿐만 아니라 성적 관계 혹은 사업과 연관된 대인 관계)를 취급한다.

입법에 관한 알트(Albrecht Alt)의 연구 이래로, 율법을 여러 범주로 나누는 것이 일반적이었다(1989). 필연법은 "너희는… 하지 말라"와 같은 직접적인 명령 아니면 "… 자는 저주를 받는다" 또는 "… 하는 자는 사형에 처할 것이다"와 같은 저주처럼 행위에 대한 하나님의 명령을 포함한다. 필연 법의 가장 좋은 예는 십계명에서 발견된다(출 20:1-17; 신 5:6-21). 또 다른 형태의 율법은 어떤 상황 속에서 본보기로 벌을 주는 행동과 그것과 연관하여 부과된 벌에 대한 모델을 보여 준다.

사례에 근거한 이 유형의 자료는 사례법(결의법)으로 분류된다. 이는 고대 근동의 국가에서 흔히 있는 일종의 민법에 해당한다. 도덕적 지침에 더 가까운 세 번째 유형의 자료는 종이나 영주 이방인에 대한 대우와 연관된 유형의 특징인 인도주의적 관심사를 반영한다(예를 들면, 출 22:21). 마지막으로, 토라의 가장 큰 율법 묶음은 종교적인 성격을 지닌 행위와 연관된 문제를 취급한다. 이 율법은 제의법으로 분류될 수 있다.

성경의 율법과 고대 근동의 다른 곳의 법과 비교 연구로 인해 그 유형과 관심사에 있어 일부 공통점이 있음이 드러났다. 가장 잘 알려진 평행 사례는 기원전 2천 년대로 추정되는 바빌로니아 왕 함무라비의 석비에서 발견된 일련의 법이다. 고대 근동의 법과 비교를 통해, 위의 범주에 봉신 조약의 법과 같은 또 다른 유형의 법을 추가시킬 수 있다(McCarthy 1978을 참조하라). 봉신 조약은 한 나라가 다른 나라에 대해 힘을 행사하는 두 나라 사이에 맺어진다.

보다 더 강한 국가는 조약에서 정한 규정을 계속 지키는 한 조약을 맺은 상대방 국가를 보호한다는 약속을 한다. 조약 규정에는 식량이나 포도주와 같은 조공을 바치고, 다른 나라와 동맹을 삼가며, 종주 국가에 대해 반란을 일으키지 않는 것이 포함된다.

봉신 조약은 더 강한 국가가 징벌적 조치를 내리는 일련의 위반 행위뿐 아니라, 두 당사자가 지켜야 할 필수 조건을 서술한다. 구약성경에서 가장 잘 알려진 이 유형의 협정은 여호와와 이스라엘 백성 사이에 맺은 언약이지만, 다른 곳에서도 이 유형의 조약이 언급되어 있다(예를 들면, 왕하 16-18장). 이 조약은 남북 왕국이 가나안과 메소포타미아 지역의 제국주의 세력과의 관계가 지닌 특성이 무엇인지를 잘 드러내고 있다. H는 이런 유형의 법들에 상응하는 일련의 법들을 포함한다.

우리의 목적상, H에서 관심을 끄는 가장 중요한 사안은 레위기 17:1-24:9의 특징으로서의 거룩과 관련 있다. H의 밑바탕에 깔린 전제는 여호와께서 그 이름이 거룩한(레 20:3; 22:1, 31) 신이라는 점이다. 비록 거룩 이외의 신의 특징은 드러나지 않지만, H에게는 여호와께서 존재한다는 사실이 중요하다. "나는 여호와이니라"는 표현은 모음집 전체에 걸쳐 반복하여 나타난다(레 18:5, 6, 21; 19:14, 16, 18, 28, 30, 32, 37; 20:8, 26; 21:8, 12, 15, 23; 22:2, 3, 8, 9, 16, 30, 31, 32, 33; 26:2, 25).

그러나 H에서 여호와의 거룩은 결코 역사적 현실에서 벗어난 추상적 개념이 아니다. 여호와의 거룩의 각각의 양상은 긍정적으로 진술되었건 부정적으로 진술되었건 간에 고대 이스라엘 백성을 위한 법률적 규례와 상응한다. 하나님의 거룩은 긍정적으로는 백성이 거룩하다는 사실을 필수적인 것으로 만든다.

> 너희는 거룩하라 이는 나 여호와 너희 하나님이 거룩함이니라(레 19:2).

> 너희는 스스로 깨끗하게 하여 거룩할지어다 나는 너희의 하나님 여호와이니라(레 20:7).

반면, 언약 위반 행위는 여호와의 거룩에 대한 평판에 의문을 불러일으킨다. 여호와께 무례히 행하여, 백성은 하나님의 거룩한 이름을 욕되게 한다.

> 너는 결단코 자녀를 몰렉에게 주어 불로 통과하게 함으로 네 하나님의 이름을 욕되게 하지 말라 나는 여호와이니라(레 18:21; 비교: 레 20:2-3).

> 너희는 도둑질하지 말며 속이지 말며 서로 거짓말하지 말며 너희는 내 이름으로 거짓 맹세함으로 네 하나님의 이름을 욕되게 하지 말라 나는 여호와이니라(레 19:11-12; 이와 유사하게 제사장에게 주는 레 21:6; 22:2).

H는 행동 규칙을 준수하도록 고무하기 위해 여호와의 거룩을 사용할

뿐 아니라, 여호와와 백성의 관계를 강조한다. 여호와를 언급한 사례들 가운데, 많은 수가 하나님과 공동체를 연관시킨다. 사실, '너희의 하나님'에 의해 규정된 '나는 여호와이다'는 22번 나타난다(레 18:2, 4, 30; 19:2, 3, 4, 10, 25, 31, 34, 36; 20:7, 24; 23:22, 43; 24:22; 25:17, 38, 55; 26:1, 13, 44). 명령과 규례는 이 표현의 등장과 연관하여 언급된다. 긍정적 진술은 이렇다.

> 너희는 내 법도를 따르며... 나는 너희의 하나님 여호와이니라 너희는 내 규례와 법도를 지키라 사람이 이를 행하면 그로 말미암아 살리라 나는 여호와이니라(레 18:4-5).

부정적인 명령은 이렇다.

> 그러므로 너희는 내 명령을 지키고 너희가 들어가기 전에 행하던 가증한 풍속을 하나라도 따름으로 스스로 더럽히지 말라 나는 너희의 하나님 여호와이니라(레 18:30; 비교: 레 18:21).

이와 비슷한 유형의 표현을 사용하여, 하고 싶은 것을 삼가도록 하려고 긍정적 행위와 부정적 행위를 결합시킨다(레 19:3-4). 게다가, 이스라엘은 그들의 하나님이 거룩한 신이기에 거룩한 행동을 해야 한다.

> 너희는 거룩하라 이는 나 여호와 너희 하나님이 거룩함이니라(레 19:2).

H에게 훨씬 더 중요한 것은 백성의 거룩은 그들 자신의 가치가 아니라 하나님의 행동에서 나온다는 개념이다.

> 너희는 내 규례를 지켜 행하라 나는 너희를 거룩하게 하는 여호와이니라(레 20:8; 제사장에 대해서는 레 21:8; 실질상 대제사장에 대해서는 레 21:15; 제

사장 가운데 흠이 있는 사람에 대해서는 레 21:23).

성화(Sanctification)는 그 중심에 부정한 것으로부터의 분리의 의미를 지니고 있다. 그러므로 다른 용어는 여호와께서 백성을 자신에게로 구별시킨 내용에서 나타난다(레 20:24, 26).

하나님의 거룩과 하나님과 백성 사이의 관계에 관한 모든 진술은 궁극적으로 성결법전의 규례의 근거가 된다. H의 밑바탕에 깔린 첫 번째 전제가 하나님의 거룩이라면, 두 번째 원리는 확실하게 하나님과 백성 사이의 관계에 달려 있다. H에게 하나님과 백성 사이에 특별한 연대가 구축된 것은 출애굽 사건을 통해서다.

> 나는 너희를 인도하여 애굽 땅에서 나오게 한 너희의 하나님 여호와이니라(레 19:36; 25:38; 비교: 레 25:42-46).

이 개념의 가장 완전한 표현 속에는 성화, 이전의 이집트 노예와 여호와와의 동일시, 그리고 법률적 의무가 결합된다.

> 너희는 내 계명을 지키며 행하라 나는 여호와이니라 너희는 내 성호를 속되게 하지 말라 나는 이스라엘 자손 중에서 거룩하게 함을 받을 것이니라 나는 너희를 거룩하게 하는 여호와요 너희의 하나님이 되려고 너희를 애굽 땅에서 인도하여 낸 자니 나는 여호와이니라(레 22:31-33).

출애굽 사건은 이집트에 살던 노예들의 충성을 여호와께로 옮기려고 발생한다(레 25:38).

> 이스라엘 자손은 나의 종들이 됨이라 그들은 내가 애굽 땅에서 인도하여 낸 내 종이요 나는 너희의 하나님 여호와이니라(레 25:55; 비교: 레

25:42) (Joosten 1996).

공동체와 종교 행위 규정은 여호와와 백성 사이에(성경적으로는 언약으로 알려진) 조약 조건을 만든다. 여호와께서 이렇게 약속하신다.

내가 너희와 함께한 내 언약을 이행하리라 (레 26:9).

여호와의 거룩, 이스라엘 백성의 선택, 출애굽 사이의 피할 수 없는 연관성을 드러 내는 가장 완전한 표현에는 다음과 같은 내용이 포함된다.

나는 너희 중에 행하여 너희의 하나님이 되고 너희는 내 백성이 될 것이니라 나는 너희를 애굽 땅에서 인도해 내어 그들에게 종된 것을 면하게 한 너희의 하나님 여호와이니라 내가 너희의 멍에의 빗장을 부수고 너희를 바로 서서 걷게 하였느니라 (레 26:12-13).

이집트에서의 해방 사건의 결론은 땅 정복과 유지를 지향한다. 레위기 25장과 26장은 여호와와의 관계를 나타내는 표징으로서 약속된 땅의 중요성을 말한다. 레위기 25장에서 율법 준수와 약속된 땅에서의 삶은 깊은 상관 관계가 있다.

너희 각 사람은...네 하나님을 경외하라 나는 너희의 하나님 여호와이니라 너희는 내 규례를 행하며... 그리하면 너희가 그 땅에 안전하게 거주할 것이라 땅은 그것을 열매를 내리니... 거기 안전하게 거주하리라 (레 25:17-19).

그리고 이 상관 관계 내용은 이렇게 요약될 수 있다.

나는 너희의 하나님이 되며 또 가나안 땅을 너희에게 주려고 애굽 땅에서 너희를 인도하여 낸 너희의 하나님 여호와이니라(레 25:38).

레위기 26장에서 불경스런 행위는 단계적으로 고조되는 저주를 초래하여 마침내 땅의 상실과 추방에 이르게 된다.

너희가 원수의 땅에 살 동안에 너희의 본토가 황무할 것이므로 땅이 안식을 누릴 것이라 그 때에 땅이 안식을 누리리니(레 26:34).

포로로 사로잡혀 가는 것은 백성의 최종 운명을 나타내지 않는다. 왜냐하면 죄 고백을 통해 새로운 미래가 펼쳐질 수 있기 때문이다(레 26:40-41). H는 족장들(레 26:42)과 모세(레 26:45)와 언약 관계를 맺은 하나님의 영속성과 신뢰성에 근거하여 미래의 가능성을 제시하여 끝을 맺는다. 놀랍게도, H의 언약은 예레미야와 에스겔에서 언급된 것과 같은, 그리고 새 일이 일어나고 있다는 제2이사야의 모티브 속에 암시된 것과 같은 그런 새 언약이 아니다. H의 언약은 계속 깨지지 않는다.

그런즉 그들이 그들의 원수들의 땅에 있을 때에 내가 그들을 내버리지 아니하며 미워하지 아니하며 아주 멸하지 아니하고 그들과 맺은 내 언약을 폐하지 아니하리니 나는 여호와 그들의 하나님이 됨이니라(레 26:44).

성결법전은 하나님과 언약 백성 사이의 관계와 그들을 향한 하나님의 목적에 대한 놀라운 메시지를 담고 있다. H의 시선은 여호와의 주권에 머문다. 그러므로 "나는 여호와이니라"와 여기에 추가될 수 있는 '다른 신은 없다' 혹은 '애굽 땅에서 너희를 인도하여 낸 분'이란 표현을 되풀이하여 강조한다. 여호와만이 하나님이시다. 여호와만이 우주와 역사의 최고의 신이시지만, 한결같이 백성과 친밀한 관계를 맺고 계신다.

두드러진 율법 자료는 백성이 그들의 하나님과 경건한 관계 속에서 생활하고 계속 그와 같은 관계의 특권을 누릴 수 있는 방법을 보여 주는 역할을 한다(특히, 젖과 꿀이 흐르는 약속된 땅에서의 삶을 누리게 되는 것처럼). 율법은 여호와와 그를 예배하려고 구별된 공동체 사이에 의무를 이행하고 지속적인 관계를 유지할 수 있게 해 주는 종교와 사회를 위한 유익한 지침을 제시해 준다.

게다가 H는 하나님을 옹호하는 역할을 한다. "나는 여호와이니라"는 표현은 제사장 문서에서 모세에게 주신 하나님의 계시(출 6:2, 6, 7, 8)와 모세의 첫 번째 시내산 등정(출 31:13)에 관련하여 나타난다. 하나님께서 친히 두 돌판에 기록한 율법을 수여하신 이야기가 여호와와 백성 사이에 맺은 언약의 표징으로서의 안식일 준수 규정과 함께 나타난다. 안식일은 이스라엘 백성이 "나는 너희를 거룩하게 하는 여호와이니라"라는 사실을 기억하게 하기 위한 상징으로서 주어진다.

여호와를 이집트에서 종살이 하던 자들을 데려와 시내산에서 그들과 언약을 맺은 신과 동일시하고 있기에, 여호와와 공동체 사이의 협약은 전체 성결법전의 근원적 규범이다. 이런 해석은 어느 정도 레위기(그 안의 H와 함께)를 시내산에 있는 광야에서 성막을 세우는 이야기(출 34-40장)와 시내산을 떠나는 이야기(민수기) 사이에 위치시킨 것을 감안한 데서 나온 것이다.

레위기가 시내산에서 성막을 세우고 해체하는 이야기 사이에 등장하는 것은 레위기의 율법 자료를 모세가 준 율법의 계속으로 간주해야 한다는 것을 강하게 암시한다. H의 저자에게는, 여호와께서는 결코 언약을 거부하지 않으셨다. 이 사실은 H의 본문을 보증해 준다. 그러므로 이는 50번이나 나타나는 "나는 여호와이니라"는 표현 속에서 매번 메아리치고 있다. 하나님의 약속은 역사 속의 사건들이 의심을 불러일으키는 상황에서조차 여전히 흔들리지 않는다.

2) 성결법전과 동시대 문헌

성결법전에 관하여 좀 더 골똘히 생각해 본다면, 성결법전이 이 시대의 문헌, 특히 회복의 예언자들의 문헌과 잘 어울린다는 사실을 알게 된다. 일반적으로 권고로 구성되어 있는 마지막 장은 백성의 역사에 있어 절체절명의 국면을 포로기로 간주한다. 이 때는 공동체의 실패를 인식하고 세대 간 죄와 개인의 죄를 고백해야 하는 선택이 전면에 떠올랐을 때다(레 26:40-41, 43). 가슴을 찢는 회개는 여호와께서 아브라함, 이삭, 야곱과의 언약(레 26:2, 비록 이상하게 역순으로 기록되었을지라도)과 출애굽 사건 속에서 다짐한 약속(레 26:45)을 기억하는 수단을 제공한다.

게다가, H는 어떤 점에서는 학개와 스가랴 1-8장과 같은 관점을 지니고 있다.

첫째, H의 농업에 관한 관심은 학개와 유사하다.

둘째, 그 땅의 백성과 이방인을 공동체에 포함시키지 않은 에스라와 느헤미야 때의 노선에 의거한 공동체의 분열이 일어난 것 같지 않다.
유스턴이 백성과 그 땅에 전달한 언어에 대한 자신의 광범위한 분석에서 보여 주었듯이, 공동체는 배제보다는 포용 때문에 규정된다. H에게 이스라엘은 출생에 좌우되는 민족적 실체이다. 영주 이방인은 기꺼이 받아들인다.[7]

셋째, 제2이사야처럼, 성결법전은 민주적 관점을 보여주고 있다. 비록 저자가 제사장들을 위한 규례를 인용하고 있지만, 그들은 백성보다 더 크

---

7 제의적 정체성에 의해 규정되지만, 이방인에 대해 포용적 공동체에 대한 논의를 위해서는 Middlemas 2005를 참조하라.

게 존경을 받지는 못했다.

더 나아가 클레멘츠는 H를 저작한 그룹과 에스겔을 저작한 그룹 사이의 신학적, 언어적 유사성에 근거하여 다음과 같은 주장을 펼쳤다. H는,

> 특히 예루살렘 제의를 회복시킬 희망을 겨냥한 에스겔의 예언에 대한 일종의 문학 주석이며 개작이다. H는 바빌로니아 포로민 사이에서, 아마도 포로로 사로잡혀 간 예루살렘의 사독계 제사장 집단 내부에서 나왔을 것이다... H는 [에스겔의 예언]을 확장하여 적용하였다. 그 목적은 예루살렘 성전 제의가 다시 한 번 필요해지는 때를 예상하여 회복을 위한 지침을 제공하기 위해서였다(Clements 1982: 132).

제사와 절기 규정(레 22장-25장 9절), 여호와와의 관계성에 대한 강조, 예배[8]의 중요성은 클레멘츠의 제안을 뒷받침한다. H는 계획적이다. 회복에 대한 명령으로서 그 목적을 나타내는 한 가지 특징은 "너희가 그 땅에 들어갈 때"(레 19:23; 23:10; 25:2)라는 어구가 반복되고 있다는 점이다. 주로 예루살렘 성전의 재건을 불러일으키고 격려했던 학개와 스가랴의 예언처럼, 성결법전도 포로민들 사이에서 비슷한 목적에 이바지하였다(바벨론에서든 혹은 그들이 귀환했을 때든).

4. 무성전 시대의 말엽의 문헌 요약

환희에 넘친 제2이사야는 특별히 새 출애굽으로 규정한 포로민의 귀환을 주목하여 회복의 이상을 펼쳤다. 그의 메시지는 위로와 확신의 말

---

8 예배에 대한 관심은 "내 안식일을 지키고 내 성소를 귀히 여기라 나는 여호와이니라"(레 19:30)에 언급된다. 그리고 백성을 가리키려고 '종'이란 용어를 사용하여 예배를 강조한다. 히브리어 어근은 이중 의미, 즉 '섬기다' 혹은 '예배하다'를 뜻한다.

로 예레미야 애가에 표현된 불확실성에 대항하였다. 게다가, 구원 신탁은 포로 귀환과 회복에 대한 하나님의 의도에 관해 언급하였다. 두 메시지는 그 같은 주장을 떠받치고 포로 생활로 활력을 잃은 백성을 재확신시키는 데 이바지하였던 하나님 개념에 의존하였다.

제2이사야는 하나님의 미래 행동의 임박성에 대한 주장 이외에는 별로 실용적인 세부 항목을 제시하지는 못했다. 출애굽에 대한 암시와 새 출애굽에 대한 구체적인 주장은 비현실적이지만 원대한 계획을 제시하였다. 그 계획의 초점을 귀향보다는 이동하는 여행에 두었다.

에스겔 40-48장과 레위기 17-26장은 각각 제2이사야의 이상주의를 보완한 귀환의 이상을 제시하였다. 레벤슨(Jon Levenson)은 에스겔 40-48장이 종교 의식을 회복된 공동체의 중심에 둠으로써 예루살렘 사회의 재건 이상을 제시하고 있음을 보여 주었다(1976). 더 나아가, 이 장들은 새로운 공동체의 조직은 여호와에 대한 올바른 예배를 그 중심에 두게 될 것을 시사하였다. 공동체의 한 가운데 하나님의 계속된 임재를 가능하게 하여 보호와 생활 유지에 필요한 것을 제공받게 될 것이다.

마찬가지로, 성결법전은 사회 정의와 종교 의식의 올바른 준수를 강조하게 될 회복된 공동체를 위한 계획을 확립하였다. 그것은 여호와와의 언약의 신실한 당사자로 계속 남아 있기 위해 백성이 어떻게 해야 하는지를 분명하게 제시한다. 에스겔의 회복의 이상의 보완책으로서, 여호와와의 관계성에 대한 성결법전의 메시지는 에스겔의 회복의 이상의 보완책으로서 여호와께서 백성에게 다짐한 약속에 주의를 집중시켰다.

마지막으로, 학개와 스가랴 1-8장은 실제적인 관심사로 눈을 돌렸다. 제2이사야처럼, 기원전 6세기 말엽에 예언자들은 심판의 때가 지나갔음을 알았다. 여호와께서 통치하시는 새 시대에 살려면 하나님의 성소를 재건하는 일이 필요했다. 학개는 재건 메시지를 선포했고, 스가랴는 백성을 격려하여 그 일을 계속하게 했다. 이뿐 아니라, 스가랴 1-8장은 에스겔 40-48장과 성결법전처럼 미래 이상을 담았다. 원(原)-스가랴는 공동체 자체와 본국에서의 제의 행사를 어떻게 다시 조직할 수 있는지를 보여 주었다.

무성전 시대 말엽의 문헌은 기원전 587년 예루살렘이 멸망했을 때 발생하였던 불행한 사건의 반전을 보여 준다. 제사장과 예언자 모두 국가의 미래 경로를 이끌었다.

결론

    필자는 본서의 짧은 서론에서 유다 멸망 이후의 시대를 무성전 시대로 지칭하는 것이 가장 적절하다고 주장하였다. 일반적으로 이 시대로부터 유래하는 것으로 간주하는 문헌 속에 나타나는 예배의 중심성, 이 문헌이 활용하고 있는 주제 유형, 기원전 6세기까지 물질문화의 계속성(적어도 베냐민 지파 지역에서), 종교에 대한 재평가는 '포로기'보다는 다른 지칭어를 지지한다.

    마찬가지로, 이와 같은 재정의는 이 시대와 연관된 연대를 다시 생각하도록 촉구한다. 사실상 결코 중단되지 않았던 상황에 대한 마감 연대를 제안하기보다는 오히려 '무성전'은 시간적 틀을 명확하게 만든다. 즉, 그것은 두 성전의 존재 사이를 가리키는 서사시적 기간이다.

    기원전 587년과 515년 사이에, 기도, 역사적 서술, 율법, 예언 형태로 이루어진 많은 활동은 일어난 멸망 사건으로부터 의미를 만들어 냈다. 제사장과 예언자는 여호와를 대신하여 메시지를 전하였고 하나님의 행위를 설명하고 하나님의 임재와 섭리의 회복을 선언하였다.

    본 연구는 그 시대를 기원전 6세기 말엽까지 연장하여 예레미야, 에스겔, 제2이사야의 중요한 공헌을 한데 모을 수 있었고, 그들을 학개와 스가랴의 예언 활동 및 성결법전의 율법과 나란히 살필 수 있었다. 각 문헌은 무성전 시대의 일부로 들여다볼 때 초점이 좀 더 분명해진다. 물질문화처럼, 이 문헌들은 이전의 문헌들과 더 깊은 연속성을 보여 준다.

성경 각 권보다 재앙에 대한 즉각적 반응, 안녕과 비탄, 갱신과 회복의 이상 같은 주요 주제에 따라 무성전 시대의 문헌을 모으면 예루살렘 멸망 때문에 생겨난 다른 사상이 눈에 띄게 된다. 예언자, 제사장, 율법, 기도 모두 개인과 사회가 자신들의 상실, 좌절, 심지어 충격조차 발산할 수 있을 뿐만 아니라, 하나님의 약속을 굳게 잡고 과거의 거친 감정을 넘길 수 있는 통로를 제공하였다. 필자는 이제 그들이 채택하였던 전략을 생각해 보기로 하겠다.

* 소통

예배는 즉각적 반응을 표현하게 해 주었으며, 국가가 슬픔을 헤쳐 나갈 수 있게 해 주었다. (시편과 예레미야애가의) 기도를 통해 비탄에 빠진 국가는 고통 속에서 자기 신에게 가까이 나아갔다. 애가는 여호와께 대한 비난뿐만 아니라 신뢰를 나타냈다. 진심에서 우러나온 기도를 통해 여호와의 임재와 강력한 개입을 간구하였다. 때때로 오직 하나님의 응답만이 이와 같은 수치스러운 현재를 뒤집을 수 있음을 인정하면서 하나님의 관심을 사고자 하였다. 측은한 부르짖음과 화난 독설은 신실하게 하나님의 보좌로 나아가는 것과 하나님과 소통해야 하는 좋은 예가 된다. 이 모든 것을 통해, 유다 사람들은 인간의 힘보다 우월하고 인간의 힘을 초월하는 하나님의 능력에 대한 근본적인 믿음을 표현하였다.

* 창조성

무성전 시대의 문헌은 탁월한 창조성과 종교적 상상력을 보여 준다. 새로운 의미를 만들어 내려고 나라의 멸망 이전에 별개로 돌아다녔던 전승들을 함께 결합했다. 시편 기자는 상실된 것의 깊이를 표현하고 그것의 새로운 회복을 강조하려고 신화와 역사의 영역에서 나온 전승들을 결합했다. 게다가 여러 요소를 함께 엮어 넣음으로 여호와의 우주적 능력을 역설하였다. 제2이사야 또한 자신의 예언에서 신화와 선택 전승을 연결하려 했다. 여호와의 구원 목적과 세상 속에 개입하시는 하나님의 행위에 대해 의미를 창조하는 수단으로써 그렇게 하였다.

*기억

역사가들은 재앙의 여파로 잘못된 것을 평가하려고 과거를 고찰하였다. 고대 이스라엘에는, 사회적 병폐와 언약 불순종으로 인해 나라가 붕괴하였다. 공동체는 인간과 하나님의 행위에 대한 비판적인 자각을 통해 새롭게 시작하려고 슬픈 역사를 기억하였다.

의미심장하게도, 역사적인 이야기는 죄 고백의 역할도 하였다. 나라의 멸망에는 백성들 자신에게 과실이 있었다. 나라의 붕괴를 이전의 실수를 곰곰이 생각하여 배울 기회로 여겼다. 인간의 실수를 정직하게 인정하여 하나님의 회복, 화해, 관계성의 기회를 만들어 냈다. 단순히 하나님의 약속에 대한 결실을 목격했던 과거에 안주하기 위해서가 아니라 하나님께 한 특별한 백성에 대한 지속적인 책임을 상기시키려고 유다를 위한 여호와의 과거 행동을 기억하는 것은 놀라운 일이 아니다.

*적응

이 시대의 예언 전승들은 시간의 흐름과 상황의 차이에 따라 하나님의 말씀을 어떻게 이해할 수 있는지를 보여 준다. 전승의 편집과 갱신을 통해, 여호와주의자들은 예언자가 중재한 하나님의 말씀을 존중하였다. 게다가, 신실한 공동체는 새로운 상황 속에서 여호와의 말씀을 이해하려고 예언을 증가시켰다.

역사 속에서 백성과 관계를 맺으시는 하나님의 능력을 증명하는 더 나은 방법은 무엇인가?

예언자인 제2이사야조차도 시간의 흐름과 함께 자신의 사명을 다르게 이해했다. 원래 야곱/이스라엘에게 메시지를 전하도록 부름받은 그는 자신의 메시지를 확대해 열국을 위한 하나님의 계획을 포함했다. 그렇게 하여, 고대 이스라엘 백성과 포로민과 자신을 위한 하나님의 목적에 담긴 의미를 계속해서 알고자 하였다.

* 상속

위에서 언급한 사항과 밀접하게 연관되어 있는 상속은 나중 세대가 과거 전승을 활용했다는 사실을 보여 준다. 율법과 예언자의 말씀은 정체된 상태로 있지 않았다. 대신에 변화된 상황 속에서 새로운 메시지의 토대를 형성하였다. 역사 사건들이 물리적이며 상징적인 풍경을 바꿔놓은 것처럼, 하나님의 말씀 중재도 근본적으로 다른 사건들을 설명하려고 변화되었다. 성결법전은 무성전 시대 이전의 율법 자료를 활용하여 여호와와의 회복된 관계가 가능함을 알려 주는 수단으로 재구성하였다.

마찬가지로, 예레미야와 에스겔의 예언은 예언자의 주님의 날 개념의 실현에 주목하였다. 학개와 스가랴의 메시지조차 이른 시기의 전승을 활용하여 새로운 메시지를 전했다. 그들의 메시지는 시간의 흐름에 따라 새로운 이상을 제공한 예언적인 환경 속에서 퍼져 나갔다. 유다의 붕괴에도 불구하고 여호와의 말씀은 융통성이 있어서 완전히 변화된 상황에서도 여전히 새로움을 지니고 있다는 사실을 깨우쳤다. 성경의 권위는 역사적 변화 속에서, 그리고 역사적 변화를 통해 여호와에 대한 가치를 전달할 수 있는 능력에서 유래한다.

* 포용

이 시대 문헌의 또 다른 특징은 다양한 시각을 함께 묶는 것이 용이했다는 점이다. 고통에 어떻게 반응해야 하는가에 대한 두 개의 다른 이해를 서로 나란히 놓았다. 부인 예루살렘과 예레미야애가의 객관적인 목격자는 상실과 고통스러운 현재를 입으로 소리를 내야할 필요성을 외쳤다. 반면에, 제2이사야의 고난의 종과 예레미야애가 3장의 강한 자는 운명과 고난이 지닌 구속의 가치에 무언의 복종을 한 좋은 예이다.

고난의 종과 부인 예루살렘은 어떤 면에서 재앙을 경험한 서로 다른 공동체를 상징한다. 이사야 49-55장과 예레미야애가는 포로 귀환자와 비귀환자에게 똑같이 메시지를 전했다. 게다가, 예언자 학개와 스가랴는 단일 목적 안에서 한데 묶는 방식으로 거리상 분리된 공동체에 메시지를 전했다.

이 시대의 문헌은 (제2이사야에서처럼) 원래 왕에게 준 약속을 민주화하여, 그리고 (성결법전에서처럼) 백성과 제사장을 동등하게 간주하여 이런 포용적인 관점을 잘 드러낸다. 백성의 포로와 도피에 뒤이은 유다의 붕괴가 분열과 악감정의 빌미가 되기보다 공동체와 그들의 다양한 경험을 한데 묶을 수 있는 획기적인 전략을 낳았다.

1. 포로-그때와 지금

성전과 예루살렘의 멸망은 고대 이스라엘에서 하나님의 변치 않는 임재를 나타내는 두 가지 물리적 상징들을 산산조각냈다. 성소는 하나님의 거주지를 상징했다. (성소 인근의) 왕궁은 여호와께서 인간 대리인을 선택하셨다는 사실을 의미하였다. 유다 수도의 멸망에는 정체성을 심어 준 중요한 구조물뿐 아니라, 공동체의 정치, 종교, 사회 지도자들도 제거되었다는 의미도 포함되어 있었다.

이같은 방식의 파괴적인 신-바빌로니아 군사 작전의 결과를 생각할 때, '포로'라는 용어의 사용은 일리가 있다. 포로는 나라의 정체성과 권위를 억류했다는 의미를 전달한다. 포로의 개념에 관한 최근 연구에서는 그 용법을 현대 사회 속에서 신실하게 살아가는 삶의 모티브로 분석하였다

(Brueggemann 1997; Smith-Christopher 2002). 포로 관점을 채택하여 소비지상주의와 정치/군사 체제와 같은 사회 구조의 한계에 대한 관심이 제기된다. 게다가 스스로 포로로 사로잡혀 있다는 관념은 참 인간성을 반영하지 못한 다양한 형태의 문화를 비판할 기회를 제공하는 임계거리(critical distance)를 만들어 낸다. 포로의 관점 속에서는 부름받고 구원받았음을 암시하면서 주변 문화에 대한 비판을 부추기는 자기 중심주의가 존재한다.

낯선 이방의 환경에 살아야 하는 도전에 직면할 때, 포로 생활에 대한 반응은 본국과 익숙한 데서 떠나 신실하게 사는 방법의 모델이 되었다. 바벨론으로 사로잡혀 간 유다 사람들은 정착하여 자신들의 공동체를 형성하였고, 새로운 문화에 관해 배우고 스스로에 대해 다시 생각하게 되었다. 바벨론은 제국과 그 신들의 시각적 상징물이 인상적인 국제 사회였다.

베를린에 있는 페르가몬미술관의 "이슈타르 문"은 포로민들이 직면했던 다양한 형태의 도상(圖像)에 대한 생생한 예를 보여 준다. 바빌로니아인들은 그 위에 새긴 인물상을 돋우어 화려한 유약을 바른 오지 벽돌을 만들어 냈다. 그 벽돌들은 도시로 들어가는 입구와 수많은 대로상의 건물 벽을 덮었다. 뿐만 아니라, 바벨론은 도시에 무성한 녹색 분위기를 자아낸 공중 정원으로 유명하였다. 바벨론은 강한 인상을 주는 장소였다.

유다 사람들은 보다 더 세련된 국제 문화에 유혹을 느끼기보다 자신들의 정체성과 전승을 검토하고 재평가하였다. 그들은 바벨론의 매력을 맞서야 할 도전으로 이해하였다. 그들의 생각은 자신들의 정체성을 새롭게 표현하는 결과를 낳았다. 또한 자신들의 신인 여호와에 의해 다듬어지고 또 그에게 헌신한 삶의 의식을 물리적으로 상징하는 것을 겨냥하여 종교 의식을 발전시켰다.

고백적 행위로서의 전승 발전은 후에 유대교에서 채택한 원리가 되었다. 포로민들은 이런 방식으로 문화의 도전에 대응하면서, 다름과 변화에 비폭력적인 반응으로 나아갔다. 바벨론은 정체성을 새롭게 표현할 수 있는 기회를 제공하였다. 이 시대의 성경적 전승은 이방적이며 도발적인 문화에 대한 완전한 거부보다 더 함축적인 어떤 것을 보여 준다. 그리고 그것은 다름을 표현하는 다양한 방식에 관한 어떤 것을 가르칠 수 있음이 확실하다.

스미스-크리스토퍼(Daniel Smith-Christopher)는 포로기의 성경신학을 연구하면서, 바벨론으로 강제로 끌려가 제국주의 지배자 아래 디아스포라로 살던 유다 사람들에게 닥친 심각한 상황을 고려하였다. 그는 포로민의 반응을 관찰하여 얻은 사실에 근거하여 현대 기독교인에게 디아스포라의 삶을 살도록 촉구한다. 그의 관점을 소개하는 유익한 내용이 그의 다음 말 속에 제시된다.

> 기독교인의 전략은 다니엘과 토비트처럼 의식적으로 세상과 세상의 다양한 가치 체제의 일반적인 관행을 따르지 않고 세상 속에서 살아가는 인간 존재를 위해 비폭력적인 대안 전략을 주장하고자 한다(Daniel Smith-Christopher 2002: 194).

반면, 그는 "디아스포라 기독교의 정확한 용어는 각각 다른 지역에서는 재고(再考)되어야 한다고 인정하고 있다"(Daniel Smith-Christopher 2002:194). 스미스-크리스토퍼는 기원전 6세기의 포로 경험으로부터 성경신학을 이루고자 한 자신의 연구를 통해, 인간의 신성함을 표현하지 않는 문화적 기준과 모델에 도전할 수 있는 수단을 제시하였다. 그것은 시간적으로 멀리 떨어진 성경 본문이 어떻게 오늘날 공동체에게 의미를 지닐 수 있는가를 나타내는 강력한 표현이다.

그리고 하나의 개념으로서의 디아스포라는 히브리 성경의 형성에 관하여 무언가 중요한 것을 말할 수 있다. 캐롤(Robert Carroll)은 예언 문학에서 재앙, 포로, 회복에 대한 비유를 어떻게 사용했는지를 연구하였다(1997). 아모스의 초점은 거의 재앙에 있다. 그러나 열두 소예언서와 이사야, 예레미야, 에스겔과 같은 다른 예언서들은 포로와 회복에 집중한다.

캐롤은 자신의 분석을 통해 히브리 성경 자체는 포로와 귀환 비유 때문에 형성되어 있음을 예리하게 관찰하였다. 히브리 성경의 책 순서에 따르면, 성경 이야기는 아담과 하와를 에덴동산으로부터 추방하면서 시작하여 포로로 잡혀 온 유다 사람들을 귀환하여 예루살렘을 재건하게 하라는 고레스의 명령으로 끝을 맺는다(대하 36:22-23). 학자들이 히브리 성경이 어떻게 형성되었는지에 관한 질문에 한층 더 집중하려면 디아스포라의 현실이 성경 저자의 의식에 어떻게 영향을 미쳤는지에 주목하여야 한다.

2. '무성전'의 관점

비록 스미스-크리스토퍼와 캐롤이 디아스포라에 대해 말하고 있지만, 두 사람은 자신들의 연구에서 포로의 관점이 어떻게 동일하게 귀향에 대해서도 강조하고 있는지를 보여 주고 있다. 포로 중에 살고 있다는 것은 진정한 삶으로 인식되는 어떤 것으로부터 분리되어 있다는 것이다. 사회-정치적으로 왕정 시대 유다와 완전히 단절되지 않았다는 것을 감안할 때, 그 땅에 남아 있었던 백성의 시각이 이 시대의 사건과 사상을 인식하는데 어떻게 영향을 끼치거나 바꿔 놓았는가 하는 의문이 생긴다.

귀환 권고보다 오히려 '무성전'에 집중하는 관점은 어떤 통찰력을 줄 수 있는가?

만일 포로 생활이 지배적인 문화적 기준과 가치와는 별개로 신앙인에게 더 큰 관심을 불러일으킬 수 있다면, '무성전' 관점은 어떤 통찰력을 담고 있는가?

고대 세계에서 성전이 의미한 바가 정확히 무엇이었는가에 대한 느낌을 전달하기는 어렵다. 예루살렘 성소는 천상과 지상의 영역이 교차하는 장소로 이해되었다. 더 나아가서, 그것은 여호와의 보좌가 있는 곳이었다. 거기서 하나님은 선택된 백성 사이에 머무셨다. 거기서 하나님의 임재와 보호를 중재하였고, 공동체는 순례의 대축제에서 자신들의 하나님을 기념하고 공경하였다. 여호와의 최고의 물리적 상징 중의 하나가 무너진 것에 대한 반응으로, 무성전 시대 문헌은 두 가지 초점, 즉 여호와와 인간에 대한 재평가에 집중하였다.

이 시대의 사상은 하나님과 백성 사이에 친밀한 연관성을 보여 주면서, 백성을 하나의 공동체로 간주하였다. 학개와 스가랴의 예언이 매우 다른 두 가지 상황(본국에 남은 자들과 아마 귀환한 피난민을 포함한 바벨론 포로에서 귀환한 사람들도 포함하여)으로부터 결합된 사회에 공통의 목표를 촉구한 것처럼, 문헌은 다양성을 보여 줄 뿐 아니라, 다른 관점에 대해 포용적이다. '포로' 중에 있는 특수한 사람들에게 눈을 돌리지 않고, '무성전'은 하나님의 불가해성과 씨름하고, 통일된 정체성을 뒷받침할 수 있는 창조적인 전략의 힘을 강조한다.

학자들은 본국에 남아 있었거나 귀환한 사람들을 고려할 뿐만 아니라, 계속 디아스포라로 산 사람들의 시각의 중요성도 점점 더 깊이 인식하고 있다(예를 들면, D. Boyarin and J. Boyarin 1993). 디아스포라는 의식적으로 본국으로의 귀환을 계속 희망하기보다는 그 땅 바깥에서의 삶도 그 안에서의 삶만큼이나 가치 있다는 인식을 가지고, 차라리 이방 환경에서 신실하게 살 수 있는 전략을 찾도록 요청한다.

수많은 피난민과 포로민들은 결코 유다로 귀환하지 못했다. 그 대신에 그들 자신이 살고 있었던 공동체에 온전히 관여했고, 계약을 맺고 지방 통치에 참여했으며, 제국을 위해 기도하고 혼인도 하였다. 모두가 또 다른 세계관을 지니고 신실한 시민으로 살았다. 디스아스포라 공동체는 자신들의 본국을 떠나 평화적으로 공존하는 방법을 터득하였다. 그 방법은 새 문화에 관하여 스스로 배우고 다른 문화적, 종교적 규범을 가진 환경 속에서 신앙인으로 살게 해 주는 전략을 발전시키는 데 있었다.

이와 같이 무성전 시대의 문헌은 다양성과 다름을 수용하는 것을 잘 보여 준다. 성전이 없는 상황은 세상의 먼 곳에 살던 백성, 즉 이집트를 비롯한 다른 곳에 살던 피난민과 본국의 백성과 바벨론의 포로민들을 결속시켰다. 그들이 저작한 본문은 일련의 반응으로서 신실하다고 여기는 모든 것, 즉 모든 성경을 증거한다. 만일 '포로'가 특별 의식과 다름을 유발시킨다면, '무성전'은 공통분모를 강조하고 오늘의 신앙 공동체를 위해 창조적이면서 통합시키는 전략을 제시한다.

참고 문헌

서론
무성전 시대의 문학, 역사, 그리고 사상에 대한 개요

Ackroyd, P. R. 1970. *Israel under Babylon and Persia*. Oxford: Oxford University Press.
———.1994. *Exile and Restoration*. Repr., London: XPress Reprints.
Albertz, R. 2003. *Israel in Exile: An Introduction to the History and Literature of the Sixth Century BCE*. Studies in Biblical Literature 3. Atlanta: SBL.
Foster, R. S. 1970. *The Restoration of Israel: A Study in Exile and Return*. London: Darton, Longman, & Todd.
Klein, R.W. 2002. *Israel in Exile: A Theological Interpretation*. Repr.,Mifflintown, PA: Sigler Press.
Newsome, J. D. 1979. *By the Waters of Babylon: An Introduction to the History and Theology of Exile*. Edinburgh: T. & T. Clark.
Noth, M. 1966. The Jerusalm Catastrophe of 587 B.C., and Its Significance for Israel. In *The Laws of the Pentateuch and Other Essays*, 260–80. Edinburgh: Oliver & Boyd.
Smith-Christopher, D. L. 1989. *The Religion of the Landless: The Social Context of the Babylonian Exile*. Bloomington, IN:Meyer-Stone Books.

종교 신앙

Albrektson, B. 1967.*History and the Gods: An Essay on the Idea of Historical Events as Divine Manifestations in the Ancient Near East and in Israel*. ConBOT 1. Lund: Gleerup.
Barton, J. 1995.Wellhausen's Prolegomena to the History of Israel: Influence and Effects. In *Text and Experience: Toward a Cultural Exegesis of the Bible*, ed. D. L. Smith-Christopher, 316–29. BS 35. Sheffield: Sheffield Academic Press.

Becking, B. 1999. Continuity and Discontinuity after the Exile: Some Introductory Remarks. In *The Crisis of Israelite Religion*, ed. B. Becking and M. C. A. Korpel, 1-8.

Becking, B., and M. C. A.Korpel, eds. 1999. *The Crisis of Israelite Religion: Transformation of Religious Tradition in Exilic and Post-Exilic Times*. OtSt 42. Leiden: Brill.

Gnuse, R. K. 1997.*No Other Gods: Emergent Monotheism in Israel*. JSOTSup 241. Sheffield: Sheffield Academic Press.

Knight, D. A., ed. 1983. Julius Wellhausen and His *Prolegomena to the History of Israel*. *Semeia* 25. This journal contains a helpful collection of articles on Wellhausen's contribution to the understanding of Israelite religion.

Lang, B. 1983.*Monotheism and the Prophetic Minority: An Essay in Biblical History and Sociology*. The Social World of Biblical Antiquity 1. Sheffield: Almond.

Saggs, H.W. F. 1978. *The Encounter with the Divine in Mesopotamia and Israel*. Jordan Lectures in Comparative Religion 12. London: Athlone Press.

Smith, M. 1987. *Palestinian Parties and Politics that Shaped the Old Testament*. Repr., London: SCM Press.

Wellhausen, J. 1957. *Prolegomena to the History of Israel*. Repr.,New York: Meridian.

디아스포라와 "포로기"를 넘어선 디아스포라의 중요성

Coggins, R. J. 1989. The Origins of the Jewish Diaspora. In *The World of Ancient Israel: Sociological, Anthropological and Political Perspectives*, ed. R. E. Clements, 163-81. Cambridge: Cambridge University Press.

Knibb, M. A. 1976. The Exile in the Literature of the Intertestamental Period. *HeyJ* 17:253-72.

Scott, J. M., ed. 1997. *Exile: Old Testament, Jewish, and Christian Conceptions*. JSJSup 56. Leiden: Brill.

"포로기"라는 용어의 사용과 그 관점의 채택

Barstad, H. 1996. *The Myth of the Empty Land: A Study in the History and Archaeology of Judah during the "Exilic" Period*. SO 28. Oslo: Scandinavian University Press.

Carroll R. P 1992. The Myth of the Empty Land. In *Ideological Criticism of Biblical Texts*, ed. D. Jobling and T. Pippin, 79-93. Semeia 59. Atlanta: Scholars Press.

Grabbe, L. L., ed. 1998. *Leading Captivity Captive: "The Exile" as History and Ideology*. JSOTSup 278 and ESHM 2. Sheffield: Sheffield Academic Press.

영어 이외의 다른 언어 자료
Janssen, E. 1956. *Juda in der Exilszeit: Ein Beitrag zur Entstehung des Judentums.* Göttingen: Vandenhoeck & Ruprecht.

제1장

Albertz, R. 2003. *Israel in Exile: An Introduction to the History and Literature of the Sixth Century BCE.* Studies in Biblical Literature 3.Atlanta: SBL.
Barstad, H. 1996. *The Myth of the Empty Land: A Study in the History and Archaeology of Judah during the "Exilic" Period.* SO 28. Oslo: Scandinavian University Press.
―――. 1998. The Strange Fear of the Bible: Some Reflections on the "Bibliophobia" in Recent Ancient Israelite Historiography. In *Leading Captivity Captive*, ed. L. L. Grabbe, 120-27.
Bedford, P. R. 2001. *Temple Reconstruction in Early Achaemenid Judah.* JSJSup 65. Leiden: Brill.
Blenkinsopp, J. 2002a. The Age of Exile. In *The Biblical World*, ed. J. Barton, 416-39. London and New York: Routledge.
―――.2002b. There Was No Gap. *BAR* 28/3:36-38, 59.
Clements, R. E. 1965. *God and Temple: The Presence of God in Israel's Worship.* Oxford: Basil Blackwell.
Coogan, M. D. 1974. Life in the Diaspora: Jews at Nippur in the Fifth Century B.C. *BA* 37:6-12.
Davies, P. R. 1995. *In Search of "Ancient Israel."* JSOTSup 148. 2nd ed., Sheffield: Sheffield Academic Press.
Day, J. 1986. Asherah in the Hebrew Bible and Northwest Semitic Literature. *JBL* 105: 385-408.
―――. 2000. *Yahweh and the Gods and Goddesses of Canaan.* JSOTSup 265. Sheffield: Sheffield Academic Press.
Edelman, D. V., ed. 1991. *The Fabric of History: Text, Artifact and Israel's Past.* JSOTSup 127. Sheffield: Sheffield Academic Press.
―――. 2005. *The Origins of the "Second Temple": Persian Imperial Policy and the Rebuilding of Jerusalem.* London: Equinox.
Fried, L. S. 2006. The 'am ha'ares in Ezra 4:4 and Persian Imperial Administration. In *Judah and the Judeans in the Persian Period*, ed.O. Lipschits and M. Oeming,

123-45.

Grabbe, L. L., ed. 1998. *Leading Captivity Captive*: *"The Exile" as History and Ideology*. JSOTSup 278 and ESHM 2. Sheffield: Sheffield Academic Press.

Glassner, J.-J. 2004.*Mesopotamian Chronicles*.Writings from the Ancient World 19. Atlanta: SBL.

Hallo, W. W., ed. 2000. *Context of Scripture*, vol. 3, *Archival Documents from the Biblical World*. Leiden: Brill.

Hoffman, Y. 2003. The Fasts in the Book of Zechariah and the Fashioning of National Remembrance. In O. Lipschits and J. Blenkinsopp, *Judah and the Judeans in the Neo-Babylonian Period*, 169-218.

Hoglund, K. G. 1991. The Achemenid Context. In *Second Temple Studies*, vol. 1, *Persian Period*, ed. P. R. Davies. JSOTSup 117. Sheffield: JSOT Press.

———. 1992. *Achaemenid Imperial Administration in Syria-Palestine and the Missions of Ezra and Nehemiah*. SBLDS 125. Atlanta: Scholars Press.

Joannès, F., and A. Lemaire. 1999. Trois tablettes cunéiformes à l'onomastique ouest-sémitique. *Transeuphratène* 17:17-33.

Jones, D. 1963. The Cessation of Sacrifice after the Destruction of the Temple in 586 B.C. *JTS*, n.s., 14:12-31.

Kuhrt, A. 1983. The Cyrus Cylinder and Achaemenid Imperial Policy. *JSOT* 25:83-97.

———. 1995. *The Ancient Near East c. 3000-330 B.C.*, vol. 2. Routledge History of the Ancient World. London and New York: Routledge.

Lipschits, O. 1998. Nebuchadnezzar's Policy in "Hattu Land" and the Fate of the Kingdom of Judah. *UF* 30:467-87.

———. 1999. The History of the Benjamin Region under Babylonian Rule. *Tel Aviv* 26 (1999): 155-90.

———. 2001. Judah, Jerusalem and the Temple 586-539 B.C. *Transeuphratène* 22:129-42.

———. 2005. *The Fall and Rise of Jerusalem*. Winona Lake, IN: Eisenbrauns.

Lipschits, O., and J. Blenkinsopp, eds. 2003. *Judah and the Judeans in the Neo-Babylonian Period*.Winona Lake, IN: Eisenbrauns.

Lipschits, O., and M. Oeming, eds. 2006. *Judah and the Judeans in the Persian Period*.Winona Lake, IN: Eisenbrauns.

Long, V., ed. 1999. *Israel's Past in Present Research*: *Essays on Ancient Israelite Historiography*. SBTS 7.Winona Lake, IN: Eisenbrauns.

Malamat, A. 1950. The Last Wars of the Kingdom of Judah. *JNES* 9:218 – 27.

―――. 1968. The Last Kings of Judah and the Fall of Jerusalem. *IEJ* 18:137 – 56.

―――.1975. The Twilight of Judah: In the Egyptian-Babylonian Maelstrom. In *Congress Volume, 1974,* 123 – 45. VTSup 28. Leiden: Brill.

―――. 1999. Caught between the Great Powers: Judah Chooses a Side . . . and Loses. *BAR* 25/4:34 – 41.

Middlemas, J. 2005. *The Troubles of Templeless Judah.* Oxford Theological Monographs. Oxford: Oxford University Press.

Miller, J.M. 1991. Is It Possible to Write a History of Israel without Relying on the Hebrew Bible? In *The Fabric of History,* ed. D. V. Edelman, 93 – 102.

Miller, J. M., and J. H.Hayes. 2006. *A History of Ancient Israel and Judah.* 2nd ed., Louisville, KY:Westminster John Knox Press.

Oded, B. 1979. *Mass Deportations and Deportees in the Neo-Assyrian Empire.* Wiesbaden: Reichert.

Pearce, L. E. 2006. New Evidence for Judeans in Babylonia. In *Judah and the Judeans in the Persian Period,* ed. O. Lipschits and M. Oeming, 399 – 411.

Porten, B. 1968. *Archives from Elephantine: The Life of an Ancient Jewish Military Colony.* Berkeley: University of California Press.

―――. 1996. *The Elephantine Papyri in English: Three Millennia of Cross-Cultural Continuity and Change.* Leiden: Brill.

―――. 2003. Settlement of the Jews at Elephantine and the Arameans at Syene. In *Judah and the Judeans in the Neo-Babylonian Period,* ed. O. Lipschits and J. Blenkinsopp, 451 – 70.

Seitz, Christopher R. 1989. *Theology in Conflict: Reactions to the Exile in the Book of Jeremiah.* BZAW 176. Berlin: de Gruyter.

Smith(-Christopher), D. L. 1989. *The Religion of the Landless: The Social Context of the Babylonian Exile.* Bloomington, IN:Meyer-Stone Books.

―――. 2002. *A Biblical Theology of Exile.* OBT; Minneapolis: Fortress Press.

Smith, M. 1975. The Veracity of Ezekiel, the Sins of Manasseh, and Jeremiah 44:18. *ZAW* 87:11 – 16.

Stager, L. E. 1996a. Ashkelon and the Archaeology of Destruction: Kislev 604 B.C.E. *ErIsr* 25:61* – 74*.

―――. 1996b. The Fury of Babylon: The Archaeology of Destruction. *BAR* 22/1:56 – 69, 76 – 77.

Stern, E. 2000. The Babylonian Gap. *BAR* 26/6:45 – 51.

———. 2001. *Archaeology in the Land of the Bible*, vol. 2, *The Assyrian, Babylonian, and Persian Periods 732–332 B.C.E.* New York: Doubleday.

———.2002. Yes, There Was. *BAR* 28/3:39, 55.

———. 2004. The Babylonian Gap: The Archaeological Reality. *JSOT* 28:273 – 77.

Vanderhooft, D. S. 1999. *The Neo-Babylonian Empire and Babylon in the Latter Prophets*. HSM 59. Atlanta: Scholars Press.

———. 2003. Babylonian Strategies of Imperial Control in the West: Royal Practice and Rhetoric. In *Judah and the Judeans in the Neo-Babylonian Period*, ed. O. Lipschits and M. Blenkinsopp, 235 – 62.

Zorn, J. R. 1997. Mizpah: Newly Discovered Stratum Reveals Judah's Other Capital. *BAR* 23/5:29 – 38, 66.

———. 2003. Tell en-Nasbeh and the Problem of the Material Culture of the Sixth Century. In *Judah and the Judeans in the Neo-Babylonian Period*, ed. O. Lipschits and M. Blenkinsopp, 413 – 47.

제2장

Clements, R. E. 1965. *God and Temple: The Presence of God in Israel's Worship*. Philadelphia: Fortress Press.

Day, J. 1985. *God's Conflict with the Dragon and the Sea: Echoes of a Canaanite Myth in the Old Testament*. COP 35. Cambridge: Cambridge University Press.

Mettinger, T. N. D. 1982. *The Dethronement of Sabaoth: Studies in Shem and Kabod Theology*. ConBOT 18. Lund: Gleerup.

Nicholson, E. 1998. *The Pentateuch in the Twentieth Century: The Legacy of Julius Wellhausen*. Oxford: Oxford University Press.

Whybray, R. N. 1995. *Introduction to the Pentateuch*. Grand Rapids: Eerdmans.

성경과 다른 고대 근동 문학

Ackroyd, P. R. 1994. *Exile and Restoration*. Repr., London: XPress Reprints.

Anderson, G. A. 1991. *A Time to Mourn, a Time to Dance: The Expression of Grief and Joy in Israelite Religion*. University Park: Pennsylvania State University Press.

Coates, G. W. 1968. *Rebellion in the Wilderness*. Nashville: Abingdon Press.

Dobbs-Allsopp, F. W. 1993. *Weep, O Daughter of Zion: A Study of the City-Lament*

Genre in the Hebrew Bible. BibOr 44. Rome: Pontifical Biblical Institute.

Ferris, P. W. 1992. *The Genre of Communal Lament in the Bible and Ancient Near East.* SBLDS; Atlanta: Scholars Press.

Hallo,W.W., ed. 1997. *The Context of Scripture*, vol. 1, *Canonical Compositions from the Biblical World*, 535 – 39. Leiden: Brill.

Herdner, A. 1963. *Corpus des Tablettes en cunéiformes alphaétiques.* Misson de Ras-Shamra. Paris: Geuthner.

Hoffman, Y. 2003. The Fasts in the Book of Zechariah and the Fashioning of National Remembrance. In O. Lipschits and J. Blenkinsopp, *Judah and the Judeans in the Neo-Babylonian Period*, 169 – 218.

Klein, J. 1997. Lamentation over the Destruction of Sumer and Ur. In *The Context of Scripture*, ed.W.W. Hallo, 1:535 – 39.

Longman, T. 1997. The Adad-Guppi Autobiography. In *The Context of Scripture*, ed.W.W. Hallo, 1:477 – 78.

Meyers, C. L., and E. M. Meyers. 1987. *Haggai, Zechariah 1-8.* AB 25B. New York: Doubleday.

Olyan, S. M. 2004. *Biblical Mourning: Ritual and Social Dimensions.* Oxford: Oxford University Press.

Pham, X. H. T. 1999. *Mourning in the Ancient Near East and the Hebrew Bible.* JSOTSup 302. Sheffield: Sheffield Academic Press.

Porten, B. 1968. *Archives from Elephantine: The Life of a Jewish Military Colony.* Berkeley: University of California Press.

———. 1996. *The Elephantine Papyri in English: Three Millennia of Cross-Cultural Continuity and Change.* DMOA 22. Leiden: Brill.

Westermann, C. 1981. *Praise and Lament in the Psalms.* Repr., Atlanta: John Knox Press.

유다의 상황 - 일반적 주제들

Blenkinsopp, J. 1998. The Judaean Priesthood during the Neo-Babylonian and Achaemenid Periods: A Hypothetical Reconstruction. *CBQ* 60:25 – 43.

———. 2002. The Age of the Exile. In *The Biblical World*, ed. J. Barton, 1:416 – 39. London and New York: Routledge.

———. 2003. Bethel in the Neo-Babylonian Period. In *Judah and the Judeans in the Neo-Babylonian Period*, ed. O. Lipschits and J. Blenkinsopp, 93 – 107.

Hayes, J. H. 1963. The Tradition of Zion's Inviolability. *JBL* 82:419 – 26.

Lipschits, O. 2001. Judah, Jerusalem and the Temple 586–539 B.C. *Transeuphratène* 22:129–42.

———. 2005. *The Fall and Rise of Jerusalem: Judah in the Neo-Babylonian Period*. Winona Lake, IN: Eisenbrauns.

Lipschits, O., and J. Blenkinsopp, eds. 2003. *Judah and the Judeans in the Neo-Babylonian Period*. Winona Lake, IN: Eisenbrauns.

Middlemas, J. 2005a. *The Troubles of Templeless Judah* (Oxford Theological Monographs; Oxford: Oxford University Press).

애가들

Berlin, A. 2002. *Lamentations*. OTL. Louisville, KY: Westminster John Knox Press.

Dobbs-Allsopp, F. W. 1997. Tragedy, Tradition, and Theology in the Book of Lamentations. *JSOT* 74:29–60.

———. 2002. *Lamentations*. Interpretation. Louisville, KY: Westminster John Knox Press.

Lee, N. C. 2002. *The Singers of Lamentations: Cities under Siege, from Ur to Jerusalem to Sarajevo*. BIS 60. Leiden: Brill.

Linafelt, T. 2000a. Zion's Cause: The Presentation of Pain in the Book of Lamentations. In *Strange Fire: Reading the Bible after the Holocaust*, ed. T. Linafelt, 267–79. BS 71. Sheffield: Sheffield Academic Press.

———. 2000b. *Surviving Lamentations: Catastrophe, Lament, and Protest in the Afterlife of a Biblical Book*. Chicago: University of Chicago Press.

Middlemas, J. 2004. The Violent Storm in Lamentations. *JSOT* 29/1: 81–97.

———. 2006. Did Second Isaiah Write Lamentations 3? *VT* LVI/4:505–25.

Provan, I. 1991. *Lamentations*. NCB. London: Marshall Pickering. von Rad, G. 1966. Faith Reckoned as Righteousness. In *The Problem of the Hexateuch and Other Essays*, 125–30. Edinburgh: Oliver & Boyd. On Psalm 106 and the book of Romans.

Reimer, D. J. 2002. Good Grief? A Psychological Reading of Lamentations. *ZAW* 114:542–59.

Westermann, C. 1994. *Lamentations: Issues and Interpretation*. Edinburgh: T. & T. Clark.

Willey, P. T. 1997. *Remember the Former Things: The Recollection of Previous Texts in Second Isaiah*. Atlanta: Scholars Press.

Williamson, H. G. M. 1990. Laments at the Destroyed Temple. *BRev* 4/4:12–17, 44.

———. 2004. Structure and Historiography in Nehemiah 9. In *Studies in Persian Period*

History and Historiography, 282 – 93. FAT 38. Tübingen: Mohr Siebeck.

시편

Allen, L. C. 2002. *Psalms 101-50*. WBC 21. Repr., Nashville: Thomas Nelson.
Broyles, C. C. 1989. *The Conflict of Faith and Experience in the Psalms: A Form Critical and Theological Study*. JSOTSup 52. Sheffield: JSOT Press.
Brueggemann, W. 1995. *The Psalms and the Life of Faith*. Minneapolis: Fortress Press.
Clifford, R. J. 1980. Psalm 89: A Lament over the Davidic Ruler's Continued Failure. HTR 73:35 – 47.
Craigie, P. C. 2004. *Psalms 1-50*. WBC 19. Repr., Nashville: Thomas Nelson.
Day, J. 1990. *Psalms*. OTG. Sheffield: JSOT Press.
Gunkel,H. 1998. *Introduction to the Psalms: The Genres of the Religious Lyric of Israel*, completed by J. Begrich.Macon, GA:Mercer University Press.
Heim, K. M. 1998. The (God-)Forsaken King in Psalm 89: A Historical and Intertextual Enquiry. In *King and Messiah in Israel and the Ancient Near East*, ed. J. Day, 296 – 322. JSOTSup 270. Sheffield: JSOT Press.
Mitchell, M. C. 2005. Genre Disputes and Communal Accusatory Laments: Reflections on the Genre of Psalm lxxxix. *VT* 55:511 – 27.
Mowinckel, S. 1962. *The Psalms in Israel's Worship*, 2 vols. Eng. trans. Oxford: Basil Blackwell.
Tate,M. E. 1990. *Psalms 51-100*. WBC 20. Dallas:Word Books.
Watson, R. S. 2005. *Chaos Uncreated: A Reassessment of the Theme of "Chaos" in the Hebrew Bible*. BZAW 341. Berlin:Walter de Gruyter.

제3이사야

Blenkinsopp, J. 2003. *Isaiah 56-66*. AB 19B. New York: Doubleday.
Middlemas, J. 2005b. Divine Reversal and the Role of the Temple in Trito-Isaiah. In *Temple and Worship in Biblical Israel*, ed. J. Day, 164 – 87. Library of Hebrew Bible/Old Testament Studies 422. London: T. & T. Clark.
Smith, P. A. 1995. *Rhetoric and Redaction in Trito-Isaiah: The Structure, Growth, and Authorship of Isaiah 56-66*. VTSup 62. Leiden: Brill.
Westermann, C. 1969. *Isaiah 40-66*. OTL. London: SCM Press.
Williamson, H. G. M 1990. Isaiah 63:7 – 64:11: Exilic Lament or Post-Exilic Protest? *ZAW* 102:48 – 58.

스가랴 1-8장

Edelman, D. V. 2005. *The Origins of the "Second Temple": Persian Imperial Policy and the Rebuilding of Jerusalem*. London: Equinox.

Hyatt, J. P. 1937. A Neo-Babylonian Parallel to Bethel-sar-Eser, Zech 7:2. *JBL* 56:387-94.

영어 이외 언어의 중요한 공헌

Berges, U. 2004. Kann Zion männlich sein?—Klgl 3 als "literarisches Drama" und "Nachexilische Problemdichtung." In *"Basel und Bibel": Collected Communications to the XVIIth Congress of the International Organization for the Study of the Old Testament*, ed. M. Augustin and H. M. Niemann, 235-46. Frankfurt am Main: Peter Lang.

Dumortier, J.-B. 1972. Un rituel d'intronisation: le Ps lxxxix 2-38. *VT* 22:176-96.

Jahnow, H. 1923. Das Hebräische Leichenlied im Rahmen der Völkerdichtung. *BZAW* 36. Giessen: Alfred Töpelmann.

Wellhausen, J. 1898. *Die Kleinen Propheten*. 3rd ed., Berlin: G. Reimer.

제3장

신명기적 역사

Clements, R. E. 1965. *God and Temple: The Presence of God in Israel's Worship*. Oxford: Basil Blackwell.

Cross, F. M. 1973. *Canaanite Myth and Hebrew Epic: Essays in the History of the Religion of Israel*, 274-89. Cambridge, MA: Harvard University Press.

Fretheim, T. E. 1983.*Deuteronomistic History*. Nashville: Abingdon Press.

Gerbrandt, G. E. 1986. *Kingship according to the Deuteronomistic History*. SBLDS 87. Atlanta: Scholars Press.

Hayes, J. H. 1963. Tradition of Zion's Inviolability. *JBL* 82:419-26.

Lowery, R. H. 1991. *The Reforming Kings*. JSOTSup 120. Sheffield: JSOT Press.

McCarthy, D. J. 1965. 2 Samuel 7 and the Structure of the Deuteronomistic History. *JBL* 84:131-38.

McKenzie, S. L., and M. P. Graham, eds. 1994. *The History of Israel's Traditions: The Heritage of Martin Noth*. JSOTSup 182. Sheffield: Sheffield Academic Press.

Mayes, A. D. H. 1983. *The Story of Israel between Settlement and Exile: A Redactional Study of the Deuteronomistic History*. London: SCM Press.

———. 1999. The Deuteronomistic History and the Theology of the Old Testament. *JSOT* 82:57–82.

Mettinger, T. N. D. 1982. *The Dethronement of Sabaoth: Studies in the Shem and Kabod Theologies*. ConBOT 18. Lund: Gleerup.

Murray, D. F. 2001. Of All the Years the Hopes—or Fears? Jehoiachin in Babylon. *JBL* 120:245–65.

Nelson, R. D. 1981. *The Double Redaction of the Deuteronomistic History*. JSOTSup 18. Sheffield: JSOT Press.

Noth, M. 1981. *The Deuteronomistic History*, Eng. trans. JSOTSup 15. Sheffield: JSOT Press.

O'Brien, M. A. 1989. *The Deuteronomistic History Hypothesis: A Reassessment*. OBO 92. Freiburg: Universitätsverlag.

von Rad, G. 1966. The Deuteronomic Theology of History in I and II Kings. In *The Problem of the Hexateuch and Other Essays*, 281–307. Edinburgh: Oliver & Boyd.

Stavrakopoulou, F. 2004. *King Manasseh and Child Sacrifice: Biblical Distortions of Historical Realities*. BZAW 338. Berlin and New York:Walter de Gruyter.

Wolff, H. W. 1975. The Kerygma of the Deuteronomistic Historian. In *The Vitality of Old Testament Traditions*, ed. W. Brueggemann and H.W.Wolff, 83–100. Atlanta: John Knox Press.

영어 이외 언어의 중요한 공헌

Dietrich,W. 1972. *Prophetie und Geschichte: Eine Redaktionsgeschictliche Untersuchung zum deuteronomistischen Geschichtswerk*. FRLANT 108. Göttingen: Vandenhoeck & Ruprecht.

Janssen, E. 1956. *Juda in der Exilszeit: Ein Beitrag zur Entstehung des Judentums*. Göttingen: Vandenhoeck & Ruprecht.

Smend, R. 1971. Das Gesetz und die Völker: Ein Betrag zur deuteronomistischen Redaktionsgeschichte. In *Probleme biblischer Theologie: Gerhard von Rad zum 70. Geburtstag*, ed. H.W.Wolff, 494–509. (Munich: C. Kaiser.

Westermann, C. 1994. *Die Geschictsbücher des Alten Testaments: Gab es ein deuteronomistisches Geschictswerk?* Gütersloh: C. Kaiser.

제4장

Albertz, R. 2003. *Israel in Exile: An Introduction to the History and Literature of the Sixth Century BCE*. Studies in Biblical Literature 3. Atlanta: SBL.

Blenksinsopp, J. 1996. *A History of Prophecy in Israel*. Rev. and enlarged, Louisville, KY:Westminster John Knox Press.

Blumenthal, D. R. 1993. *Facing the Abusing God: A Theology of Protest*. Louisville, KY:Westminster/John Knox Press.

Childs, B. 1979. *Introduction to the Old Testament as Scripture*. Philadelphia: Fortress Press.

Clements, R. E. 1965. *God and Temple: The Presence of God in Israel's Worship*. Oxford: Basil Blackwell.

Coates, G.W. 1968.*Rebellion in the Wilderness: The Murmuring Motif in the Wilderness Traditions of the Old Testament*.Nashville: Abingdon Press.

Coggins, R. R., A. Phillips, and M.Knibb, eds. 1982. *Israel's Prophetic Tradition: Essays in Honour of Peter Ackroyd*. Cambridge: Cambridge University Press.

Collins, J. J. 1984. *Daniel, with an Introduction to Apocalyptic Literature*. Grand Rapids: Eerdmans.

Cook, S. L. 1995. *Prophecy and Apocalypticism: The Postexilic Setting*. Minneapolis: Ausburg Fortress.

Grabbe, L. L. 1995. *Priests, Prophets, Diviners, Sages: A Socio-Historical Study of Religious Specialists in Ancient Israel*. Valley Forge, PA: Trinity Press, Intl.

Habel, N. 1965. The Form and Significance of the Call Narratives. *ZAW* 77:297–323.

Hanson, P. D. 1985. Apocalyptic Literature. In *The Hebrew Bible and Its Modern Interpreters*, ed. D. A. Knight and G. M. Tucker, 465–88. Philadelphia: Fortress Press.

Klein, R.W. 2002. *Israel in Exile: A Theological Interpretation*. Repr.,Mifflintown, PA: Sigler Press.

Knibb, M. 1982. Prophecy and the Emergence of Jewish Apocalypses. In *Israel's Prophetic Tradition*, ed. R. Coggins et al., 155–80. Cambridge: Cambridge University Press.

Lipschits, O. 2005. *The Fall and Rise of Jerusalem*. Winona Lake, IN: Eisenbrauns.

Mason, R. 1982. The Prophets of the Restoration. In *Israel's Prophetic Tradition*, ed. R. Coggins et al., 137–54.

Mays, J. L., and P. J. Achtemeier, eds. 1987. *Interpreting the Prophets*. Philadelphia: Fortress Press.

McConville, J. G. 1993. *Grace in the End: A Study in Deuteronomic Theology*. Studies in

Old Testament Biblical Theology. Grand Rapids: Zondervan.
Mettinger, T. N. D. 1982. *The Dethronement of Sabaoth: Studies in the Shem and Kabod Theologies*. ConBOT 18. Lund: Gleerup.
Newsome, J. D. 1984. *The Hebrew Prophets*, 124 – 38. Atlanta: John Knox.
Nissinen, M. 2003. *Prophets and Prophecy in the Ancient Near East*. Writings from the Ancient World 12. Atlanta: Society of Biblical Literature.
Orton,D. E., ed. 2000. *Prophecy in the Hebrew Bible: Selected Studies from Vetus Testamentum*. Brill's Reader in Biblical Studies 5. Leiden: Brill.
Petersen,D. L. 2002. *The Prophetic Literature: An Introduction*. Louisville, KY, and London:Westminster John Knox Press.
Römer, T. 2000. Is There a Deuteronomic Redaction in the Book of Jeremiah? In *Israel Constructs Its History: Deuteronomistic Historiography in Recent Research*, ed. A. de Pury, T. Römer, and J-D. Macchi, 399 – 421. JSOTSup 306. Sheffield: Sheffield Academic Press.
Sawyer, J. F. A. 1993. *Prophecy and the Biblical Prophets*. Rev. ed., Oxford: Oxford University Press.
Wilson, R. R. 1980. *Prophecy and Society in Ancient Israel*. Philadelphia: Fortress Press.
Vanderkam, J. 1998. Apocalyptic Literature. In *The Cambridge Companion to Biblical Interpretation*, ed. J. Barton, 305 – 22. Cambridge: Cambridge University Press.
Zimmerli,W. 1978. *Old Testament Theology in Outline*. Edinburgh: T. & T. Clark.

아모스

Coote, R. B. 1981. *Amos among the Prophets: Composition and Theology*. Philadelphia: Fortress Press.
Williamson, H. G. M. 1995. The Prophet and the Plumb-line: A Redaction Critical Study of Amos 7. In *The Place is Too Small for Us*, ed. R. P. Gordon, 435 – 77. Winona Lake, IN: Eisenbrauns.
Wolff, H. W. 1977. *Joel and Amos*. Hermeneia. Philadelphia: Fortress Press.

에스겔

Allen, L. C. 1994. *Ezekiel 1–19*. WBC 28.Waco, TX:Word Books.
Blenkinsopp, J. 1990. *Ezekiel*. Interpretation. Louisville, KY: John Knox Press.
Brueggemann, W. 1992. *Hopeful Imagination. Prophetic Voices in Exile*. London: SCM Press.

Clements, R. E. 1982. The Ezekiel Tradition: Prophecy in a Time of Crisis. In *Israel's Prophetic Tradition*, ed. R. Coggins et al., 119–36.

Darr, K. P. 1992. Ezekiel's Justification of God: Troubling Texts. *JSOT* 55:97–117.

Fishbane, M. 1987. Sin and Judgment in the Prophecies of Ezekiel. In *Interpreting the Prophets*, ed. J. L.Mays and P. J. Achtemeier, 170–87.

Greenberg, M. 1983. *Ezekiel 1–20*. AB 22. New York: Doubleday.

———.1997. *Ezekiel 21–37*. AB 22A. New York: Doubleday.

Joyce, P. M. 1989.*Divine Initiative and Human Response in Ezekiel*. JSOTSup 51. Sheffield: JSOT Press.

———.1996. Dislocation and Adaptation in the Exilic Age and After. In *After the Exile*, ed. J. Barton and D. J. Reimer, 45–58.Macon, GA:Mercer University Press.

Kutsko, J. F. 2000. *Between Heaven and Earth: Divine Presence and Absence in the Book of Ezekiel*. BJS 7.Winona Lake, IN: Eisenbrauns.

McKeating, H. 1993. *Ezekiel*. OTG. Sheffield: Sheffield Academic Press.

Mein, A. 2001. *Ezekiel and the Ethics of Exile*. Oxford Theological Monographs. Oxford: Oxford University Press.

Odell, M. S., and J. T. Strong, eds. 2000. *The Book of Ezekiel: Theological and Anthropological Perspectives*. SBLSymS 9. Atlanta: Society of Biblical Literature.

Raitt, T. M. 1977. *A Theology of Exile: Judgment/Deliverance in Jeremiah and Ezekiel*. Philadelphia: Fortress Press.

Schwartz, B. J. 2000. Ezekiel's Dim View of Israel's Restoration. In *The Book of Ezekiel*, ed. M. S. Odell and J. T. Strong, 43–67.

Wilson, R. R. 1972. Interpretation of Ezekiel's Dumbness. *VT* 22:91–104.

Zimmerli,W. 1965. The Special Form and Traditio-Historical Character of Ezekiel's Prophecy. *VT* 15:515–27.

———. 1979–83. *Ezekiel*. 2 vols. Hermeneia. Philadelphia: Fortress Press.

예레미야

Bright, J. 1965.*Jeremiah*. AB 21. 2nd ed., Garden City, NY: Doubleday.

Brueggemann, W. 1992. *Hopeful Imagination: Prophetic Voices in Exile*. Repr., London: SCM Press.

———. 1998. *A Commentary on Jeremiah: Exile and Homecoming*. Grand Rapids: Eerdmans.

Carroll, R. P. 1986.*Jeremiah: A Commentary*. OTL. London: SCM Press.

---. 2004. *Jeremiah*. T. & T. Study Guides. Repr., London: T. & T. Clark, Intl.
Clements, R. E. 1988. *Jeremiah*. Interpretation.Atlanta: John Knox Press.
Diamond, A. R. 1987. *The Confessions of Jeremiah in Context: Scenes in a Prophetic Drama*. JSOTSup 45. Sheffield: Sheffield Academic Press.
Holladay, W. L. 1989. *Jeremiah 2: A Commentary on the Book of the Prophet Jeremiah*, chaps. 26-52.Minneapolis: Fortress Press.
Janzen, J.G. 1973. *Studies in the Text of Jeremiah*. Cambridge: Cambridge University Press.
Leuchler, M. 2006. *Josiah's Reform and Jeremiah's Scroll: Historical Calamity and Prophetic Response*. Sheffield: Sheffield Pheonix Press.
McKane, W. 1986. *A Critical and Exegetical Commentary on Jeremiah*. Edinburgh: T. & T. Clark.
Mowinckel, S. 1946. *Prophecy and Tradition: The Prophetic Books in the Light of the Study of the Growth and History of the Tradition*. Kristiania: Jacob Dybwad.
Nicholson, E.W. 1970. *Preaching to the Exiles: A Study in the Prose Tradition in the Book of Jeremiah*. Oxford: Blackwell.
O'Connor, K. M. 1988. *The Confessions of Jeremiah: Their Interpretation and Role in Chapters 1-25*. Atlanta: Scholars Press.
---.1989. "Do Not Trim a Word": The Contributions of Chapter 26 to the Book of Jeremiah. *CBQ* 51:617-30.
Raitt, T. M. 1977. *A Theology of Exile: Judgment/Deliverance in Jeremiah and Ezekiel*. Philadelphia: Fortress Press.
Seitz, C. R. 1985. The Crisis of Interpretation over the Meaning and Purpose of the Exile. *VT* 35:78-97.
---. 1989a. The Prophet Moses and the Canonical Shape of Jeremiah. *ZAW* 101:3-27.
---. 1989b. *Theology in Conflict: Reactions to the Exile in the Book of Jeremiah*. New York: de Gruyter.
Smith, M. S. 1990. *The Laments of Jeremiah and Their Contexts*. SBLMS 42. Atlanta: Scholars Press.
Stuhlman, L. 1986. *The Prose Sermons of the Book of Jeremiah: A Redescription of the Correspondences with the Detueronomistic Literature in the Light of Recent Text-critical Research*. SBLDS 83. Atlanta: Scholars Press.
---. 1998. *Order amid Chaos: Jeremiah as Symbolic Tapestry*. BS 57. Sheffield: Sheffield Academic Press.

영어 이외 언어의 중요한 공헌

Duhm, B. 1901. *Das Buch Jeremia*. Tübingen: J. C. B.Mohr.
Mowinckel, S. 1914. *Zur Komposition des Buches Jeremia*. Kristiania: Jacob Dybwad.
Thiel,W. 1973. *Die Deuteronomistische Redaktion von Jeremia 1-25*, vol. 1. WMANT 41. Neukirchen-Vluyn: Neukirchener Verlag.

제5장

Ackroyd, P. R. 1994. *Exile and Restoration*. Repr., London: XPress Reprints.
Albertz, R. 2003. *Israel in Exile: An Introduction to the History and Literature of the Sixth Century BCE*. Studies in Biblical Literature 3. Atlanta: SBL.
Brueggemann, W. 1992. *Hopeful Imagination: Prophetic Voices in Exile*. repr., London: SCM Press.
Lipschits, O. 2005. *The Fall and Rise of Jerusalem*. Winona Lake, IN: Eisenbrauns.

신명기적 이사야

Barstad, H. M. 1989. *A Way in the Wilderness. The "Second Exodus" in the Message of Second Isaiah*. JSSM 12. Manchester: University of Manchester.
―――. 1997. *The Babylonian Captivity of the Book of Isaiah: "Exilic" Judah and the Provenance of Isaiah 40-55*. ISK. Oslo: Novus.
Blenkinsopp, J. 2002. *Isaiah 40-55*. AB 19A. New York: Doubleday.
Clements, R. E. 1982a. The Unity of the Book of Isaiah. *Int* 36:117 - 29.
Conrad, E.W. 1985. The Community as King in Second Isaiah. In *Understanding the Word*, ed. B. W. Anderson et al., 99 - 111. JSOTSup 36. Sheffield: JSOT Press.
Kapelrud, A. S. 1982. The Main Concern of Second Isaiah. *VT* 32:50 - 58.
Mettinger, T. N. D. 1983. *A Farewell to the Servant Songs*. Lund: Gleerup.
North, C. R. 1956. *The Suffering Servant in Deutero-Isaiah: An Historical and Critical Study*. 2nd ed., Oxford: Oxford University Press.
Sawyer, J. F. A. 1989. Daughter of Zion and Servant of the Lord in Isaiah: A Comparison. *JSOT* 44:89 - 107.
Westermann, C. 1969. *Isaiah 40-66*. OTL. London: SCM Press.
Whybray, R. N. 1975. *Isaiah 40-66*. NCB. London: Oliphants.
―――.1983. *The Second Isaiah*. OTG. Sheffield: JSOT Press.
Willey, P. T. 1995. The Servant of YHWH and Daughter Zion: Alternating Visions of

YHWH's Community. *SBL 1995 Seminar Papers*: 267 – 303.
―――. 1997. *Remember the Former Things: The Recollection of Previous Texts in Second Isaiah*. Atlanta, Scholars Press.
Williamson, H. G.M.1994. *A Book Called Isaiah*. Oxford:Clarendon Press.
―――.1998.*Variations on a Theme: Kingship,Messiah, and Servant in the Book of Isaiah*, 113 – 66. Didsbury Lectures, 1997. Carlisle: Paternoster.

에스겔

Clements, R. E. 1982b. The Ezekiel Tradition: Prophecy in a Time of Crisis. In *Israel's Prophetic Tradition: Essays in Honour of Peter R. Ackroyd*, ed. R. Coggins, A. Phillips, and M. Knibb, 119 – 36. Cambridge: Cambridge University Press.
Greenberg, M. 1984. The Design and Themes of Ezekiel's Program of Restoration. *Int* 38:181 – 208.
Kutsko, J. F. 2000. *Between Heaven and Earth: Divine Presence and Absence in the Book of Ezekiel*. BJS 7.Winona Lake, IN: Eisenbrauns.
Levenson, J. D. 1976. *Theology of the Program of Restoration of Ezekiel 40–48*. Cambridge, MA: Harvard University Press.
Speiser, E. A. 1963. Background and Function of the Biblical NASI. *CBQ* 25:111 – 17.

제6장

Ackroyd, P. R. 1994. *Exile and Restoration*. Repr., London: XPress Reprints.
Alt, A. 1989. The Origins of Israelite Law. In *Essays on Old Testament History and Religion*. BS. Repr., Sheffield: JSOT Press.
Bedford, P. R. 2001. *Temple Restoration in Early Achaemenid Judah*. JSJSup 65. Leiden: Brill.
Childs, B. 1979. *Introduction to the Old Testament as Scripture*. Philadelphia: Fortress Press.
Driver, S. R. 1891. *An Introduction to the Literature of the Old Testament*. Edinburgh: T. & T. Clark. Although older,Driver provides many arguments for reasons to delineate the literature according to sources.
Hanson, P.D. 1975. *The Dawn of Apocalyptic*. Philadelphia: Fortress Press.
Lipschits, O. 2005. *The Fall and Rise of Jerusalem*. Winona Lake, IN: Eisenbrauns.
Mason, R. 1990. *Preaching the Tradition: Homily and Hermeneutics after the Exile*. Cambridge: Cambridge University Press.

McCarthy, D. J. 1978. *Treaty and Covenant: A Study in Form in the Ancient Oriental Documents and in the Old Testament.* Analecta Biblica 21A. Rome: Biblical Institute Press.

Nogalski, J. 1993. *Redactional Processes in the Book of the Twelve.* BZAW 218. Berlin: de Gruyter.

Orton, D. E., ed. 2000. *Prophecy in the Hebrew Bible: Selected Studies from Vetus Testamentum.* Brill's Readers in Biblical Studies 5. Leiden: Brill.

Rendtorff, R. 1986. *The Old Testament: An Introduction.* Philadelphia: Fortress Press.

Weinberg, J. 1992. *The Citizen-Temple Community.* JSOTSup 151. Sheffield: JSOT Press.

학개와 스가랴 1-8장

Ackroyd, P. R. 1951. Studies in the Book of Haggai. *JJS* 2:163-76.

―――.1952. Studies in the Book of Haggai, Continued. *JJS* 3:151-56.

Clines, D. J. A. 1994. Haggai's Temple, Constructed, Deconstructed, and Reconstructed. In *Second Temple Studies*, vol. 2, *Temple Community in the Persian Period*, ed. T.C. Eskenazi and K. H. Richards, 60-87. JSOTSup 175. Sheffield: Sheffield Academic Press.

Hoffman, Y. 2003. The Fasts in the Book of Zechariah and the Fashioning of National Remembrance. In *Judah and the Judeans in the Neo-Babylonian Period*, ed. O. Lipschits and J. Blenkinsopp, 169-218. Winona Lake, IN: Eisenbrauns.

Mason, R. 1976. The Relation of Zechariah 9-14 to Proto-Zechariah. *ZAW* 88:227-39.

―――. 1977. The Purpose of the Editorial Framework of the Book of Haggai. *VT* 27:413-21.

Meyers, C. L., and E. M. Meyers. 1987. *Haggai, Zechariah 1-8.* AB 25B. New York: Doubleday.

Petersen, D. L. 1984. Zechariah's Visions: A Theological Perspective. *VT* 34:195-206.

Thomas, D. W. 1956. The Book of Haggai. In *The Interpreter's Bible*, 6:1037-49. Nashville: Abingdon Press.

Tollington, J. E. 1993. *Tradition and Innovation in Haggai and Zechariah 1-8.* JSOTSup 150. Sheffield: Sheffield Academic Press.

거룩 부호와 레위기

Auld, G. 2003. Leviticus between Exodus and Numbers. In *The Book of Leviticus*, ed. R.

Rendtorff and R. A. Kugler, 41 – 54.

Clements, R. E. 1982. The Ezekiel Tradition: Prophecy in a Time of Crisis. In *Israel's Prophetic Tradition: Essays in Honour of Peter R. Ackroyd*, ed. R. Coggins, A. Phillips, and M. Knibb, 119 – 36. Cambridge: Cambridge University Press.

Douglas, M. 1999. *Leviticus as a Literature*. Oxford: Oxford University Press.

Gerstenberger, E. 1996. *Leviticus*. Old Testament Library. Louisville, KY: Westminster John Knox Press.

Joosten, J. 1996. *People and Land in the Holiness Code: An Exegetical Study of the Ideational Framework of the Law in Leviticus 17–26*. VTSup 67. Leiden: Brill.

Knohl, I. 1987. The Priestly Torah versus the Holiness School: Sabbath and Festivals. *HUCA* 58:65 – 117.

———. 1995. *The Sanctuary of Silence: The Priestly Torah and the Holiness School*. Minneapolis: Fortress Press.

Kratz, R. G. 2005. *The Composition of the Narrative Books of the Old Testament*. London: T. & T. Clark.

Levine, B. 2003. Leviticus: Its Literary History and Location in Biblical Literature. In *The Book of Leviticus*, ed. R.Rendtorff and R. A.Kugler, 11 – 23.

Milgrom, J. 1991. *Leviticus 1–16*. AB 3. New York: Doubleday.

———.2000. *Leviticus 17–22*. AB 3a. New York: Doubleday.

———.2001. *Leviticus 23–27*. AB 3b. New York: Doubleday.

Rendtorff, R., and R. A. Kugler, eds. 2003. *The Book of Leviticus: Composition and Reception*. VTSup 93 and FIOTL 3. Leiden: Brill.

Ross, A. P. 2002.*Holiness to the Lord: A Guide to the Exposition of the Book of Leviticus*. Grand Rapids: Baker Academic.

Sawyer, J., ed. 1996. *Reading Leviticus: A Conversation with Mary Douglas*. JSOTSup 227. Sheffield: Sheffield Academic Press.

Smith, C. R. 1996. The Literary Structure of Leviticus. *JSOT* 70:17 – 32.

영어 이외 언어의 중요한 공헌

Beuken,W.A.M. 1967.*Haggai–Sacharja 1–8*. SSN 10.Assen: van Gorcum.

Petitjean, A. 1969. *Les Oracles du Proto-Zecharie: Un programme de restauration pour la communauté juive après l'exil*. Études Bibliques. Paris: Gabalda.

결론

Boyarin, D., and J. Boyarin. 1993. Diaspora: Generation and the Ground of Jewish Identity. *Critical Inquiry* 19:693-725.

Brueggemann, W. 1997. *Cadences of Home: Preaching among Exiles*. Louisville, KY:Westminster John Knox Press.

Carroll, R. P. 1997. Deportation and Diasporic Discourses in the Prophetic Literature. In *Exile*, ed. J. Scott, 63-85.

Scott. J., ed. 1997. *Exile: Old Testament, Jewish, and Christian Conceptions*. Leiden: Brill.

Smith-Christopher,D. L. 2002. *A Biblical Theology of Exile*. Minneapolis: Fortress Press.

주제 색인

ㄱ

갓 연대기 33
강한 자 81, 169, 219
개인 애가 70, 80, 82, 89
거룩의 법 198
거룩학파 200
고난의 종 81, 157, 219
고레스 실린더 36
고엘 174, 203
고전 예언자 111, 112, 113, 124, 147, 148
골라 25, 28, 156
골라 공동체 53, 68, 122
공동체 애가 59, 68, 69, 70-81, 87, 92
공동체 장송가 70, 76, 77, 92
광야 전승 79
구속 사상 153, 203
구원 신탁 114, 132, 137, 160, 169, 173, 174,
귀환 모티브 168

ㄴ

나보니두스의 연대기 36
나시 180

ㄷ

다윗계 왕 21, 83, 94, 101, 104, 106, 129, 144, 148, 176, 177, 186
다윗 언약 74, 90, 99, 102, 114, 176
단일신론 171
데오-디아볼레 89
뒤주 이상 190
디아스포라 27, 29, 45, 221, 222, 223
땅 상속 107, 122
땅 상실의 문제 99

ㅁ

만가 70
메대 왕국 36
멜렉 180
몸짓 행위 119
무랴슈 문서 51
무성전 26, 28, 215, 222, 223, 224
무성전 시대 20, 24, 27, 46, 57, 58, 113, 152, 213
미래 회복 153
미래 희망 116
미스바 41

ㅂ

바빌로니아 연대기 33, 34, 36
벧엘 성소 62, 44
봉신 조약 204
비자발적 디아스포라 26

ㅅ

사례법 204
산문 설교 121, 122
삶의 자리 70
상속 218
상징 행위 140, 142, 144
새 마음 113, 146
새 성전 147
새 언약 113, 131, 132, 148
새 영 113, 146
새 출애굽 131, 148, 176
새 출애굽 모티브 156
서사 자료 123
선택 전승 173, 176
성결법전 30, 137, 153, 183, 197, 198, 199, 201, 207, 209, 211, 212, 213, 218
성전 건축 99, 147, 179, 186, 192, 193, 195
성전의 시온 전승 102
성전 재건 39, 185-188, 192, 194, 201
성전 재건 이데올로기 195
성전 정화 64
성전 제의 21, 202
성전 환상 134, 141, 150, 151

성전 환상 사건 140
성화 207
세 차례의 유배 사건 49, 115, 139, 144, 149
소명 이야기 150, 167
수메르-메소포타미아 도시 애가 59
슈브 106
시내산 언약 102
시온신학 90, 102, 194
시온 애가 82
시온의 노래 72
시온 전승 102, 175
신명기 사가 94, 96, 98, 99, 101, 105, 109
신명기 사상 65, 82, 115, 122
신명기 세계관 65, 114
신명기역사서 30, 39, 50, 58, 63, 64, 93, 112, 114, 146
신명기적 예언자 98
신명기적 율법가 98
신명기적 이름신학 103
신-바빌로니아 32, 33, 49, 61, 132
신-바빌로니아 시대 62, 83, 94
신-아시리아 52
신-아시리아 문헌 52
신적 구원자 89
신적 전사 89, 143
신정론 86, 115, 177
신화와 선택 전승 217
심판 주제 116
심판과 희망 신탁 115
심판 언어 118, 137
쐐기 문자 32
쐐기 문자 문헌 35, 52
쐐기 문자 자료 32

ㅇ

아시리아학 60
애가 단락 71
애가 문학 93
애가 양식 74, 91
애도 의식 59, 60
애도 전승 59
야호 47
야후 47
양식 비평적 연구 91
언약 갱신 183
엘레판틴 공동체 46, 47
엘레판틴 파피루스 문서 46
여호와를 위한 기둥 46
여호와 삼마 151
여호와 예배 68
여호와와의 언약 관계 57
여호와 유일신 운동 22
여호와의 영광 150, 179
여호와의 이름 104
여호와의 임재 전승 103
여호와의 집 44, 61, 62
여호와의 초월성 103
여호와주의 21, 23
여호와주의자 217
여호와주의적 종교 22
열국 신탁 136, 137
예언 문학 22, 83
예언 전승 217
예후드 21, 112
예후드 공동체 23
예후드 행정 구역 27
와이드너 문헌 51
원-스가랴서 192

유일신론 65, 171
유일신 사상 22
이중 편집 가설 97
이혼 은유 170
일신론 65
일신 숭배 사상 22

ㅈ

자발적 혹은 비자발적 디아스포라 26
재앙 신탁 119
재판 담화 64, 171, 172
적응 217
전기적 산문체 117
전쟁 신탁 174
제1성전 67, 174
제1성전 시대 74, 87, 148, 180, 186, 195
제1성전 시기 국가 102
제1성전 시대 예언자 119
제1이사야 154
제2성전 27
제2성전 설교자 185
제2성전 시대 47, 64, 72, 78, 176, 187, 195
제2이사야 147, 152, 153, 154, 177, 182, 195, 196, 209, 212, 213, 215
제2이사야서 155, 157, 160, 167
제3이사야 154
제의-맥락적 모델 91
제의 센터 44
종 159, 161
종의 노래 162, 177

종의 독백 163
죄 고백 78, 79, 209, 217
주님의 날 139
주님의 날 개념 218
중앙 성소 27
지상 성전 179
지혜 문학 81

ㅊ

찬양시 68
참회 기도 70, 77, 80
창조성 216
창조 신화 173
창조와 선택 전승 173, 175
최종 심판 141
출애굽 사건 207
출애굽 전승 79

ㅋ

카보드 151, 188
카보드 신학 150

ㅌ

탄식시 58, 195
탄원 단락 71
텅 빈 땅의 신화 25

ㅍ

파수꾼 138
포로 24, 26, 219
포로 공동체 25
포로 공동체의 귀환 25
폭풍의 신 신화 194
폭풍의 신 싸움 신화 195

ㅎ

하나님의 임재 90, 104, 139, 141,
    143, 147, 150, 151, 152,
    176, 186, 188, 197
하나님의 임재 개념 150
하나님의 임재의 상실 151
하나님의 임재의 상징 83, 127
하나님의 임재의 이동 151
하나님의 임재의 이상 181
하나님의 임재 자리 104
하나님의 임재 장소 196
하나님의 임재의 회복 187
하나님의 전지성 89
하나님의 집 61
하늘의 여왕 48, 49
함무라비의 석비 204
현현 전승 150
혼합 양식 72
회복 예언의 성취 25
후기 예언자 111